Créateurs
Création en
France

Ouvrage dirigé par Nathalie Chapuis

La scène contemporaine

Cet ouvrage a reçu le soutien du ministère
de la Culture et de la Communication,
département des Affaires internationales.

Éditions Autrement/CNDP

À quoi ressemble aujourd'hui la scène

artistique française ?

À travers les réseaux d'échanges internationaux, les

hybridations interdisciplinaires, l'héritage de la pensée

moderne et postmoderne, les notions de nomadisme

et de transitoire, on peut distinguer un panorama de la

création aux formes nouvelles et mutantes. Dans un

contexte où les pratiques artistiques revêtent des

aspects multiples et polymorphes et à une époque où

les mouvements artistiques sont devenus caduques,

c'est en dessinant et en repérant des « correspon-

dances » et des articulations entre les pratiques et

les attitudes des plasticiens, architectes, cinéastes,

écrivains, musiciens, etc., que l'on parvient à saisir un instantané panoramique de la création actuelle. Dans cette optique, nous avons tenté de dresser un tableau de la création contemporaine en France. Dans ce livre toutes les idées et toutes les formes se côtoient, voire se chevauchent, permettant au final d'aborder et de discerner certains thèmes majeurs. Sont exposés ici toutes les tendances, les actions, les moyens de production et les inclinations de cette scène française afin de mieux en discerner les influences actuelles ; ces influences qui modifient au fur et à mesure, dans notre quotidien, notre rapport aux choses, au corps, à l'environnement, au contexte social et à l'image.

Un état des lieux

présentation de la scène française

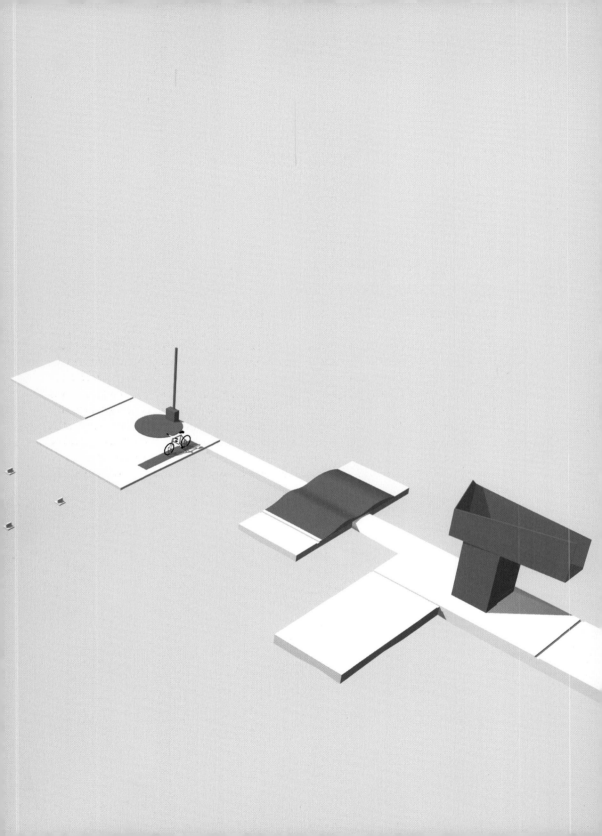

L'architecture entre crise et critique

Alice Laguarda
Architecte, philosophe, rédactrice en chef du mensuel *parpaings* (éditions Jean-Michel Place)

Qui pourrait nier que certains édifices récents glacent d'effroi ? Qui pourrait contester que les urbanisations des années 60 et 70 ont conduit à un fiasco humain comme on en connaît peu ? Ce constat facile peut certes donner l'occasion de publications aux formules choc, mais il ne nous avance guère. On peut décrire notre époque comme celle du vide (vide social, vide théorique, isolement des individus…), mais que ce ne soit pas pour légitimer l'opportunisme et ériger en valeur l'asservissement au réel de la marchandisation ! Si nous sommes les héritiers de la Modernité, marquée par la révolution de 1789, il nous appartient de repenser ces crises, de marquer un arrêt pour en dégager des signes positifs : à la lumière de l'évolution des relations entre technique, environnement, art et architecture, le moment semble venu d'un examen critique de l'architecture contemporaine française. Il s'agit bien de penser, et non plus de gesticuler.

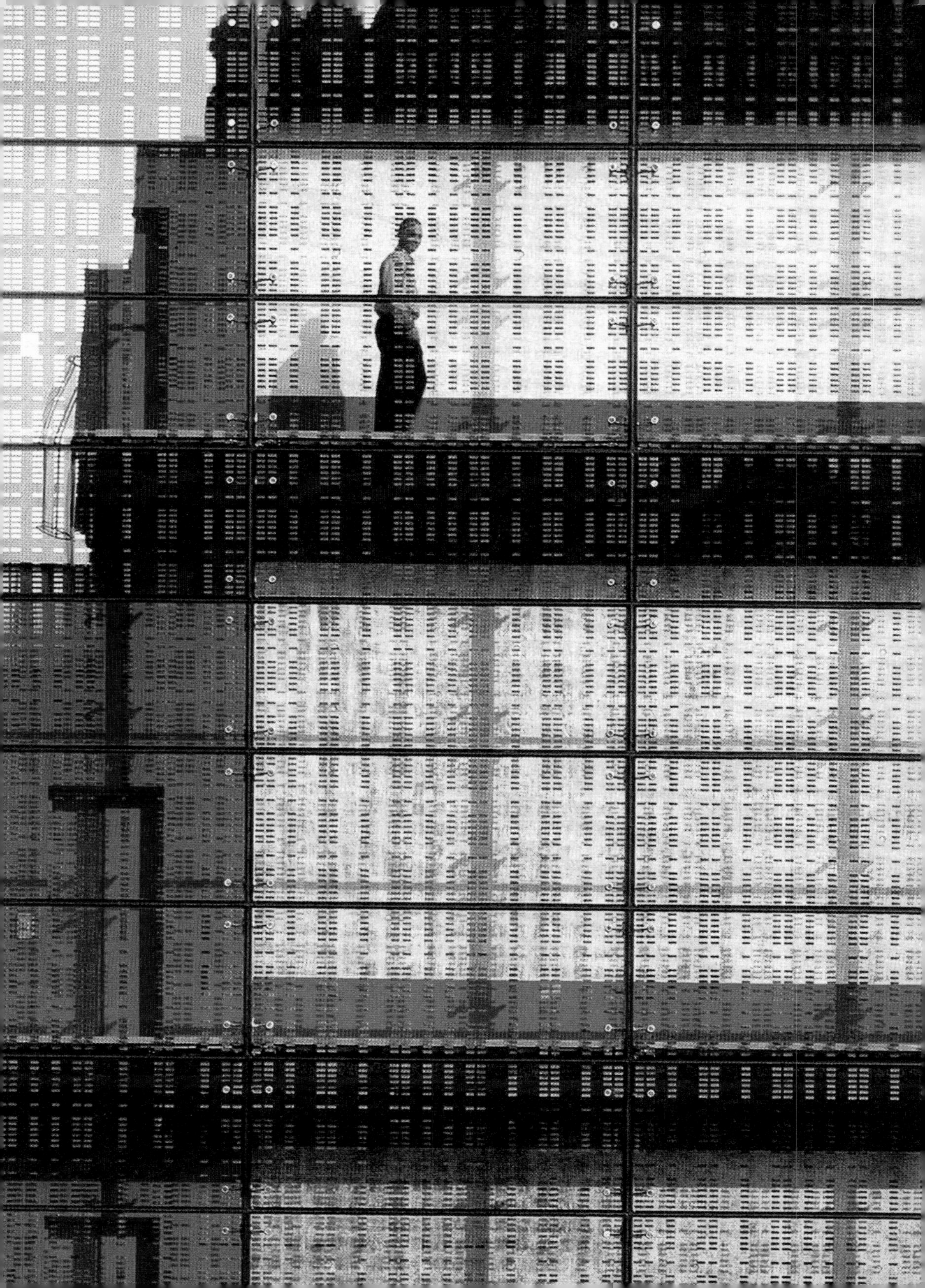

Retrouver la lumière moderne ?

L'héritage moderne et son interprétation moderniste [1] sont analysés de manière critique par de nombreux architectes contemporains, qui se sont heurtés à leur rigidité théorique, et à l'échec du lien avec le politique. La ville, notamment, en a subi les conséquences : uniformisation de l'architecture, discours abstrait éloigné du quotidien et d'un réel projet humaniste. La vision de l'architecte comme créateur isolé, issue de la mythologie moderniste, a aggravé l'écart avec le public, et masqué la nécessité de pratiques collectives.

Aujourd'hui, le ton est donc à la rupture avec les dogmes, les préjugés, dans le souci de ne pas se laisser séduire, soit par une fuite en avant dans les technologies et l'apologie du chaos, soit par l'ancrage dans les modèles passés. C'est que la crise du modernisme en architecture est aussi celle des utopies : il nous faut changer d'utopie, car « tant que nous resterons prisonniers de celle qui s'effondre, nous demeurerons incapables de percevoir le potentiel de libération que la mutation présente contient et d'en tirer parti en imprimant à cette mutation son sens » [2]. Tel est l'enjeu de l'évolution des villes, que l'exposition *Mutations* a récemment tenté d'aborder à Bordeaux (2001) : un territoire en perpétuelle reconstruction, incontrôlable, tiraillé entre le besoin de proximité des hommes et l'éclatement des centres et des périphéries. Peut-être faut-il revenir à l'apport de la pensée du XVIIIe siècle, celle des Lumières : comment ne pas céder au catastrophisme ? Comment faire pour que la ville ne soit pas dominée par une seule valeur, un seul monde : celui de l'économie ?

Face à ces inquiétudes, les architectes tentent de construire une pensée sur le contexte, le sensible, ou l'espace public. Pour certains, la question se formule en termes de changements d'apparence : ce sont les « mille visages changeants, fuyants » de l'architecture pour Jean Nouvel, les épaisseurs et les interstices pour François Seigneur, des bâtiments qui semblent quitter leur ancrage au sol pour François Deslaugiers. Ce sont aussi les recherches sur la translucidité ou l'opacité des matières, le travail sur la lumière naturelle, chez Jean-Marc Ibos et Myrto Vitart ou Jacques Hondelatte. La fragilité de l'architecture contemporaine, sa difficulté à apparaître aux yeux du public, sont considérées comme des matériaux conceptuels contre les clivages rigides hérités du modernisme (passé contre avenir, individu contre collectivité, etc.) : il y a bien une « espèce de maladie de la modernité à toujours vouloir "trancher", alors qu'on doit pourvoir se glisser, distordre, décliner, s'inscrire dans une continuité d'écriture », remarque François Seigneur [3].

La critique de la transparence en architecture, devenue un procédé formel mais aussi idéologique, est illustrée par la « réponse » de la fondation Cartier de Jean Nouvel (1991-1994) et son jeu sur des pans de verre successifs ; ce sont aussi les peaux de verre dissimulant le cube de béton noir du projet pour le musée des Beaux-Arts d'Angers de François Seigneur (1997) : au culte de la transparence se substitue l'ambiguïté de la matière, des textures, la création d'espaces « permissifs et imaginaires » qui échappent à la fonction. Ce questionnement sur la matière rejoint celui de Christian Hauvette ou de Francis Soler : verre sérigraphié en façade et transformation d'éléments figuratifs en motifs abstraits, par exemple, pour Francis Soler ; mécanismes de composition, écriture et jeu avec les contraintes propres au projet d'architecture pour Christian Hauvette. L'héritage « positif » de la modernité réside dans cette manière d'être lucide face à l'état de crise et dans cette façon de s'en servir très concrètement : « L'architecture est

une culture en lutte contre elle-même, face à ce qui est perdu et dans l'anticipation de ce qui l'attend [4]. »

Car il faut bien savoir que la crise est permanente. Et les doutes seront toujours là. Et les questions de légitimité, de statut de l'architecte, quotidiennes. Dans nos sociétés contemporaines tout est remis en cause : différents mondes coexistent et différentes valeurs s'affrontent (celles de l'efficacité, de la tradition, de l'intérêt général, de la renommée, etc.). La crise nous oblige à gérer les pressions, à vivre avec. L'architecture est l'art de gérer les contraintes : il lui appartient d'élaborer des stratégies.

Négociations

L'héritage moderne est d'abord celui de la pluralité : pluralité des approches, des discours sur le projet d'architecture, ainsi que pluralité des formations et des activités. L'architecte revendique désormais une légitimité multiple : tour à tour penseur, artiste, médiateur, éditeur, chef d'entreprise. Mais qu'en est-il vraiment ? Au moment même où l'on assiste à un désenclavement du domaine d'intervention de l'architecte, on constate une « étonnante tétanisation de l'architecture sur le présent. La disparition des grandes machines de pensée, celle des utopies, essouffle les engagements » [5]. À cet immanentisme s'ajoute le balancement permanent de l'architecture entre proximité et éclatement (des enjeux politiques, économiques, des liens avec la société, avec les médias…), entre centres et périphéries : peut-être est-ce là une chance ?

Le centre, lieu de concentration du pouvoir, de l'officialité, semble peu à peu contaminé par ses périphéries, et le territoire d'intervention de l'architecte devenir le lieu d'un déplacement d'énergies, entre centres et périphéries. Les architectes ont retenu la leçon de certains artistes pour qu'émerge une sorte de périphérisme en architecture – une forme de périphérisme notamment analysée, dans l'art, par l'historien Paul Ardenne. Beaucoup s'accordent pour constater l'inadaptation du discours officiel sur l'architecture à la réalité de l'architecture ; les relations aux institutions (culturelles, politiques, financières) sont très difficiles. Certains architectes cherchent à atteindre le champ social, élaborent des micro-actions dans lesquelles les centres peuvent être en état de discussion permanente. Être à la périphérie, en lisière, au voisinage du centre, devient une forme d'engagement. Les Périphériques, à l'origine trois couples d'architectes (Anne-Françoise Jumeau et Louis Paillard ; David Trottin et Emmanuelle Marin-Trottin ; Dominique Jakob et Brendan McFarlane) en sont ainsi venus à créer et à éditer leur propre revue parallèlement à leurs activités d'architectes. Ils proposent de mettre en place des stratégies de négociation avec les centres : « À l'exemple des cinéastes de la Nouvelle Vague, nous revendiquons le double statut d'auteur et de médiateurs [6]. » D'une certaine manière, l'idée d'appartenance à une minorité semble garantir une liberté d'action, de parole, propre à cette localisation périphérique. Une liberté d'action qui est aussi une forme de pari sur la pratique de groupe : avec l'exemple du Café-Musiques récemment construit à Savigny-le-Temple, pour lequel chaque couple de l'équipe a travaillé sur l'un des trois éléments du programme, le résultat étant un bâtiment à « plusieurs mains » et « plusieurs auteurs ».

Fiona Meadows et Frédéric Nantois, d'archi media, illustrent cette attitude critique en s'aidant d'une transversalité avec les autres champs de la culture. L'idée d'un monde commun à reconstruire et la critique d'une société qui cloisonne, divise en catégories, est notamment exprimée dans le projet de la Maison du divorce (présentée à Archilab 2001,

Orléans), et ce dans son processus d'évolution même : d'abord triptyque vidéo présenté dans différentes expositions ou rencontres, il devient un prototype de maison, puis un projet en cours de réalisation, un habitat séparé en deux unités qui sont des « satellites gravitant autour d'un noyau familial ». La réflexion sur l'éclatement des modèles unitaires d'organisation sociale (par exemple le noyau familial traditionnel, le patriarcat, le holisme, remplacés par les tribus, les familles agrandies ou monoparentales…) aboutit à un véritable questionnement social.

Dans cette tentative d'inscription plus juste dans le monde, le chemin est ingrat, marqué par l'héritage de l'urbanisation des années 60 et 70, par les collusions souvent malheureuses entre architecte et politique. Cet engagement, Rudy Ricciotti le met en place à sa manière en intervenant ponctuellement avec des artistes, co-réalisant des projets avec d'autres architectes, tentant de s'inscrire dans les débats de la région où son agence est implantée : Bandol. Cette attitude l'a amené à initier en octobre 2000 la « délocalisation » d'une partie des rencontres et débats prévus lors de la septième Biennale d'architecture de Venise à Marseille [7]. Durant quelques jours, architectes, chercheurs, représentants et militants politiques, journalistes, s'y retrouvent et échangent sur les relations Nord/Sud, l'instrumentalisation du politique par l'économique, l'esthétique et l'éthique… L'architecte devient ici opérateur, fédérateur d'énergies qui évoluent entre des centres et des périphéries. Cette négociation avec le réel est marquée par la conscience que les mêmes menaces reviennent toujours : les plus flagrantes étant celles de l'instrumentalisation de l'architecture par le technologique, le social ou le politique. Comment réévaluer les rapports qu'entretiennent les architectes aux évolutions technologiques et aux paysages dans lesquels ils interviennent ?

Bios et teknè

Cybernétique et environnement dominent les expérimentations des architectes : « par eux, nous pouvons oser l'extrême virtualité des abstractions (les mondes virtuels, la perte des jours et des nuits, etc.) et la plus intime des réalités (le corps, le lieu, les matériaux, le quotidien, l'air, l'eau, etc.) » [8]. L'arrivée du monde numérique est cependant perçue de différentes manières : pour certains, elle représente le risque d'une fuite en avant dans la technologie, dans la transformation du monde humain en monde totalement instrumentalisé. Elle amène avec elle le risque d'un nouveau formalisme (déjà à l'œuvre), légitimé par l'inéluctabilité supposée des évolutions technologiques et par l'attrait du nouveau, transformé en valeur en soi. D'autres craignent que l'envahissement des technologies, dès le processus de conception, n'abolisse tout lien au monde sensible. Mais le monde numérique représente également un appui et un support de l'activité créatrice. Il est considéré comme un matériau dont la nouveauté peut aussi permettre d'explorer de nouvelles règles, d'inventer plus librement et de renforcer la fonction spéculative de l'architecture. Cette évolution s'accompagne d'un intérêt croissant, chez des architectes comme François Roche, Jean-Gilles Décosterd et Philippe Rahm pour les questions liées aux sciences, en particulier la biologie et la génétique.

François Roche maintient un point de vue critique sur ces évolutions, considérant que c'est d'abord la dimension « mutante, donc imparfaite, qui nous relie aux technologies, non le fantasme d'une énonciation "progressiste" de plus » [9]. Méfiante à l'égard de toute dérive techniciste ou écologiste, l'agence de François Roche et Stéphanie Lavaux développe une architecture qui évolue selon les mutations génétiques, géographiques ou économiques des territoires urbains et naturels : le projet de ferme mutante

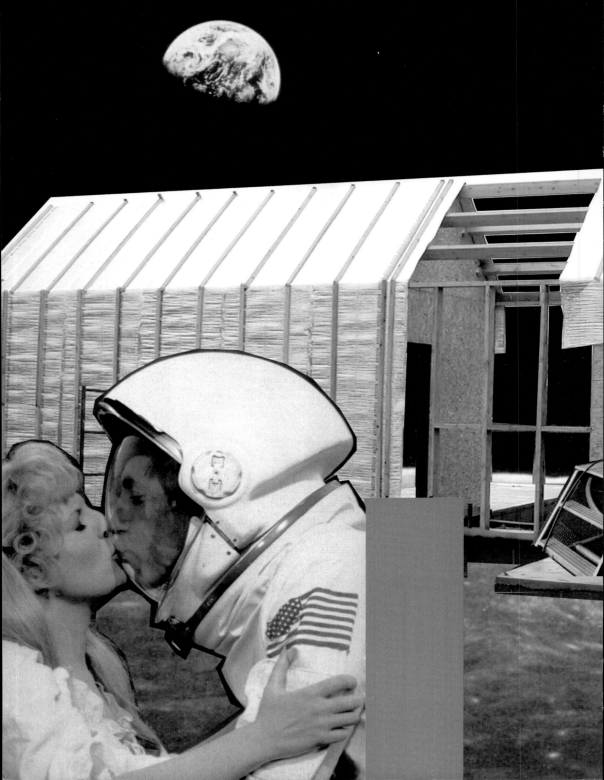

Agence archi media, collage pour le projet de la Maison du divorce, 2001. © archi media

à Évolène (Suisse, 2001) montre ainsi une architecture qui s'apparente à un organisme vivant et n'est plus soumise à des mécanismes de séparation entre le sale et le propre (vaches et hommes y coexistent), l'urbain et le rural, l'archaïque et le moderne. Dans cette architecture, les matières, les climats et les géographies sont intimement liés : « Il ne s'agit plus d'opposer le projet à son contexte, comme deux hypothèses distinctes, mais de les lier par le processus de transformation même. Le projet n'est plus issu d'une projection abstraite mais d'une distorsion du réel [10]. » La lecture de l'architecture ne se fait plus « sous l'angle descriptif de la forme, mais selon son inscription dans un champ de tensions énergétiques multiples » [11], toujours changeantes.

Le langage des nouvelles technologies, l'arrivée de procédés comme le *morphing* apportent à l'architecture sa dimension expérimentale. Temps, climat, matières, corps, sont à la base des préoccupations de Jean-Gilles Décosterd et Philippe Rahm : ici, le questionnement sur la génétique et l'environnement inscrit d'emblée l'architecte dans le monde sensible et lui offre un vocabulaire qui se formule en termes de peaux, d'épidermes, de fibres (projet pour une salle de sport à Neuchâtel, Suisse, 1998), mais aussi de mutation, de biodiversité (un jardin, centre de vaccination au Round-Up, le désherbant le plus vendu au monde, pour plantes, animaux et humains, 2000).

« Les outils de création continueront à évoluer et les créateurs continueront à s'adapter à de nouvelles situations » [12], font remarquer Dominique Jakob et Brendan McFarlane, auteurs, notamment, du nouveau restaurant du Centre Georges Pompidou : les évolutions technologiques n'enferment pas forcément les architectes dans un monde abstrait, purement spéculatif, replié sur lui-même. Elles les rapprochent aussi du réel, notamment par l'inter-

médiaire d'un regain d'intérêt pour la question du paysage, qui représente « sans conteste l'une des plus grandes émergences de la fin du siècle, l'apport le plus décisif » [13]. L'architecte a parfois été victime de sa fascination pour les paysages naturels, sensible au projet romantique d'une osmose entre bâti et nature. Le recours à l'argument écologique a parfois permis de légitimer des dérives formalistes, la végétation apparaissant comme un élément décoratif, plaqué sur les façades, les toitures, etc. Le retour de l'élément naturel au cœur de l'architecture pose bien d'autres questions.

Pour Duncan Lewis et Hervé Potin, il s'agit de construire une approche physique et graphique d'un territoire. L'architecture se constitue par strates, couches, formes paysagères diverses : elle émerge de ce qui naît, provient d'un lieu (roche, arbres, terre, eau…). Par exemple, le végétal devient un élément constructif apparent. L'architecte ne contrôle pas tout et ne peut totalement instrumentaliser la nature. Il fait avec. Influences organiques, recherches sur les textures, les peaux, les enveloppes d'un bâtiment, adaptabilité aux programmes, caractérisent cette architecture vivante : « En effet, ce n'est pas seulement comme êtres vivants que nous avons besoin d'une certaine qualité environnementale (eau, air…), c'est aussi comme êtres sociaux, car le lien social se défait quand l'environnement n'a plus de sens [14]. » Cela rejoint le projet de Manuelle Gautrand lorsqu'elle évoque le plaisir que l'on peut éprouver à vivre une architecture : en passant du jour à la nuit (le BEMA à Nantes, bâtiment d'entretien de matériel aéroportuaire, 1998), du traitement graphique aux couleurs acidulées (cinq gares de péage dans la Somme, 1998), du jeu entre intime et collectif (le théâtre de Béthune, 1998), l'architecture s'émancipe du poids du vocabulaire technique et tente d'y substituer un jeu infini sur les matières et les sens.

Ces approches ne conduisent pas à un refus de la technique mais nous permettent de penser autrement la fonction de la technique en architecture.

Lever enfin les contresens sur la technique

L'analyse de l'architecte et ingénieur Jacques Ferrier [15] permet de distinguer trois phases :

– la technique de l'invention, moment où l'idéologie industrialiste du XIXᵉ siècle domine : avec la quête de la plus grande halle, de la plus grande tour… On comprend bien, alors, que la force triomphante, « positive » de la technique fait que les architectes suivent les ingénieurs ;

– la technique comme moteur des avant-gardes, où l'architecture est au service de l'industrie et où dominent la répétition, la production en série ;

– le développement de l'imaginaire technique pour avoir avec l'architecture la même facilité, la même flexibilité qu'on a avec un transistor, une machine à laver. L'architecture est soumise à la nouveauté. Ces liaisons entre architecture et technique créent une idéologie spécifique, elle aussi héritée du XIXᵉ siècle, liée à l'évolution du travail et marquée par des matériaux emblématiques, comme le fer ou le béton. Trois types de raisonnements ont contribué à la structurer :

– plus il y a de technique, mieux s'en trouvent le bâtiment et ceux qui l'habitent ;

– s'il y a peu de technique ou de technologie dans un bâtiment, il y a comme un préjudice à l'architecture, cette construction n'est pas digne d'être de l'architecture ;

– un bâtiment dont la technologie est en phase avec la mode technologique dominante est « mieux réussi » que d'autres.

Une génération d'architectes va rompre avec ce lien entre « plus » et « mieux », et orienter la question en termes de « autrement », « autre chose », voire « moins ». Cette orientation propose une nouvelle définition du champ de l'architecture : l'architecture n'est pas seulement un art, sous le règne de la liberté, comme déploiement d'une activité qui est à elle-même sa fin. Elle ne peut se situer totalement au-delà de toute nécessité. Elle n'est pas non plus entièrement sous la contrainte de la technique. Pour ces architectes, il s'agit d'établir une nouvelle pensée de cette relation à travers la recherche d'un « au-delà » : au-delà de la problématique et de l'idéologie technicistes héritées du XIXᵉ siècle, en travaillant plutôt sur l'idée de « modestie » du matériau ; au-delà du vernaculaire, en admettant le compromis, le changement ; au-delà de l'inscription seule d'un bâtiment dans un lieu en cherchant ce qui bouge dans ce lieu : les liens, les réseaux, la manière dont ils se tissent, contre l'obsession de la pérennité lorsqu'elle se rigidifie dans l'architecture.

Cette obsession pour la fixité ou la centralité de l'architecture est montrée dans sa contradiction avec ce qui caractérise désormais le monde : « l'architecture est en porte-à-faux dans un monde où les durées sont très rapides, alors qu'elle s'exerce dans un domaine qui a la nostalgie de la pérennité » [16]. De la même manière qu'il a fallu rompre avec l'idéologie techniciste, l'architecture doit aussi s'affranchir de sa fascination pour le monument. Ce qui dure est désormais ce qui se transforme. Ce désir d'émancipation est intimement lié à l'idée d'économie :

– une économie du discours, une architecture qui s'élabore par suppression d'éléments (formels, techniques, symboliques) pour atteindre une limpidité ;

– une économie de moyens ;

– une économie du geste impérialiste ou rationalisateur vis-à-vis du paysage naturel ou urbain, au profit d'une architecture qui s'amuse à apparaître ou à disparaître.

C'est le cas de Jacques Ferrier qui s'inspire des bâtiments de type rural ou industriel (hangars, cabanes, usines, etc.), constructions qui témoignent d'une modestie de moyens et de techniques, et dont la qualité va dépendre des usages qu'elles rendront possibles dans une économie donnée : des architectures qui emploient des bardages métalliques, des rondins de bois, des tissus, des toiles, comme matières de notre univers esthétique. Ces matériaux génériques, ces architectures « de bric et de broc », sont les témoins d'« une permanence d'un réel humble, mais familier de tous » [17]. Anne Lacaton et Jean Philippe Vassal se réfèrent eux aussi à ce type de constructions, adoptant une attitude à l'encontre d'une architecture du détail et de la mise en scène de la technicité.

La fameuse maison de Lège Cap-Ferret (1997-1998) traduit ainsi la volonté de trouver l'équilibre le plus juste entre climat, technique et fonction : « la technologie (les micro-pieux, la charpente métallique, les parois en tôle ondulée) et le vocabulaire moderne (volume primaire, pilotis, toit plat, immenses baies vitrées) mettent en valeur un site (la dune, un plan d'eau : le bassin d'Arcachon), des arbres (une pinède) et une vue (sur la dune du Pyla) sans rien enlever, sans rien détruire et sans aucune prétention ni aucun artifice » [18]. Pas de geste destructeur et une certaine « modestie » à l'œuvre, de même, dans les recherches menées par Patrick Hernandez, qui utilise par exemple des structures industrialisées de serres agricoles dans ses projets. L'économie n'est pas recherchée pour elle-même, sorte d'équivalent en architecture de l'Arte Povera, ou stricte copie d'une tradition locale, mais pour l'« esprit qu'elle peut laisser naître » : il s'agit d'être attentif au réel, d'en maîtriser la complexité. « La tension naît du contrôle et non du geste [19]. » Raphaëlle Hondelatte, dans tous ses projets de maisons, semble rechercher ce contrôle par une attitude de retrait et de disponibilité face au réel : « L'architecture ne crée pas des modes d'habiter, elle s'accommode de leur nécessité [20]. » Il en est ainsi de la maison Baratin (2001), située à Lège Cap-Ferret, construite sur un terrain inondable : l'économie se retrouve dans l'utilisation du terrain (la maison est en retrait, au fond du terrain), dans l'agencement des distributions intérieures (une maison de 25 mètres de long sur 5 mètres de large, structurée par une grande coursive extérieure qui distribue les espaces intérieurs), dans le choix des matériaux (bois et métal).

Une attitude de retrait qui se manifeste aussi par l'économie de tout geste rationalisateur ou impérialiste vis-à-vis d'un paysage donné dans les projets de Rudy Ricciotti : la villa Lyprendi, dans la région de Toulon, long parallélépipède avec une façade de 35 mètres de long intégralement vitrée, est un projet sans concessions. Le site n'est pas abîmé, et pourtant il s'agit d'un ensemble de maisons de style néo-provençal. Un jeu s'organise entre enfouissement et suspension du bâtiment, entre caché et manifeste (terrasse, accès dissimulés, matières opaques ou translucides). Ici, le retrait est aussi la traduction d'une prise de conscience face à des productions dont la valeur symbolique a pour seule fonction d'en faire augmenter la valeur d'échange, ou d'enraciner les habitants dans un modèle d'architecture hors temps, hors réalité. Derrière cette recherche d'économie, ce sont les cultes du style, de la forme, du spectaculaire et du colossal qui sont définitivement condamnés : l'architecte travaille à partir de sa confrontation avec un réel conçu comme un tout, une globalité dont l'idée dominante est qu'il est façonné par les besoins des hommes. La relation à la technique n'est plus de l'ordre de l'instrumentalisation, elle est critique, elle accompagne le regard de l'architecte sur le monde.

Vers une architecture qui pense par elle-même

Pour surmonter les «crises», l'architecture contemporaine opère un travail critique : rejet de l'architecture-objet, distance prise par rapport au formalisme, refus de se laisser entraîner dans la reproduction du passé par réaction face à une ère qu'on dit «désenchantée», nécessité de ne pas laisser les «experts» occuper le devant de la scène. Beaucoup de signes montrent que ce travail est amorcé : une curiosité renouvelée pour les pratiques artistiques, une ouverture à toutes les formes d'architectures qui regarde différemment la hiérarchie instituée entre la «grande» et la «petite» architecture, une nouvelle conception des liens à la technique posée en termes d'économie, d'action, de détournement, d'attention portée au réel… Bref, une pensée, des pensées de l'architecture en train de se constituer.

Cependant, un pan non négligeable de la profession cherche à rendre cette pensée non valide, lui préférant le discours sur l'image et l'immédiateté : ceux-là aimeraient que l'architecture frappe vite et fort. Or, c'est justement dans ce cas que «l'idée disparaît au profit de la forme alors que dans un temps complexe et changeant l'architecture doit plus que jamais être ce "champ de bataille pour la pensée" cher à Mies» [21]. D'autres architectes préfèrent «l'idéologie qui les justifie au risque de la théorie» [22]. Reste que cet élan, qui consiste à élaborer une pensée, mais surtout à vouloir la diffuser, lui accorder une visibilité, n'est pas anodin. Il est une réponse aux discours sur la «crise» :
– par l'attention portée au réel, pour être dans le monde, vivre l'aventure du regard ;
– par un projet humaniste qui doit éviter les écueils passés et considérer que l'architecture, c'est l'«organisation spatiale d'une communauté d'hommes», son inscription dans une temporalité d'un nouveau type. Ce nouvel élan, dans l'architecture française, estime ne pas devoir faire l'économie de l'idée selon laquelle, comme le fait remarquer l'architecte Philippe Madec, «penser l'architecture revient toujours à penser l'installation de la vie dans un lieu» [23].

[1] S'il semble difficile de définir un mouvement moderniste en architecture, on pourra tout de même faire un rapprochement entre des architectes tels Le Corbusier, Walter Gropius ou Mies van der Rohe. Points communs : le discours sur la rénovation des formes, le développement de la technique, des positions politiques affirmées et une tendance à une vision abstraite de l'homme [2] André Gorz, Métamorphoses du travail. Quête du sens, critique de la raison économique, éd. Gallilée, 1988 [3] Entretien avec Patrice Goulet, catalogue de l'exposition Pour ne pas mourir, je ne finirai jamais ma maison. Pourquoi finir celle des autres, François Seigneur, Institut français d'architecture, 1999 [4] Christian Hauvette, Cahiers de la recherche architecturale et urbaine n°5/6, «Sans doute ? Cent architectes parlent doctrine», éd. du patrimoine, 2000 [5] Techniques et Architecture n°450, «Génération transcultures», introduction au dossier, octobre-novembre 2000 [6] In/Ex n° 1, éditorial, In/Ex projects/Birkhäuser, 1999 [7] L'équipe française commissaire de la 7e Biennale d'architecture de Venise constituée par Jean Nouvel, François Geindre, Henri-Pierre Jeudy, Hubert Tonka, avait décidé d'associer à son projet des architectes invités : Jacques Hondelatte, Matthieu Poitevin (Art'M), Rudy Ricciotti, Anne Lacaton & Jean-Philippe Vassal, François Roche et Stéphanie Lavaux (R & Sie, D/B : L) [8] [13] [22] et [23] Philippe Madec, Exist, éd. Jean-Michel Place, 2000 [9] et [10] Entretien in parpaings n°1, mars 1999 [11] Philippe Rahm, parpaings n° 12, avril 2000 [12] Cahiers de la recherche architecturale et urbaine n° 5/6, op. cit. [14] Augustin Berque cité par Duncan Lewis, parpaings n° 6, octobre 1999 [15] Jacques Ferrier, entretien dans In/Ex n° 1, In/Ex projects/Birkhäuser, 1999 [16] et [17] «Stratégies du disponible», Jacques Ferrier architecte, Passage piétons édition, 2000 [18] Patrice Goulet, «À propos de Lacaton & Vassal», Quaderns n° 224, «Éclats», 1999 [19] Jean-François Pousse, Techniques et Architecture n° 416, «Jeunes architectes», octobre-novembre 1994 [20] Raphaelle Hondelatte, Techniques et Architecture n° 450, «Génération transcultures», octobre-novembre 2000 [21] Jacques Ferrier, Cahiers de la recherche architecturale et urbaine n° 5/6, op.cit.

Introduction au design français contemporain

Élisabeth Arkhipoff

Artiste, critique d'art et de design pour *Nova magazine* et *Le Nouvel Observateur*

Par définition, le design est une discipline visant à la création d'objets, d'environnements, d'œuvres graphiques, etc., à la fois fonctionnels, esthétiques et conformes aux impératifs d'une production industrielle. [1] Si, dans les années 60 et 70, un distributeur comme Prisunic a entrepris une démocratisation du design, et rencontré un certain succès en distribuant du mobilier dessiné par Marc Held ou Marc Berthier, ce n'est qu'à partir des années 80 que le design commence à susciter un véritable intérêt et que les expositions du CCI [2] ou des manifestations plus imposantes comme *Design miroir du siècle*, en 1993 au Grand Palais, contribuent à la vulgarisation du domaine. Mais déjà se dessine alors une séparation des genres entre les designers industriels, comme Roger Tallon qui achevait de vastes programmes de modernisation pour la SNCF, et les designers « esthétiques ». La starification de la profession, dont ont pu bénéficier, entre autres, les designers Garouste & Bonetti ou Andrée Putmann, révèle une figure archétypale, celle de Philippe Starck [3], nom qui sonne aujourd'hui comme un véritable label. L'intervention des signatures devient alors un argument marketing pour les fabricants qui font appel à elles pour « customiser » et valoriser leurs productions.

Le design popularisé ?

Sous la poussée « starckienne », la jeune génération a pu profiter d'une meilleure reconnaissance de sa profession. Des écoles comme l'ENSAD ou l'ENSCI forment maintenant de jeunes professionnels mieux armés pour affronter la mondialisation (polyglottes et maîtrisant aussi bien les nouvelles technologies que l'art de la communication). Les jeunes designers français investissent la scène internationale et se voient courtisés par les grandes firmes. Mathilde Bretillot et Frédérique Valette, Claudio Colucci ou Christian Biecher sont très prisés en Asie dans le domaine de l'aménagement intérieur : hôtels, restaurants, boutiques ou bureaux.

Didier Krzentowski, fondateur de l'agence de design Kreo, s'étonne lui-même du succès que connaît sa galerie, ouverte à Paris il y a à peine trois ans : « Le design a pénétré le monde de l'art : on le collectionne, les musées en présentent, et les maisons de ventes aux enchères comme Christies mêlent, dans leurs ventes œuvres d'art et pièces de design. » Les spots publicitaires usent régulièrement d'objets « design » très identifiables, les marques espérant peut-être profiter de l'immédiateté de leur reconnaissance comme d'une légitimité artistique. Dans les boutiques de mode et autres *concept stores*, les vases Aalto, les lampes Newson (dont la cote dans les salles de ventes atteint des sommets) côtoient le dernier modèle Nike. Et il n'existe pas un magazine grand public sans sa rubrique design. Le parallèle avec la mode est d'ailleurs frappant : de plus en plus, fabricants de mobilier et d'accessoires diffusent leurs nouveautés suivant un rythme saisonnier, conférant au designer, et ce bien malgré lui, le rôle d'accessoiriste du mode de vie. Une dérive [4] ? Mais les commandes qui affluent auprès de ces jeunes professionnels semblent infirmer cette impression et, à l'inverse de ceux des grandes agences de design industriel, les projets de ces indépendants semblent retenir l'attention du public et des médias.

Cette popularité est à mettre au crédit d'entreprises comme Ikea ou Habitat [5], qui ont permis aux jeunes générations de découvrir le design mais surtout de pouvoir l'acquérir, d'en user au quotidien, donc de lui donner sens. On ne peut pas non plus nier le rôle « éducatif » qu'a joué l'éditeur allemand Benedict Taschen en publiant, à bas prix, des ouvrages généralistes ou des monographies devenues des références sur le sujet, vendus dans les librairies des grandes surfaces alors qu'en France le CCI publiait de grandes monographies munies d'un important appareil critique. Si, en raison de leur prix élevé, les revues spécialisées ne touchent qu'un public restreint, la presse généraliste ouvre en revanche largement ses pages au design, allant jusqu'à se faire l'écho des recherches les plus pointues engagées par les industries, n'hésitant pas à présenter prototypes ou *concept projects*. Pour autant, il semble subsister un décalage entre cette surmédiatisation et l'idée que l'on se fait encore du design. Paradoxalement, ce terme est encore mal compris du public, qui en use généralement comme d'un qualificatif synonyme d'originalité. Médiatisation ne rime donc pas avec compréhension.

Une discipline encore mal comprise

Le public français paraît s'être arrêté à l'idée du design comme art décoratif. Héritage de l'« Art déco » français, le culte de la pièce unique perdure, entretenu par la Commande d'État, notamment au travers du Mobilier national (commande de mobilier pour l'Élysée, etc.). Durant la seconde moitié des années 80, le style « Barbare », réponse française à l'anti-design italien, se traduisant formellement

par une hybridation entre objet utile et œuvre d'art, persiste à donner une image élitiste du design. Ces objets luxueux ne sont-ils pas vendus en galeries !

Une image que la jeune génération tente de dépoussiérer, comme le confie Matali Crasset : « Dans les années 80, les créateurs faisaient souvent des projets au design assez peu démocratique et, malheureusement, les gens semblent s'être arrêtés à ce stade. Il est difficile de leur expliquer que la situation a évolué, que tout ce qui nous entoure est "design", même s'il n'y a pas toujours un designer derrière l'objet. » C'est un fait : le public cerne mal cette profession. Mais qu'en est-il des entreprises ?

Designers vs entreprises

Si l'État français s'est attaché à mener une politique active de soutien à la création par l'octroit de bourses ou d'aides à la production, les industriels français sont encore peu nombreux à s'intéresser au design. Parmi eux, on citera Artelano, Roset, largement associé au VIA [6], les éditions ponctuelles des VPCistes 3Suisses et La Redoute. Quant aux maisons d'éditions telles que xO, Sentou, Neotu, Kreo ou Domeau & Pérès, elles offrent aux designers une diffusion plus confidentielle de leurs créations. Une situation qui a conduit les designers français à exporter leur talent à l'étranger, surtout en Italie où prospèrent les entreprises ayant développé, dès les années 50, une culture exemplaire du design. Artemide, Cappellini, Cassina, Flos, Kartell, Alessi… ont su instaurer avec les créateurs des collaborations intelligentes et de longue durée qui ont permis le dessin de gammes complètes d'objets, homogènes et cohérentes.

À l'opposé, les grandes industries françaises se sont longtemps reposées sur leurs bureaux de design internes, un mode ronronnant qui les empêchait

d'avoir le recul nécessaire pour juger de la pertinence de leurs propres productions. L'idée de faire appel à des designers extérieurs ne s'est vraiment imposée qu'à partir de 1992. Dès lors, Decaux (qui passe commande de mobiliers urbains à Martin Szekely, Philippe Starck et Norman Foster), Nina Ricci (lignes de cosmétiques et de parfums dessinées par Garouste & Bonetti), Thomson [7], Legrand… font régulièrement appel aux designers pour dessiner de nouvelles lignes… et valoriser ainsi leur image. Martin Szekely signe un best-seller avec le verre Perrier, Matali Crasset dessine un plateau et des verres pour Orangina, et Ricard commande une gamme complète d'objets publicitaires (bouteille, carafe, seau à glace, verre et cendrier) à Ronan et Erwan Bouroullec, Olivier Gagnère, Garouste & Bonetti, Pierre Charpin et aux Radi Designers. Dans ce monde saturé d'objets, où règne une concurrence économique féroce, le design apparaît pour le marketing comme le moyen d'apporter une nouvelle valeur ajoutée, celle de l'esthétique. Il devient une donnée indispensable, une composante stratégique majeure, l'ultime atout pour créer de nouveaux besoins chez des consommateurs déjà « surcomblés ».

Dans l'exercice quotidien de leur profession, le rôle des designers semble encore mal défini. Selon Françoise Darmon [8], si aujourd'hui cette profession est médiatisée, si les entreprises font plus facilement appel aux designers, les mentalités, elles, n'ont pas évolué. Encore peu nombreux sont les industriels qui savent gérer la création et comprendre le design. Les écoles de commerce ne forment pas les futurs spécialistes du marketing au monde de la création. « Traditionnellement, le marketing considère le designer comme un élément extérieur à la logique de production, comme une variable de la scène extérieure, mobile et changeante, à l'image

de toutes les données du marché. » [9] Au sein de cette course à la production, son rôle se limite généralement au dessin d'objets, à une intervention de surface qui n'intègre pas une réflexion sur la pertinence de ces-dits objets.

La médiatisation et la mondialisation ont généré de nouveaux problèmes auxquels sont confrontés les designers, les conduisant à modifier leur façon de travailler. Si le produit doit être international, donc standardisé, si sa durée de vie est de plus en plus courte, sa rentabilité se doit d'être immédiate. Une situation qui laisse peu de temps et de place à la pensée et à la création : quand un designer pouvait consacrer plusieurs années de recherches à l'élaboration d'un objet, on ne lui accorde aujourd'hui pas plus d'une année. Pour les Radi Designers, «travailler en design industriel nécessite beaucoup de temps, trop diront les entreprises. Pour faire quelque chose d'intéressant dans ce domaine, il faudrait travailler bien en amont. Lorsque nous avons été amenés à concevoir un plateau repas pour Air France, notre intervention était très délimitée. Nous aurions aimé pouvoir travailler avec les ingénieurs qui, eux, réfléchissent à l'aménagement de l'espace d'un avion. Si l'on prend l'exemple de l'espace public, les designers conçoivent le mobilier urbain, mais ce sont les urbanistes et les architectes qui pensent le scénario réel de la vie et de la ville. Et, trop souvent ramené à l'échelle de l'objet, le designer a rarement la chance de travailler ces scénarios ».

À l'aube du XXIe siècle, force est de constater que le progrès technologique a fait plus pour le bouleversement de nos modes de vie que le design. Les changements radicaux qu'imaginaient les designers utopistes des années 60 ne sont pas advenus : les voitures roulent toujours à l'essence, nos habitations comportent encore quatre murs. Nous baignons

dans un style «neo-international», assez nostalgique des formes organiques de ces années-là que certains jeunes designers revisitent en leur assignant de nouveaux matériaux ou en utilisant de nouvelles technologies de fabrication qui leur permettent de concevoir des pièces jusqu'alors irréalisables. L'utilisation accrue de la 3D et de la Création Assistée par Ordinateur semble avoir provoqué une régression du dessin qui a conduit à une banalisation des formes. Avec, pour conséquence, le minimalisme qui règne depuis la fin des années 90.

Pourtant cette tiédeur n'est qu'apparente, le design est un domaine en plein bouleversement dont le public semble de plus en plus curieux. La décennie qui s'amorce verra une profession en pleine mutation face à de nouveaux enjeux que résume ici Gérard Laizé, directeur général du VIA : «Lorsque l'on dépasse la question de la couverture des besoins élémentaires de l'homme, ce qui est le cas dans les civilisations occidentales, l'acte de création se complexifie. Le niveau d'éducation et d'information croissant des populations, ayant pour conséquence principale de développer leur sens critique et leur exigence, ne fait qu'accentuer ce phénomène de complexité. Dès lors, on attend du designer :

– qu'il remette en cause en permanence la réponse fonctionnelle apportée par rapport aux logiques comportementales actuelles,

– qu'il sache exploiter les qualités intrinsèques des matériaux nouveaux ou des nouvelles technologies pour apporter un bénéfice d'usage supplémentaire à l'utilisateur,

– qu'il conceptualise sa proposition en intégrant les produits créés dans un contexte environnemental perceptible, compréhensible et séduisant,

– qu'il puise dans les courants culturels du moment les facteurs qui apporteront du sens au produit et

marqueront l'époque en termes de parti pris esthé-tique. Autant de facteurs qui permettront de provoquer l'obsolescence et de se distinguer fondamentalement de l'offre existante.

Le rôle du designer devient essentiel puiqu'il doit assurer par son action et à travers son acte créatif,

conceptuel et formel, la synthèse de divers facteurs influents qu'ils proviennent de la recherche et de l'innovation, de démarches marketing, d'analyses psycho-sociologiques, de logiques économiques, de principes ergonomiques ou dorénavant, du respect de l'environnement. Au-delà, l'intuition s'avère indispensable car elle reste la base du talent. » [10]

[1] Petit Larousse [2] Le CCI, Centre de Création Industrielle, est créé à Paris en 1969, pour promouvoir le design industriel à travers des publications, des expositions et un centre de documentation [3] Lire à ce propos *Le Cas Philippe Starck, ou de la construction de la notoriété* de Christine Bauer. L'Harmattan [4] Le regain d'attention apporté au mobilier de Jean Prouvé, conçu au sortir de la guerre pour des collectivités locales démunies, et qu'on s'arrache aujourd'hui pour meubler les salons bourgeois, comme « signe extérieur de bon goût », peut laisser planer un doute sur l'impulsion d'achat des objets « designés ». [5] L'éditeur suédois IKEA, poids lourd mondial dans le domaine de l'ameublement, a su dès sa création, en 1943, populariser une certaine idée du « style » scandinave, mélange de rationalité bauhausienne et de tradition. Habitat, le fabricant et diffuseur de mobilier créé en 1964 par le designer anglais Terence Conran, qui est aujourd'hui supervisé artistiquement par Tom Dixon, réédite des classiques du design et commande aussi à de jeunes designers (notamment les frères Bouroullec) le dessin de gammes d'objets et de meubles pour la maison [6] Le VIA (Valorisation de l'Innovation dans l'Ameublement) a été créé en 1979 par le CODIFA (le Comité de Développement des Industries Françaises de l'Ameublement) avec le soutien du ministère de l'Industrie. Cette association a pour vocation de valoriser et de promouvoir la création mobilière française contemporaine. Elle y contribue par le biais de ses Cartes blanches, Appels permanents, Labels, Appels spécifiques, et expositions organisées en France (notamment dans la Galerie VIA, son propre espace d'exposition situé à Paris) et à l'étranger [7] En 1993, Philippe Starck devient consultant artistique pour Thomson Multimédia (Thomson, Saba, Telefunken). Il met en place le « Tim Thom », une équipe coordonnée par Matali Crasset et à laquelle participeront divers autres jeunes designers (Éric Jourdan, Patrick Jouin) [8] Agent de designers, Françoise Darmon a créé l'agence Creative Agent Consultant en 1984. Elle a également signé la série d'entretiens filmés de designers *Histoires d'objets*, Centre Georges Pompidou [9] *Abcdaire Design 97*, Bernard Cova [10] Interview accordée à Élisabeth Arkhipoff, mai 2000

Signes du graphisme contemporain

Michel Wlassikoff
Directeur de la revue *Signes*, commissaire d'exposition

Le graphisme est une discipline artistique et un vecteur fondamental de la communication moderne. C'est un « art de la commande » : depuis son énoncé jusque dans la méthode qu'elle suppose, la commande impose des contraintes au sein desquelles la création graphique peut s'épanouir.

En France, le graphisme reste mal apprécié par ses commanditaires et méconnu du grand public. La presse en parle peu ; les institutions culturelles lui accordent un intérêt restreint. Un des symboles de ce manque de reconnaissance serait l'absence de figures de proue, à la différence des pays anglo-saxons où de jeunes étoiles sont apparues dans les années 90, même si certaines ont rapidement pâli. Pourtant, il y a une prise en compte croissante du graphisme par les autres professions visualistes. Architectes, designers, photographes, plasticiens se penchent de plus en plus sur les avancées du graphisme contemporain, qui résultent de l'avènement de la création d'auteur autant que de la maîtrise des nouvelles technologies – au sens de maîtriser le concept et la matière même de l'image.

Le statut d'auteur est indissociable de la notion de graphisme, car il implique l'entière responsabilité d'un projet jusqu'à son aboutissement. Les graphistes auteurs, en général affiliés à la Maison des artistes, non subordonnés à un atelier ou à une agence, traitent directement avec leurs commanditaires et leurs interventions sont diverses : dessiner une affiche, concevoir la maquette d'un livre, réaliser une identité visuelle, une papeterie, un logo. L'ensemble de la production de ces graphistes demeure largement minoritaire, mais leur influence est de plus en plus grande, car ils constituent un laboratoire de création. Lassés de la standardisation voire de l'inanité des propositions faites en la matière par les agences de publicité et de communication, des commanditaires de plus en plus nombreux recherchent des visuels de qualité, qui se distinguent dans le flot des images, et font appel à des graphistes auteurs pour les concevoir. Par ailleurs, si les logiciels graphiques facilitent en apparence l'accès au graphisme, ils en révèlent en réalité sa complexité ; et les utilisateurs de ces outils,

du secrétaire de rédaction à l'imprimeur, mesurent désormais l'importance des connaissances graphiques, que les recherches créatrices contribuent à rendre explicites.

Les supports traditionnels du graphisme ont été bousculés depuis une dizaine d'années, entre autres par l'arrivée du numérique. L'affiche d'auteur s'est raréfiée dans l'espace urbain. Quelques créateurs, comme Pascal Colrat, ont contribué à pérenniser l'art de l'affiche et à forger les éléments d'une renaissance qui s'affirme. À l'opposé, l'avènement du multimédia n'a toutefois pas encore produit une véritable dynamique en terme de création graphique. Les nouvelles générations de graphistes apparues dans le courant des années 90 ont expérimenté la révolution informatique et ont peu ou prou abordé le multimédia en concevant des sites Web, notamment. Cependant, seule une minorité a fait du multimédia son terrain de prédilection. De nombreux graphistes créent des animations filmiques ou réalisent des clips musicaux et poursuivent dans cette voie qu'ils préfèrent à celle du multimédia, dont les aspects technicistes et l'esthétique ne les satisfont pas.

Le graphisme contemporain suppose la maîtrise des nouvelles technologies, qui ont sensiblement facilité sa pratique. Le revers de la médaille tient à ce que de trop nombreux commanditaires imaginent le graphiste comme un simple pilote d'ordinateur, et s'en remettent parfois à des charlatans maniant plus ou moins bien les logiciels dernier cri. Les graphistes doivent désormais être des créateurs de formes utilisant des outils nouveaux et évolutifs, ainsi que les fabricants de tous les éléments nécessaires à l'impression, dont les étapes sont bouleversées. Il leur faut de surcroît déterminer une nouvelle façon de pratiquer le graphisme, de le situer dans l'espace public. L'avènement du numérique a installé le graphiste aux commandes d'un poste de travail, en charge de prestations jusque-là confiées aux typographes ou aux photograveurs. Le professionnel n'est plus face à la feuille blanche ou au rectangle de la toile préfigurant la réalisation achevée, mais devant un écran destiné à la création comme au contrôle des opérations de fabrication, dont le lien avec l'œuvre se distend au point d'abolir la notion d'original. Les départements communication visuelle des écoles d'art, au milieu des années 90, sont ainsi devenus des territoires distincts, à l'espace réglé par les alignements d'ordinateurs.

Les facilités offertes par les nouvelles technologies, pour l'exécution des mises en page notamment, se trouvent souvent contrebalancées par l'augmentation des tâches. Le jeu avec les effets des logiciels graphiques, la mise en avant de la virtuosité de leur emploi ont constitué une façon infantile de dépasser cette contradiction, qui s'est révélée avec violence dans le champ de la création de caractères. Alors qu'auparavant le dessin d'un alphabet nécessitait des années de travail, la manipulation des logiciels a pu laisser penser que ce temps serait infiniment réduit. L'absurde a côtoyé le grotesque quand, au milieu des années 90, des alphabets naissaient presque chaque semaine et que l'utilisation de la lettre ne relevait plus de la lecture, mais de l'effet visuel. La lettre dévorait la composition. Certaines expériences ont été porteuses de découvertes, mais l'ensemble ne préfigurait pas une révolution esthétique. L'illusion d'une nouvelle ère avant-gardiste née des ordinateurs est retombée.

Pour de bonnes et de mauvaises raisons, le graphisme en France s'est tenu à distance de ce bouillonnement qui a surtout concerné les pays anglo-saxons. Les bonnes raisons tiennent essentiellement à l'attention scrupuleuse au sens porté par l'image, et donc à la défiance contre tout formalisme. Quant aux mauvaises raisons, elles sont plus diverses. Le manque d'intérêt pour la typographie, voire le dénigrement de son emploi, a écarté longtemps les graphistes d'un savoir typographique solide et réactif. Le côté borné du graphisme en France, à la manière dont les paysans marquent leur territoire, n'est pas pour rien non plus dans le rejet de l'innovation et de toute expérimentation comparative. Les Français, moqués pour leur pusillanimité quand l'Amérique se lançait à la découverte des *computers*, sont (encore) apparus comme des irréductibles peu sensibles aux vents du large, mais tout compte fait détenteurs d'une certaine sagesse quand il s'est avéré que ces vents semaient la tempête. Le retour des Anglo-saxons à la tradition typographique a même ouvert la voie à la redécouverte de typographes français, comme Roger Excoffon, dont les alphabets des années 50 ont fait fureur à l'étranger à la fin des années 90, avant d'être plus récemment de mode ici. De toute cette effervescence, il faut retirer que l'intérêt pour la typographie s'est sensiblement accentué chez les jeunes générations. Des créateurs de caractères ont émergé, Jean-François Porchez et Pierre di Sciullo notamment, qui, dans des registres très différents, participent au renouveau de la lettre en France, et leur dialogue avec les graphistes s'est révélé enrichissant. Des éditeurs ont été sensibilisés aux évolutions typographiques et des magazines s'en sont fait l'écho.

Parmi les jeunes graphistes, cette attention s'est renforcée par l'acquisition d'une véritable discipline de l'emploi de la lettre. Au point que l'atelier Verdet/Lakits mène des recherches sur l'utilisation systématique d'un seul et même caractère pour les commandes les plus diverses. Ces graphistes nouent en effet une sorte de lien amoureux pendant une période donnée avec un type de caractère, dont ils explorent toutes

DU 12 AU 30
NOVEMBRE
Théâtre International
de Langue Française

BINTOU

DE

KOFFI KWAHULE
MISE EN SCÈNE DE GABRIEL GARRAN
en collaboration avec Pascal N'Zonzi

Pavillon du Charolais • Parc de la Villette
211, avenue Jean Jaurès 75019 Paris
M°Porte de Pantin - Bus PC ou 75
Tél : 01 40 03 93 95

les propriétés, qu'ils peuvent alors adapter à des univers très variés. Même si de nombreux graphistes se sont essayés à la création de polices de caractères comme un exercice personnel, le dessin d'un alphabet reste considéré comme une pratique spécifique, qui nécessite une totale implication. Mais modifier la lettre est désormais une pratique courante, qui articule le trait et la structure aux nécessités de la mise en pages, selon des règles de mieux en mieux comprises. Muriel Paris et Alex Singer se sont signalés dans cet exercice, conférant à leurs travaux une forte originalité par de subtils « redessins » de caractères fondés sur une parfaite connaissance de l'histoire de la typographie et des recherches des avant-gardes.

Le choix des caractères fixe une ligne de conduite, détermine, dès le commencement de la création, la mesure à trouver entre la rigueur et l'inventivité. Cette discipline nécessite une souplesse d'équilibriste, mais permet de tenir à distance le « tout typographique » – la lettre élément cardinal d'identification –, comme le foisonnement des alphabets et les jeux sans consistance, où la lisibilité était systématiquement mise en cause. Si la lettre a retrouvé en France une place qu'elle n'avait pas tenue depuis des décennies, il n'est pas apparu un type de graphisme qui lui soit subordonné. L'image demeure au centre de la recherche, même si la lettre y participe pleinement. Composition, emploi de la couleur, réalisation des visuels sont au cœur des préoccupations actuelles. À cet égard, il est important de souligner que les jeunes graphistes tiennent de plus en plus à produire leurs propres images, que ce soit à travers l'illustration ou la photographie. Pascal Colrat réalise les photos de ses affiches et refuse toute commande dont un visuel lui serait imposé. Laurent Seroussi est un « photographiste » soucieux de maîtriser sa création de part en part et, à ce titre, lui aussi réalise toujours ses prises de vue.

L'explosion typographique a représenté l'une des dernières recherches de solutions dont le XXᵉ siècle fut rempli. En France, la question des solutions s'est toujours heurtée au problème du style. Les affichistes français possédaient des styles marqués. Si des graphistes vinrent nombreux de l'étranger pour œuvrer en France, c'est aussi parce que les individualités pouvaient s'y exprimer plus aisément et ne pas se trouver effacées derrière des structures. L'abolition du style a été prônée par le fonctionnalisme au profit de la neutralité des systèmes, et sa mort proclamée par la critique radicale de Mai 1968, mais la création personnelle en a été finalement peu affectée. Pourtant, les jeunes graphistes évacuent la notion de style pour lui substituer le principe de la démarche. Aucun d'entre eux, en effet, ne revendique avoir un style ; tout au contraire, il s'agit de placer la recherche au cœur de la création et qu'aucun fil conducteur ne lie une intervention à l'autre. C'est sans doute chez Rik Bas Backer que ce principe est le plus affirmé, dans la mesure où, dès sa formation aux Pays-Bas, il avait rejeté le « style hollandais » et prôné une position « non stylistique ». Position paradoxale car un regard averti reconnaîtra sans peine son travail. L'originalité même de la suite des créations implique un langage, qui s'apparente à ce qui s'est appelé un style. La distinction tient souvent dans le détail ; les faibles marges de différence la rendent moins directement perceptible mais d'autant plus forte.

Rejeter le style, c'est somme toute annoncer qu'il n'existe pas de solution toute faite, autant qu'exprimer le constat qu'il n'y a plus de solutions globales. À cet égard, bien que les identités visuelles soient toujours considérées comme la quintessence du graphisme, et certains logotypes comme de véritables formes artistiques, il existe une défiance de plus en plus prononcée contre la notion d'identité globale et contre le recours à la charte graphique

RAPHAEL OPEZ

photographer DAVID VASILJEVIC
stylist HECTOR CASTRO
design LAURENT FETIS
make-up Michelle RAINER @ STREETERS
model MAYANA @ NEXT
mains by TOM BINNS @ Joyce Gallery Paris

Laurent Fétis, insert de mode pour le magazine *Dazed and Confused*, 2001. © Laurent Fétis

institut néerlandais

comme à des tables de la loi. Les recherches se démarquent des dérives actuelles de la communication, de la prédominance des logotypes en particulier, et tendent à concevoir des systèmes mieux adaptés à un environnement saturé d'images.

Dans le courant des années 80, le graphisme d'auteur s'est épanoui essentiellement dans le champ socioculturel. Après la guerre du Golfe, cette terre nourricière n'étant plus aussi fertile, les jeunes graphistes se sont tournés vers l'édition musicale et la mode, où la création pouvait encore se trouver en milieu naturel. À la vérité, il s'est produit un mouvement de va-et-vient. Des directeurs artistiques, des stylistes ont pris conscience de l'effervescence autour du graphisme et des dimensions nouvelles qu'il pouvait conférer à l'image des marques et des artistes. Des graphistes ont sollicité ces univers parce que l'attention à l'image s'y renforce, surtout quand un dialogue direct s'instaure entre créateurs. C'est le cas lorsque le regard d'un metteur en scène ou d'un chorégraphe contribue à parfaire le dessin d'une affiche ; de même, quand un styliste ou un musicien participe à l'élaboration du visuel qui les concerne. Ces rapprochements entre disciplines tiennent également au fait que le métissage est un des phénomènes les plus originaux de l'époque. Qu'il s'agisse de musique ou de mode, mais également de spectacle vivant, le « mixage » des genres, les jeux avec les références historiques et culturelles, la notation lointaine accolée à celle de la plus pure tradition « nationale » font florès. Les citations foisonnent ; les références aux années 50 et 60 sont constantes, elles concernent le graphisme, la typographie, la photographie, le design ou les arts plastiques. Laurent Fétis est passé maître dans cette science des citations. Mais via le *sampling* des notations, des genres, des origines ou des supports, la synthèse est recherchée, souvent traduite en signe pur.

Le mixage généralisé symbolise parfois une sorte de soumission à l'idéologie mondialiste. Il s'agit surtout de l'expression, une sensibilité de plus en plus vive à la mixité culturelle et ethnique. Les arts dits mineurs, mode, musique populaire, graphisme, sont plus directement impliqués dans la mesure où ils pratiquent quotidiennement l'échange et l'interrelation entre les genres, les disciplines et les personnes. Cette mixité, si elle permet aux créations de conjuguer les références et les apports les plus divers et d'instaurer un intelligent éclectisme, n'est toutefois pas la panacée. En France, dans la mesure où rien n'est réellement codifié et où le pragmatisme l'emporte toujours sur la règle, la faculté d'adaptation reste grande, mais la confusion en est le constant revers.

Le graphisme n'est jamais qu'un reflet d'un monde, l'un des plus intéressants à l'heure actuelle, parce qu'il possède le plus d'acuité. Si le métissage est l'avenir, rien ne dit que le chemin qui y mène soit fait d'harmonie et de légalité, les valeurs dominantes qui ont durant près d'un siècle structurées le graphisme. La pratique du graphisme n'est aucunement garante de l'ouverture que suppose le métissage généralisé, qu'elle pourrait favoriser formellement. La position paradoxale du graphisme contemporain est en quelque sorte renforcée par l'usure des « images engagées », toujours couronnées dans les festivals et autres rencontres du graphisme, symbolisant un engagement politique dont les critères ont dominé jusque-là en France la profession. La plupart des jeunes graphistes sont engagés à titre personnel, mais à leurs yeux le graphisme n'est pas en soi un acte politique. C'est un choix de vie s'inscrivant dans une forme d'appréciation de l'existence, où le regard joue un rôle déterminant. Exercer ce métier avec une rigueur éthique impliquant une réflexion sur le paysage visuel est un combat quotidien : celui du sens et de la qualité des images.

Marie-Ange Guilleminot, *Le Miel du paravent*, 1998. © Pierre Leguillon

Situations des arts plastiques en France, les marchés comme pays

Guy Tortosa
Critique d'art, directeur du Centre d'art contemporain de Vassivière en Limousin

Pourquoi parler d'art français quand tant d'artistes ayant fait le choix de vivre et de travailler en France sont, comme Koo Jeong-A, Wang Du, Huang Yong Ping, Thomas Hirschhorn, François Curlet, Jakob Gautel, Jason Karaïndros ou Adel Abdessemed, originaires de Corée, de Taiwan, de Chine, de Suisse, de Belgique, d'Allemagne, de Grèce ou d'Algérie ? Le capitalisme a transformé et souvent unifié les cultures en marchés plus ou moins puissants, plus ou moins « émergents »… En France comme ailleurs, les arts plastiques pour lesquels le marché constitue historiquement le plus efficace des véhicules (et vice versa) opèrent à la manière de puissants indicateurs de la santé économique du pays (et vice versa). La faiblesse des arts plastiques procède précisément de ce statut historique d'indicateur, de monnaie, de placement qui lui tient plus intimement lieu de support que le châssis et la toile et qui, alors que d'un peu partout sur la planète émergent les initiatives pour une société plus humaine et autrement organisée au plan économique, mine peu à peu son crédit, au propre comme au figuré.

Réalisation d'un scénario plusieurs fois pressenti, manifestation de la capacité de l'image, en l'occurrence cinématographique et télévisuelle, à enfanter des monstres, la traversée le 11 septembre 2001 des Twins Towers à New York par deux avions d'American Airlines pilotés par des kamikazes islamistes qui avaient été formés par un ancien correspondant des services secrets américains, saoudiens et britanniques, a révélé avec le recul l'étonnante acuité de nombre d'œuvres d'art plastique apparues au cours des dernières années sur la scène artistique française aussi bien qu'étrangère. Œuvres que plus d'un observateur avaient dans un premier temps pris pour des blagues, voire des provocations d'adolescents attardés, quelque chose comme les symptômes de la régression de toute une génération d'enfants de la télévision.

Comme les Néerlandais de l'atelier Van Lieshout travaillant à partir de 1998 près de Rotterdam à un *atelier des armes et des bombes* destiné à assurer à ses concepteurs la survie au sein d'éventuels conflits de type balkanique, comme le Danois Henrik Plenge Jakobsen et les mini catastrophes (par exemple l'incendie d'une crèche, un bureau dévasté, des véhicules renversés sur la chaussée) qu'il simule à l'occasion de ses expositions, l'attaque du port militaire de Toulon le 13 novembre 1993 par l'artiste français Philippe Meste avec uniquement l'aide d'un lance-fusées et d'un petit canot de sa fabrication, performance qui lui valut d'être arrêté et surtout condamné pour atteinte à l'ordre public, fait au final rétroactivement réfléchir sur l'apparente légèreté des artistes aujourd'hui et sur la valeur d'enseignement de ces nouvelles formes de représentation, à savoir installations et happenings en particulier, formes trop souvent montrées du doigt par des médias pourtant eux-mêmes portés à des dérives infiniment plus contestables.

L'art comptant pour rien

En France et ailleurs, en France peut-être plus qu'ailleurs, l'art, c'est sa faiblesse, a été plus d'une fois critiqué en lieu et place de ce qu'il représentait. Un proverbe chinois dit « quand le sage montre la lune, l'imbécile regarde le doigt ». Le sage en l'occurrence fait le fou. Et l'art débordant du cadre que les académies lui avaient assigné, devenant de plus en plus souvent comportemental, l'artiste sert désormais de cible à ceux qui, ne voulant pas voir le monde tel qu'il est, accusent celui qui le montre d'être à l'origine du désordre qu'il n'a pas créé.

L'œuvre d'art est ainsi : souvent refusée comme objet *et* comme sujet, comme réalité *et* comme représentation, elle est accusée d'opérer en fauteur de trouble dans un monde qui entretient pourtant sans elle la confusion entre le réel et ses représentations et voudrait empêcher qu'on montre, qu'on dénonce ou qu'on annonce les conséquences (pédophilie, insurrections dans les banlieues, nuages radioactifs ou dommages collatéraux) de sa folie.

L'artiste est pourtant un regardeur. Et ensuite un réalisateur. Voir et représenter constituent ses principales missions. Son rôle n'est pas de juger, encore moins de condamner. C'est déjà beaucoup, comme le déclarait Le Corbusier, de « voir ce que l'on voit », puis de le transposer. Pour le dire autrement, et pour citer un exemple emprunté à la scène artistique française, quand dans le cadre d'un vernissage qui n'est pas le sien, Alberto Sorbelli programme son agression par une personne recrutée par ses soins et qui le frappe sans ménagement au moyen d'ustensiles de la panoplie du luxe, l'artiste, c'est pourtant « visible », n'est pas violent, il se fait violence, il n'aggrave pas la violence, il tend simplement à « comprendre », c'est-à-dire à prendre sur lui, les nouvelles « formes » de celle-ci.

Des asiles de fous

La création en France dans le domaine des arts plastiques ne fait pas exception. Comme les œuvres d'un certain nombre d'artistes d'Europe centrale (Erwin Wurm), orientale (Oleg Kulig) ou du nord (Michael Dans, Jouko Lehtola), les œuvres que l'on voit dans les galeries, les centres d'art, les FRAC ou les musées, donnent fréquemment aux endroits qui les abritent des allures d'asiles dont les protagonistes expriment « en réalité » le malaise de leur entourage. De Claude Lévêque qui fait recopier à sa mère des déclarations politiquement incorrectes, à Jean-Baptiste Bruant, Éric Madeleine, Philippe Ramette, Daniel Firman, Saverio Lucariello ou Olivier Fontaine qui, via des performances, des installations ou des photographies, mettent en scène la confusion des usages entre les corps et les objets, de Georges Tony-Stoll à Yves Tremorin qui, après Egon Schiele ou Antonin Artaud, donnent du corps, toujours lui, une image faible et volontairement dépréciée, à Sophie Calle, Cristelle Familiari ou Annette Messager qui de leur côté avec une impudeur manifeste et afin de dire la difficulté de communiquer, collent au plus près des petits détails de la vie d'autrui, sans oublier bien évidemment Pierrick Sorin dont les théâtres holographiques mettent quasi systématiquement le spectateur en situation de surveiller, comme à travers le judas d'une porte de prison, celui dont il regarde les pîtreries, on n'en finit pas de recenser les comportements étranges, parfois à la limite du supportable (c'est encore Olivier Blanquart urinant sur l'œuvre d'un artiste le soir d'un vernissage), pour finir par reconnaître dans la plupart de ces « cas » quelque chose de la leçon bien comprise de quelques aînés, Michel Journiac ou Gina Pane par exemple, qui avaient déjà dit la vérité sur les névroses de leur temps et sur le malaise entretenu dans la civilisation par toutes sortes d'institutions comme l'école, l'hôpital ou la religion.

Les tyrannies de l'immédiat

Force est de reconnaître qu'à l'instar d'autres milieux celui de l'art contemporain est cependant sous l'emprise de la dictature de l'im-média(t). Tout va très vite. La distance qui sépare l'intellectuel (or la plupart des critiques et des commissaires appartiennent à cette catégorie) dont le souci est d'agir immédiatement sur l'opinion, et l'artiste dont la visée a généralement à voir avec une temporalité plus longue, va souvent en s'amenuisant. Mis en péril par la sollicitude qu'ils inspirent de la part de certains supports à la fois publicitaires et médiatiques, supports dont le tirage va de son côté en augmentant, ce qui ne laisse pas d'entraîner certaines conséquences qui ne sont pas toutes positives, nombre d'artistes se trouvent obligés de répondre au rythme des parutions et de fournir de quoi nourrir en images toutes sortes d'expositions, de numéros et de hors-séries consacrés tout aussi bien au sexe, au SIDA, à la mort, aux nouvelles guerres, au design, qu'à l'argent, etc.

C'est comme si, devenant victimes de leur relatif succès, certains plasticiens, portés par le besoin d'images caractéristique de la société dans laquelle nous vivons, se devaient désormais de se prêter à toutes les acrobaties et de remplir, à une échelle jamais égalée jusqu'alors l'office des « fous » ou des illustrateurs d'antan. Que sa production soit très ciblée comme celle de Mathieu Laurette avec son programme de diététique labellisé « satisfait ou remboursé », ou qu'elle soit au contraire très diversifiée comme celle de Fabrice Hybert, il semble à l'évidence que plus d'un artiste soit désormais condamné à « surfer » plus ou moins consciemment entre la fourniture de « sujets » appropriés à la demande spectaculaire des magazines et des expositions et la production d'« œuvres » plus lentes, plus personnelles et donc a priori moins immédiatement lisibles.

Tout va très vite et tout, peu ou prou, est désormais destiné à la consommation. Thomas Hirschhorn l'a assez bien compris dont les publications et les installations tendent à dénoncer la logique qui, au sein des médias, valorise les images de l'industrie cosmétique en les faisant voisiner avec celles de la misère du monde. Formé auprès des graphistes du groupe Grapus, un collectif né du militantisme politique des années 60, cet artiste d'origine suisse sait de quoi il parle. Comment son œuvre pourrait-elle changer quelque chose à un état de fait que le plus efficace des véhicules, le marché, entretient assidûment ? Est-il encore possible de dire d'une œuvre qu'elle peut, même indirectement, « changer le monde » ou, pour être plus modeste, contribuer à une prise de conscience individuelle ou collective ?

Le milieu des artistes, à la différence de celui de la philosophie, voire de la littérature, qui semblait naguère encore pouvoir fournir en Europe (en Italie, en Pologne, en Tchécoslovaquie, au Portugal mais aussi en France) quelques candidats aux responsabilités publiques, semble avoir globalement renoncé à la mission politique, sinon révolutionnaire, que d'aucuns s'attribuaient encore il y a vingt ou trente ans. La notion même de subjectivité semble de plus en plus vague au regard de l'hyper-activité médiatique et publicitaire qui emporte tout sur son passage et conduit plus d'une œuvre à être digérée comme forme par le système de la mode avant de l'avoir été comme sens par son auteur lui-même. Reste pour l'amateur d'« art contemporain », cette notion propre aux pays riches, car les pays pauvres ne produisent pas à proprement parler d'« art contemporain », à trier dans ce que lui proposent ces îlotes que la société rémunère pour qu'ils entretiennent leur colère dans un espace où la liberté est codifiée, contrôlée, managée pour que rien au fond ne vienne à changer véritablement.

L'art, le luxe, les médias et la publicité

Ce n'est certes pas une donnée très nouvelle, en France, en Angleterre, en Allemagne comme aux États-Unis, ceux-là même qui contribuent à entretenir les conditions de l'inégalité, encouragent d'autant plus les réalisations des nouveaux rebelles de l'art contemporain que ceux-ci, avec l'aide de leurs mécènes, excellent dans l'art de transmuter le matériau le plus commun en or massif et parviennent à réaliser ce tour de force de redoubler l'effet d'une première aliénation (sociale, économique, etc.) par l'imposition de sa représentation comme valeur d'exposition. Comment s'étonner que l'un des modèles qui a inspiré Thomas Hirschhorn, et avec lui quelques autres artistes de sa génération, le message au stylo bille écrit par les laissés pour compte de la société sur des bouts de carton, ait été exploité dans le cadre de campagnes publicitaires ? Tout aujourd'hui est publicité. Comme le montre l'œuvre de Claude Closky, l'inconscient collectif est structuré comme un langage publicitaire. Bien malin qui saurait dire, dans le cas des œuvres de Thomas Hirschhorn par exemple, mais aussi dans celui d'un centre d'art parisien dont le programme reproduit celui de certains grands magasins (libre circulation de la clientèle, horaires nocturnes, coin cafétéria, etc.) qui du professionnel de l'art ou du professionnel du marketing s'est inspiré du vocabulaire de l'autre.

En fait, l'art, et c'est sans doute ce qui le définit aujourd'hui de manière « spectaculaire » a dans bien des cas renoncé à un certain état d'esprit réputé désintéressé et ayant pendant longtemps servi avec plus ou moins de sincérité à le définir. En France comme ailleurs, l'art, ou du moins l'idée que l'on s'en fait encore souvent sur fond de théorie kantienne (l'esthétique comme source d'un « plaisir désintéressé »), est tout simplement mort. Après le

Claude Lévêque, *Je suis une merde*, 2001. Courtesy galerie Valentin.

désenchantement postmoderne, nombre d'artistes illustrent à présent, avec l'aide du système qui les soutient, un post-humanisme dont le sociologue néerlandais Peter Sloterdijk est l'un des plus brillants représentants et qui reconnaît le réalisme, sinon l'opportunisme (social, économique, politique voire scientifique) comme une posture en définitive plus honnête, pour ne pas dire plus humaine, que l'idéal humaniste. Mieux vaut, semblent dire nombre de créateurs, dont la faiblesse tient cependant souvent à l'intimidation qu'exerce sur eux les idées des philosophes, n'avoir pas d'illusions et ne pas en cultiver non plus dans l'esprit d'autrui. Ainsi, si la publicité emboîte facilement le pas aux modes artistiques c'est parce que les artistes assument à présent ce qu'il y a d'inévitablement cynique et de publicitaire dans toute démarche artistique. Le voyeurisme et l'exhibitionnisme, autrement dit l'art de l'«exhibition», constituent plus que jamais l'essence de l'art.

La théorie de ce qui est bien et de ce qui est mal n'est pas et n'a probablement jamais été la première affaire des artistes. Pour être efficaces, autrement dit pour voir puis pour donner à voir, ceux qui représentent leur époque, car là est sans doute la mission principale des artistes, doivent opérer au plus prêt de ce qu'ils montrent, d'un côté la misère, de l'autre ses causes. On le voit avec la photographie de mode qu'une revue française, *Purple Prose*, a contribué à légitimer dans le champ artistique, la photographie cosmétique qui fait passer les chambres des petits hôtels de passe pour le *nec plus ultra* de l'esthétique branchée s'accorde finalement plutôt bien aux formes dites les plus «avant-gardistes» de la création contemporaine, et vice versa.

Aussi bien, si l'art ne s'oppose pas à ce que la publicité le copie, c'est pour cette raison que ses auteurs ont compris que, quoiqu'il arrive, la récupération est déjà «prévue». Objet de l'attention de ceux des financiers qui sont parvenus à gagner l'admiration du plus grand nombre, en Italie notamment, où l'un d'entre eux a accédé aux plus hautes responsabilités publiques, en possédant à la fois les grands magasins, les médias, les galeries, les salles des ventes et bientôt les musées, l'art, comme Watteau le donnait déjà à voir dans *L'Enseigne de Gersaint*, est une étape parmi d'autres dans la chaîne de production et de promotion de la principale valeur de l'Occident moderne, la marchandise.

Ce qui se vend le mieux est ce qui se vend le mieux

Quoiqu'il fasse, tout artiste doit savoir aujourd'hui qu'il servira de cobaye ou d'appât à des stratèges en marketing bien moins préoccupés que lui des sentiments qu'il peut charger ses œuvres de véhiculer. La libéralisation du monde et, avec elle, celle, de plus en plus perceptible en France, des institutions qui, tels les musées, doivent se préoccuper de ménager des financeurs que la réduction des subventions publiques rend peu à peu indispensables à la production des projets, fait qu'il est de plus en plus illusoire d'espérer rester à l'écart des lois de ce que Guy Debord a nommé la «société spectaculaire marchande». L'institution culturelle avec sa dérive mercantile, sécuritaire (au nom de la sécurité de plus en plus nombreux sont les projets abandonnés) mais aussi spectaculaire, condense les termes de l'analyse de la société occidentale par Marx, Kafka et Debord. Quelle différence faire entre une installation de Claude Lévêque constituée de moutons parqués au milieu d'un public d'invités un soir de vernissage à Beaubourg et des mannequins habillés de tissus aux motifs de camouflage allant et venant dans le même lieu pour la promotion d'un couturier ? Aucune sinon que l'artiste a probablement conscience de la

Jean-Luc Moulène, *Mille litres de jus allemand*, 1994.
Bois et affiche sérigraphiée. Installation à la galerie Anne de Villepoix, Paris, avril 1994. Courtesy Guy Tortosa.

réversion de la dimension éthique de sa proposition par un système qui, quoiqu'il puisse tenter, s'arrangera toujours de ses intentions. L'art et la mode sont des modalités du spectacle. Devenu média et divertissement à son tour, sollicité au même titre que les stylistes, les traiteurs, les scénographes et les DJ, l'artiste plasticien a de plus en plus de mal à se différencier de ceux que le show-business qualifie à tout propos d'« artistes ». Loin d'enrayer l'enchaînement des catastrophes, son œuvre les esthétise. Et si elle ne les provoque pas, le plus terrible est qu'afin d'être « actuelle » elle en a besoin pour se développer. Dans ce contexte, le cynisme du Pop Art constitue, on l'a vu avec le succès de l'exposition rétrospective organisée par le musée national d'Art moderne à Paris au printemps 2000, un modèle récurrent pour ceux qui veulent montrer qu'ils ne sont pas dupes sans renoncer pour autant aux avantages que la société leur offre en retour de leur docilité.

Quand tout est susceptible d'être consommé, à commencer par la contestation de la consommation elle-même, comment prétendre vouloir encore résister à quoi que ce soit ? Dans bien des cas, le fait d'exposer est le plus sûr moyen de trahir ses convictions. Certains en Europe s'emploient à échapper à cette contradiction en tentant, à la manière du terroriste, de retourner contre lui la violence cachée de leur environnement. L'art de ces artistes relève d'une tentative de créer un équivalent visible, sinon plastique, du détournement de fonds dont le principe s'est développé entre le domaine du public et le domaine du privé et dont l'opinion devine l'existence sans en comprendre précisément ni le fonctionnement ni l'échelle.

Peu en France ont réussi dans cette voie où, ce n'est pas un hasard, excellent les Italiens Maurizio Cattelan et Gianni Motti, ou encore l'Albanais Sislej Xhafa.

De façon élégante, poétique et bien moins agressive, Gilles Mahé anticipait ce pragmatisme quand, dans un contexte français où la puissance publique conservait encore dans le domaine culturel un certain ascendant sur le secteur privé, il demandait en 1996 au ministère de la Culture de payer directement ses impôts auprès du ministère du Budget. En somme, les voies françaises de la conscience de la compromission de l'art dans le système de fabrication de la valeur, valeur institutionnelle mais surtout valeur marchande, sont plus pessimistes qu'agressives et demeurent souvent trop marquées par l'esprit du Pop Art pour offrir à celui qui les regarde autre chose à lire qu'un inventaire actualisé et faiblement détourné des signes de la société dans laquelle il évolue.

Un Bibendum noir, une boîte ouverte de « merde d'artiste » (autrement dit une marchandise revalorisée par sa « profanation » même), un fac-similé de carte bleue ou une corbeille à papier monumentaux (l'agrandissement de l'objet courant étant un des tropes les plus prisés des petits cousins français du Pop américain), un nu ready-made en chair et en os au statut indécidable entre le modèle et la putain, constituent quelques morceaux d'anthologie d'un des régimes de représentation les plus appréciés en France. Les œuvres de Bruno Peinado, de Franck Scurti, Wang Du ou de Bernard Bazile contribuent en effet, avec quelques autres, à faire au moins la preuve de la lucidité de leurs auteurs en déclinant de manière discrètement critique les termes d'une tautologie qui a réussi à Jeff Koons et Sylvie Fleury. Ces artistes sont devenus des stars internationales en reproduisant les objets cultes de la société de consommation et en démontrant par leurs œuvres que ce qui dans l'art atteint la plus haute valeur est ce qui dans les magasins est le plus convoité. L'œuvre d'art, marchandise parmi les marchandises, n'a aucune raison de faire exception à la règle.

Valeur d'usage et valeur d'échange

Une posture consiste à se tenir à distance d'un espace dans lequel toute véritable distance est *a priori* exclue. Plusieurs artistes français ont opté pour cette position. C'est le cas de Michel Blazy à côté des œuvres duquel les productions de l'Arte Povera pourraient passer parfois pour des produits de luxe. La nature et l'échelle des matériaux que cet artiste emploie sont à l'image de sa façon d'être, excessivement modestes. Les pois-chiche et le coton mouillé qui entrent dans la composition de quelques-unes de ses installations ne se tiennent pas correctement. La vie y fait des siennes. Ce sont des vanités. Il y a presque toujours un moment où le « travail », comme on disait avant que le principe du divertissement ne vienne à se généraliser, finit par sentir mauvais et par décourager l'acheteur. Impossible en effet de « conserver » de pareils dispositifs. À côté de tels objets, photographies et tableaux font figure de placements garantis. Plutôt périlleux au plan économique, un tel positionnement sur la scène artistique présente cependant l'inconvénient de pouvoir être retourné en mise à l'écart de son auteur par un milieu qui, via les médias, a le pouvoir de faire comme si telle ou telle œuvre à la visibilité déjà faible n'avait à peu près jamais existé. En vérité, le milieu de l'art qui promeut volontiers la fonction critique n'admet pas la véritable critique. Une mécanique très simple que Paul Devautour qualifie de « système de solidarités opérationnelles » verrouille les conditions du débat en enchaînant les uns aux autres les artistes, les galeristes, les critiques, les conservateurs, les commissaires et les collectionneurs. Dans le circuit fermé des discours certains éditoriaux assassinent régulièrement, au nom de la liberté d'expression, ceux qui expriment des réserves à l'égard de l'ordre établi. Certes, une certaine forme de débat est admise mais à la condition seulement que celui-ci s'en tienne aux objets prévus à cet effet. Comme le milieu n'accorde de véritable valeur qu'à ce qui se transporte, se reproduit et se conserve, avec quelques autres artistes Michel Blazy le met en question, et avec lui se met socialement en question lui-même, à travers la production d'œuvres faibles, insaisissables, difficiles à reproduire. Avec celles de quelques aînés comme Raymond Hains (sans doute le plus « Hainsaisissable » des artistes français) ou Paul-Armand Gette, les installations fragiles, compliquées ou à visibilité réduite de Bertrand Lamarche (un travail dont la pénombre, presque impossible à saisir photographiquement, constitue l'espace d'inscription), de Koo Jeong-A, de Marie Denis, d'Erik Samakh, de Claire Roudenko-Bertin, de Marie-Ange Guilleminot ou de Boris Achour, appartiennent peut-être à la catégorie de ces sortes d'« objets en moins » auxquels les médias hésiteront à s'intéresser parce que ce qui fonde leur valeur se prête globalement mal à la reproduction par l'image et sa commercialisation. Essentiellement éphémères, liées à des sites spécifiques et donc difficilement échangeables, les œuvres de Daniel Buren font également barre au régime dominant de la circulation des marchandises. Dans ce registre, la pertinence n'est pas une question de génération. Claude Rutault incarne une autre référence. Au risque de passer pour un marginal dans un système qui ne le voit pas à proprement parler, cet artiste dont l'œuvre a marqué de jeunes artistes comme Philippe Thomas, IFP, Michel Verjux, Véronique Joumard mais aussi Fabrice Hybert, oppose depuis plus de vingt ans, via des toiles que l'amateur devra peindre lui-même, l'éloge de la valeur d'usage face au culte de la valeur d'échange.

« I would prefer not to »

Le retrait est encore la position pour laquelle a opté, temporairement du moins, un artiste franco-algérien qui, arrivé en France en 1995, quelque temps après

l'assassinat du directeur de l'École des Beaux-Arts d'Alger, a vécu de très près l'horreur des relations entre les pays riches, reconnaissables à leur forte visibilité artistique, et les pays pauvres, manipulés sur à peu près tous les fronts par les premiers. Une des seules œuvres réalisées par Adel Abdessemed en 2001 consiste en quelques mots, «Adel has resigned» («Adel a démissionné»), reproduits notamment sur un panneau d'exposition en extérieur dans le cadre d'une manifestation à laquelle l'artiste a été invité à «participer». Proche de l'attitude qu'adoptèrent avant lui Rimbaud en se détournant de la littérature pour se consacrer à la vente d'armes, Duchamp se consacrant aux échecs, Avital Geva se détournant du monde de l'art pour réaliser dans un kibboutz une véritable «sculpture sociale» (et non un simulacre d'«art relationnel») ou encore Cadere refusant les conditions de l'exposition en s'employant à transporter et à exposer lui-même ses «bâtons», la position retenue et exposée par Adel Abdessemed emprunte volontairement à la terminologie administrative pour décliner l'offre que depuis peu l'artiste se voit comme dans l'obligation d'accepter.

Quand Santiago Sierra met en scène l'assujettissement des pauvres par les riches via des «situations» dont l'obscénité réside moins dans sa représentation (un homme muré pendant plusieurs semaines dans une salle d'exposition, des habitants de Mexico payés pour se faire teindre les cheveux en blond) que dans le fait que les institutions qui l'exposent ne tirent aucun enseignement de celle-ci (on continuera par exemple à exploiter des immigrés dans les musées pour effectuer les tâches de ménage ou de gardiennage), quand Thomas Hirschhorn écrit partout «Merci» pour dire qu'il n'est pas dupe du jeu qu'on veut lui faire jouer, Adel Abdessemed cherche le mot juste pour s'en tirer à sa manière, assujetti qu'il se sent en tant que «jeune artiste» à la sollicitude

des conservateurs, des commissaires, des galeristes et des critiques. Ayant bénéficié d'un début de reconnaissance dans un milieu où il faut se montrer pour exister (différence majeure avec le milieu de la littérature où, jusqu'à un passé récent du moins, quelques figures magnifiques, Des Forêts, Blanchot, Gracq, Cioran ou Michaux témoignaient de la possibilité d'échapper à la tyrannie du protocole médiatique) et parfaitement conscient de ce qui allait lui en coûter, Adel Abdessemed n'a rien trouvé de mieux à faire en effet que de dire «non» et d'emprunter pour cela quelque chose du statut d'employé d'un moderne Bartleby. Ne pas faire comme dernier recours de l'artiste réalisateur.

Adel Abdessemed montre que dans un environnement hyper-signifiant, le sens d'une œuvre apparaît significativement dès l'accord formulé par son auteur à l'égard des règles du jeu. Être reconnu, semble-t-il dire, revient à se prêter à un exercice dans lequel il s'agit souvent moins pour un artiste d'être soutenu que de soutenir l'institution censée être là pour le faire. Sans doute plus sensible qu'un autre aux formes complexes que peut prendre la manipulation des individus par le pouvoir, l'ancien étudiant d'Alger a fait le choix quasi suicidaire de ralentir sa production et, alors même que sa récente naturalisation lui donnait accès à ce «droit», de différer son inscription à un organisme aussi manifestement bienveillant que la Maison des artistes afin de ne pas se soumettre à un régime de sécurité sociale supposant peu ou prou une adhésion au modèle dominant. Plutôt que de simuler la liberté, ce qu'il a été conduit à faire en exposant en 1999 une étoile de cannabis (tabou en Europe, toléré en Orient) au musée d'Art moderne de la Ville de Paris (œuvre dont l'institution, souhaitant l'exposer sans le dire, autrement dit être avec l'artiste sans en assumer les conséquences, ne signala le matériau ni dans les dossiers de presse ni sur les cartels), l'artiste a préféré cette fois-ci exprimer, voire même simuler le renoncement en empruntant au vocabulaire de la « très grande Administration démocratique » (Niek Van de Steeg) qui le sollicitait et qui espérait avec son adhésion pouvoir passer pour ce qu'elle n'était pas, ou n'était plus, le lieu de la plus grande liberté. À l'image de l'auto-dissolution de Présence Panchounette à la fin des années 80, un groupe rejeté en son temps par la première institution artistique de la ville dont il était originaire, Bordeaux, auto-dissolution qui intervint au moment où les œuvres du collectif étaient sur le point d'entrer dans quelques collections publiques françaises, la « démission », même symbolique, d'Adel Abdessemed érige le refus de participer en un des seuls modes de « représentation » encore concevable face à l'abus de position dominante du milieu de l'art vis-à-vis des artistes.

Esthétique de l'auto-dénigrement

Si l'art contemporain cristallise en France, à travers l'institution qui valorise ce produit dérivé du marché, une partie de la mauvaise conscience de la société que cet art représente, force est d'observer que ce dernier a au moins ce mérite de se désigner souvent lui-même comme cible de sa propre sévérité. Après le désenchantement postmoderne, l'auto-dévalorisation serait-elle devenue cependant, comme la « tentation d'être bon », et pour plagier Nietzsche, la « dernière ruse de l'ego » ? Pris entre les attentions d'un milieu compromettant et les attaques des partisans de l'idéal classique qui travaillent sans relâche à diaboliser l'art dit « contemporain », l'auto-critique symbolise la posture inconfortable et quasi désespérée de celui qui, reconnaissant la faillite de ce à quoi il avait cru, en particulier la possibilité pour l'art de se dissoudre dans les conditions de la vie, refuse d'abandonner la place aux partisans du retour aux valeurs figées de l'académisme. En somme, en France comme ailleurs, le problème de l'art tiendrait aujourd'hui au fait qu'il faudrait l'aimer comme Thomas Bernhardt aimait naguère l'Autriche, ou, ce qui est peut-être moins glorieux, comme nombre de bourgeois aimèrent l'impressionnisme, le cubisme ou le dadaïsme, en le détestant et en se détestant eux-mêmes. Facilité, courage ou lâcheté, cette posture est celle, incontournable dans l'art hexagonal, d'un artiste comme Alain Séchas. Même si le phénomène rapproche de façon ambiguë l'art de la télévision, un médium dans lequel se multiplient les initiatives qui, sans rien changer à la télévision, tentent d'ériger la critique de la télévision en nouveau spectacle de la télévision, il est difficile de ne pas reconnaître qu'en art contemporain la meilleure critique a souvent été produite par l'art contemporain lui-même. Nombre d'œuvres sont à comprendre en effet comme des analyses, des Otto-Hahn-alyses pourrait dire Raymond Hains, du système de l'art par ceux qui en sont les principaux acteurs.

À l'étranger Hans Haacke, Louise Lawler, le Groupe Material et plus récemment Felix Gonzalez-Torres ont admirablement incarné cette position. Depuis les Incohérents, Francis Picabia et Marcel Duchamp, l'art français est tout spécialement porté à ce penchant qui le fragilise aux yeux des analystes d'un marché dans lequel ses scrupules le placent parmi les derniers investissements recommandés. N'empêche, pour quelques-uns des artistes les plus pertinents de la « scène » artistique française, cette capacité d'auto-critique constitue un remarquable moteur à la créativité. Ben, Présence Panchounette, Gérard Collin-Thiébaut, qui significativement recopia l'une des œuvres d'un des plus auto-critiques parmi les écrivains français du XIXe siècle, Gustave Flaubert, Ernest T., Yoon Ja et Paul Devautour ou encore Éric Duyckaerts sont quelques-uns de ceux qui, ayant

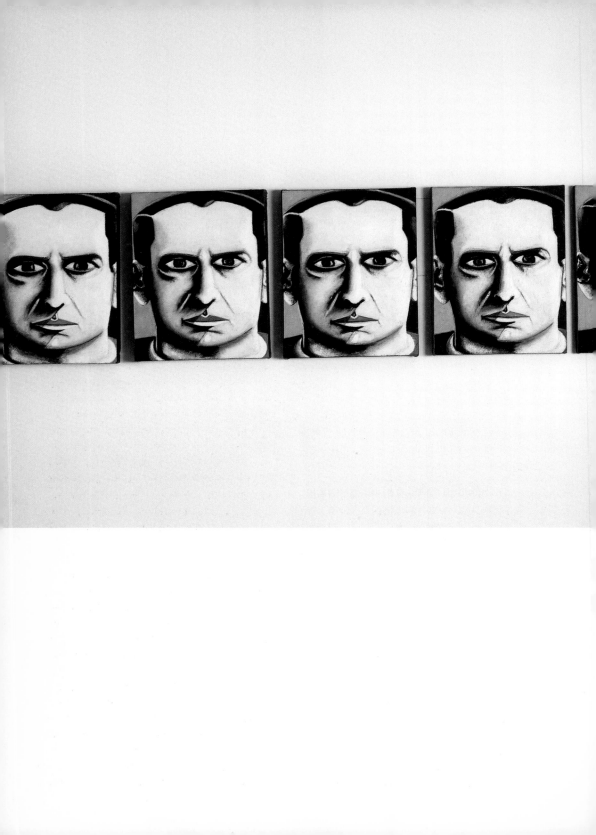

Éric Corne, *Cinq figures 5 × 5 F*, 1999. Huile sur toile, 141 × 35 cm.
Strasbourg, musée d'Art moderne et contemporain, don de la fondation Frieder Burda.

067

pris toute la mesure de l'obscénité, voire de la nullité de certaines pratiques en cours dans leur milieu,
ont fait le choix de pousser la sophistication ou, selon
Baudrillard, la « nullité », jusqu'à déclarer précisément leur propre nullité. Dans la compromission
généralisée, la figure de l'auto-dévalorisation serait
devenue ainsi l'un des derniers avatars de l'engagement. L'enseigne de Claude Lévêque intitulée *Je
suis une merde* répond de ce point de vue, avec
la même ambiguïté, à l'esprit d'une des nouvelles
du critique et écrivain Frédéric Beigbeder. Chez
Beigbeder comme chez Lévêque en effet, et dans
la mesure où l'œuvre est toujours, peu ou prou, une
sorte de miroir que l'artiste tend au public de son
temps, une part de mauvaise conscience semble
avoir été déléguée à l'artiste par la classe sociale qui
lui permet d'exister pour qu'il la rachète en lui permettant de tirer une plus value sur sa sincérité.

Les artistes qui se prêtent à cette opération sont-ils
courageux ou pitoyables ? Sans doute, comme tout
homme, l'un et l'autre à la fois. Pris comme un rat
dans une guerre civile dont le VIe arrondissement
constitue l'épicentre, le personnage du *Manuscrit
trouvé à Saint-Germain-des-Prés* écrit « Je sais déjà
que je les supplierai à genoux comme une merde
[…] Le jour où ils ont éventré Bernard-Henri Lévy et
Arielle Dombasle j'aurais dû me douter que notre tour
viendrait […] Quand ils ont brûlé Mathieu Kassowitz,
nous avons enfin ouvert les yeux… ». Cet art de
l'auto-critique formulé parfois dans un langage assez
conventionnel (cela vaut pour le style très hussard
de Beigbeder comme pour le remploi d'un matériau
culte de l'art minimal et conceptuel par Claude
Lévêque) ne serait-il pas parvenu, nonobstant la référence plus ou moins explicitement faite à quelques
précurseurs aussi admirables que Nietzsche ou
Artaud, à réaliser dans l'art cette opération familière
au monde des affaires et de la politique consistant

à multiplier les profits en produisant successivement
le problème (la guerre, l'envie, etc.) et sa consolation (l'aide humanitaire, la consommation, etc.) ?

Diversité

Les formes de résistance au laminoir spectaculaire
et marchand sont nombreuses. La peinture n'est
pas en reste sur ce terrain qui, via la modestie d'un
propos consistant dans bien des cas, là est souvent
sa force, à ne pas prétendre, comme d'autres formes
de représentation, dépasser ses limites en s'appro-
priant les moyens d'autres domaines de la vie, a
montré assez souvent sa capacité à répondre à la
question de ce que l'art peut, et partant ne peut pas.
Dans des registres très variés, les œuvres de Bernard
Frize, Philippe Mayaux, Fabrice Hybert, Felice Varini,
Miquel Mont ou encore d'Éric Corne, mais aussi les
œuvres de leurs aînés Claude Rutault, Roman Opalka
ou Tania Mouraud, témoignent de la capacité de la
peinture de se saisir des questions, neuves ou
anciennes, qui continuent de hanter notre époque
(le temps, l'invisible, le savoir-faire, le goût, la perception, etc.).

La photographie opère de même comme un vecteur
très puissant de digestion des données. Patrick
Tosani, Jean-Marc Bustamante, Sophie Ristelhueber,
Jean-Luc Moulène, Marc Pataut, Valérie Jouve,
Suzanne Lafont, Stéphane Couturier, Jean-Louis
Garnell, Pierre Faure ou Thierry Fontaine témoignent
avec talent, et sans rien avoir à envier aux photographes allemands ou anglo-saxons beaucoup plus
cotés qu'eux sur le marché, de l'exceptionnel potentiel de ce médium qui, après avoir affranchi dans un
premier temps la peinture de son devoir de documentation, a su intégrer la grammaire de la modernité pour produire à son tour un discours de la
photographie sur la photographie comme langage,

comme technique, comme marchandise ou encore comme théâtre des représentations sociales.

Le paysage est un domaine dans lequel la photographie française affirme également sa compétence avec cette réserve toutefois qu'en dehors de l'environnement urbain, voire suburbain, très important il est vrai mais aussi très familier pour ne pas dire « naturel » aux yeux d'une classe sociale essentiellement citadine, il semble qu'il soit encore difficile de saisir autrement que de manière stéréotypée, voire pittoresque, le statut de cette ville diluée que forment ceux des territoires français que la population de la mégalopole continue de qualifier de manière romantique de « campagne ». Bien des œuvres et des artistes occupent également un espace situé quelque part entre plusieurs définitions, plusieurs statuts, plusieurs catégories. Pierre Joseph, Erik Samakh, Marie-Ange Guilleminot, Alain Bernardini, Didier Trénet, Elisabeth Ballet, Michel Aubry, Laurent Pariente, Malachi Farrell, Laurent Duthion, Art orienté objet, Marie Péjus et Christophe Berdaguer sont parmi ces plasticiens dont la démarche, le plus souvent fixée par l'installation, ce médium hybride, cette pure matérialisation du rhizome, du chaos et de l'insituabilité postmoderne, se confond, sympathise ou rivalise étrangement avec celle d'architectes (Philippe Rahm, François Roche, Édouard François), de designers (Philippe Starck, Éric Jourdan, Radi Designers, Matali Crasset), de couturiers, d'écrivains, de comédiens, de jardiniers, de conservateurs, d'archivistes, d'ethnologues ou de sociologues.

Jurisprudence

Avec l'installation, la vidéo est apparue au cours des dernières années comme la grande nouveauté de la scène artistique française. En raison de la relative accessibilité de la technique, nombre d'artistes ont eu recours en effet à ce médium dont la présentation dans les galeries, les centres d'art et les musées hésite simplement entre le petit format et la monumentalité, la confidence et le didactisme. Alors que le cinéma français s'enorgueillit de parvenir à produire des standards à peu près équivalents à ceux du cinéma américain, les arts plastiques, avec des artistes comme Ange Leccia, Rebecca Bournigault et Joël Bartolomeo, semblent œuvrer à remettre au goût du jour la lenteur et l'intimisme d'un certain cinéma d'« art » et d'essai qui faisait florès dans les années 60, avec cette nuance cependant qu'aux figures de l'assujettissement par le travail, par l'argent ou par la convention sociale chez Duras, Tanner ou Bresson succèdent à présent celles quasi heureuses sinon volontaires d'un mixte (dés) enchanté de soumission et de fascination, référence explicite au quotidien des jeunes bourgeois des mégalopoles, adolescents prolongés par leur pouvoir d'achat, victimes désirantes d'une industrie du luxe rajeunie au cours des années 90 à leur intention.

À la fois moins personnel et plus individualiste, comme vidé de soi, traversé de messages élaborés par l'industrie cosmétique, le sujet contemporain ou, pour être plus précis, le sujet citadin et bourgeois, est le grand « sujet » de ce « cinéma » au format modeste, un rien paresseux, de plus en plus souvent associé à la notion d'environnement (la chambre, l'appartement, l'interface technologique), et dont Dominique Gonzalez-Foerster est aujourd'hui la représentante la plus exposée sur la scène internationale. Comme dans d'autres domaines, quelque chose de didactique et de moral hérité de la lecture rétrospective des œuvres d'artistes analytiques tels que Dan Graham constitue l'une des marques de reconnaissance de nombre de productions vidéographiques françaises. Il est difficile en effet de ne pas songer en les voyant à l'esthétique explicative, maniériste et vaguement morale (pour ne pas dire « culpabilisée ») des machines de salon (ou de Salon) du Second Empire ou de l'ère victorienne.

Ici comme là, l'esthétique d'un courant en partie révolutionnaire (néo-classique, romantique, « anti-form » ou conceptuel) se dissout dans la prospérité de l'époque qui lui succède. Quelque chose du portrait narcissique, suave et mondain d'Ingres, d'Eugène Carrière et de Marie Laurencin se retrouve également dans certains de ces (auto)portraits en forme de vidéos et d'installations. Dans ce registre de la représentation des comportements célibataires, quelques artistes dont les œuvres sont saturées de références au situationnisme (une philosophie qui, de manière assez choquante, est devenue une référence quasi systématique après le suicide de son principal auteur, Guy Debord), font montre d'une heureuse volonté de traiter tout ensemble la question du médium et celle de son économie. « Au refus de faire », à la désobéissance, des nouveaux « objecteurs », répond en effet la recherche de la maîtrise des moyens de la production, voire, dans le cas de Pierre Leguillon, de Claude Closky ou de Pierre Huyghe, de la re-production, chez quelques « artistes juristes ». En créant leur société de production, et en faisant l'acquisition, pour l'accompagner dans son « développement », d'un être virtuel, un personnage de manga appelé AnnLee, Pierre Huyghe, Dominique Gonzàlez-Foerster et Philippe Parreno sont allés assez loin sur le chemin de l'appropriation du langage visuel d'une époque dans laquelle, derrière le caractère faussement public et naïf de certaines représentations, tout prête au contrôle de l'expression par le droit et le commerce.

En opérant sur le terrain de la (re) production, ces artistes tentent d'échapper au cercle fermé des arts plastiques pour se déplacer dans le domaine non moins circulaire mais beaucoup plus large d'un nouvel espace public de statut privé, le domaine des images commercialisées. À propos de l'acquisition des droits d'AnnLee, Philippe Parreno déclare : « On l'a affranchie d'un marché mais on l'a assujettie à nouveau à des auteurs. La seule manière de l'affranchir de nouveau serait de nous dessaisir de nos droits, mais elle tomberait alors dans le domaine public. Or, cela ne nous intéresse pas qu'elle doive ainsi répondre devant tout le monde. » Derrière l'image, l'artiste tente de participer à l'aménagement d'un nouvel espace public à la fois juridique, commercial et spectaculaire. Sa liberté passe par la garantie de celle de son sujet. De ce point de vue AnnLee devient l'allégorie du langage comme moyen d'émancipation de la personne dans son environnement : « On cherche avec un avocat, à inventer un contrat qui la rende réellement inutilisable. L'idée serait qu'AnnLee soit elle-même l'auteur de sa vie, mais c'est impossible : on ne peut donner un droit d'auteur à un personnage fictionnel. La seule solution est de trouver une faille juridique. » AnnLee comme « figure » de l'artiste qui, dans un monde « déréalisé », de langage commercialisé, pour n'être pas dépossédée de soi, pour n'être pas seulement libérée sous condition, est poussée à s'emparer du droit pour n'être pas à son tour traitée comme une image.

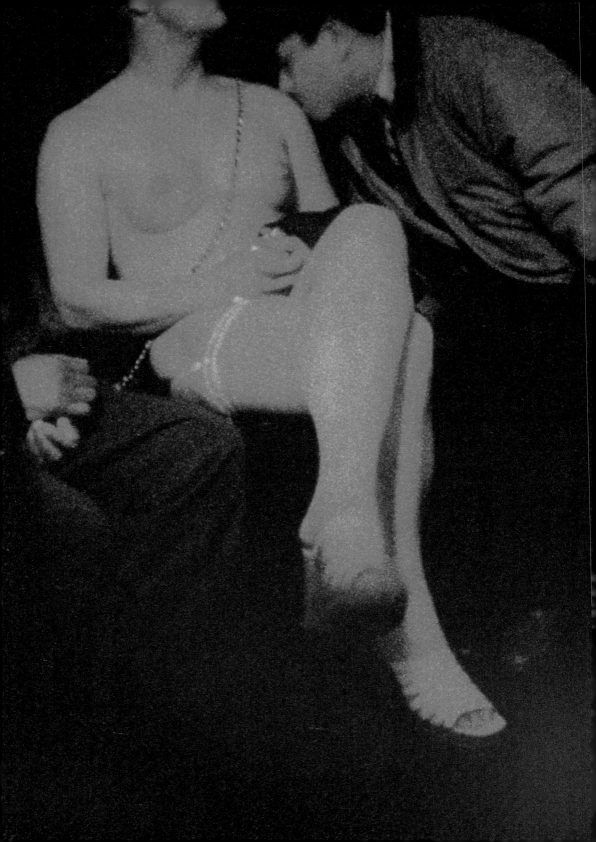

L'Idée de photographie

Alexandre Castant
Critique d'art, enseigne l'esthétique de la photographie contemporaine à l'École supérieure des Arts décoratifs de Strasbourg

En l'associant à d'autres médiums, comme le cinéma ou le texte, en réinventant la mise en espace de ses dispositifs, la création contemporaine explore la variété des possibilités artistiques offertes par la photographie. Or, cette richesse révèle la crise d'une image, longtemps appréhendée comme analogique, et soudain mise en concurrence avec elle-même par le développement des nouvelles technologies [1]. Au fil d'interrogations, qui se croisent parfois, les photographes proposent de nouvelles voies, poétiques et esthétiques, à ce médium. Certaines traversent une idée de l'image qui fait de la photographie le signe, avant-coureur, de la mutation du monde visuel.

Un certain sens de la fiction

Au cours des relations que certains photographes ont entretenu avec la peinture et les arts plastiques, les notions photographiques de matière, d'espace et de volume ont été explorées, augmentées, et l'instantanéité de la photographie élargie [2]. Les possibilités temporelles de l'image, condition même de l'expérience photographique, en ont été accrues. Ensemble, recherche plastique et sens de la fiction font alors de la photographie l'expérimentation d'un temps complexe, dilaté, fluctuant.

Dans les photographies de la vie quotidienne de Véronique Ellena, en particulier *Recettes de cuisine* (1994), un triptyque représente la banalité du monde que la série transforme en une fiction, dérisoire et fragmentaire, également éclairée par une lumière troublante. Dans une autre variation sur des scènes de genre, Florence Paradeis inscrit une saynète au sein même du quotidien, où l'ordinaire tient lieu de théâtre, l'intérieur familier de décor, les situations domestiques d'allégories, comme dans *La Menace* (1994). Or, tel développement dans l'espace, qui libère le caractère narratif de l'image, ou telle représentation activant l'imaginaire du spectateur, mettent en scène un art de la banalité qui, paradoxalement, nie le sens de la fiction qui le porte, en montrant des situations anodines, et, littéralement, sans histoire. Paradoxe que Paul Pouvreau met en scène dans *Sage comme une image* (1997) où des éléments dérisoires composent un arrangement à ce point troublant qu'il induit un mouvement rêveur bloqué aussitôt par la précarité de l'ensemble. Cette ambiguïté d'une fiction, activée par ses propres court-circuits, est également redoublée par le dispositif, photographique, où l'imaginaire et son arrêt sont toujours mis en concurrence. Défiant ces paradoxes, Sophie Calle développe un art, certes des artifices et du simulacre, mais surtout des procédures

narratives et des contraintes langagières dont *Doubles-jeux* – coffret de sept volumes publiés aux éditions Actes Sud en 1998 – montre les modalités. Ces ouvrages, dont l'un d'entre eux est réalisé avec l'écrivain Paul Auster, produisent des fictions qui, constituées de combinatoires, excèdent ainsi les limites de la relation courante que les médiums, texte et photographie, entretiennent. Différemment, l'invention de *Glooscap* que fait Alain Bublex, ville dont il affable l'histoire et le devenir, l'architecture, la cartographie et les fondateurs, requiert notamment la photographie, pour l'écart qu'elle instaure entre document et imaginaire et la polysémie du mot légende qu'elle travaille. Enfin, *L'Enchantement* (1996-1998) de Florence Chevallier évoque l'attente et le désir de personnages. Corps inquiets et lyriques dans un cadre qui se fragmente comme une fenêtre, un tableau, une peinture dont la couleur donne au monde son éclat, comme un écran qui informe soudain d'autres fictions de l'image.

Cinématographiques

À l'instar de certaines œuvres d'Alain Fleischer, photographe, cinéaste, romancier, et de l'école qu'il dirige à Tourcoing, Le Fresnoy, Studio national des arts contemporains qui accueille des recherches plastiques entre films et nouvelles technologies, la photographie propose, parfois, une mise en abyme du cinéma [3]. Symbole d'un monde qui apparaît tandis qu'un autre, celui d'avant l'image mécanisée, disparaît ; art de l'aura, de l'ontologie des médiums, de l'imaginaire et du récit, mais aussi d'une expérience intime ou collective, de la mémoire et de l'Histoire ; le cinéma recouvre des enjeux qui prolongent un sens de la fiction, préalable à de nombreuses photographies, tout en les renouvelant puisqu'en les administrant dans le monde même des images.

Paul Pouvreau, *Sage comme une image*, 1997. Courtesy Les Filles du Calvaire.

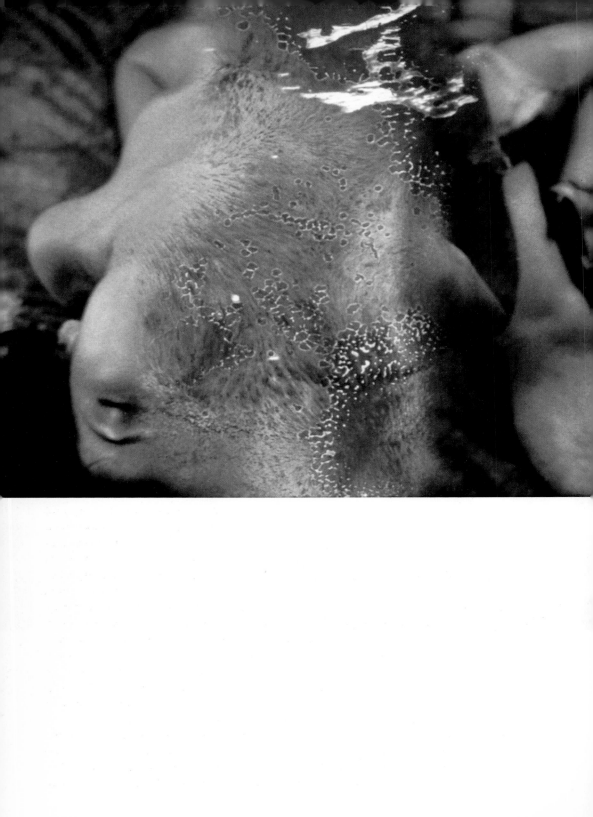

Ainsi, des travaux d'expressions fort différentes approchent-ils le cinéma comme un passage du temps, ou un espace intermédiaire, dont la mémoire serait l'indicible secret. Dans *Des cinémas* (1995), Jean-Christophe Garcia réalise des diptyques. Une photographie, couleur et documentaire, y traite de l'architecture des cinémas de villages en Aquitaine tandis qu'en vis-à-vis, un photogramme, extrait d'un film noir et blanc, présente une scène énigmatique et banale qui se déroule devant elle. La mélancolie de ces images, intimes et collectives, participe d'un temps suspendu que, par exemple, l'ouvrage *Moires* (1993-1998) d'Éric Rondepierre appréhende autrement. En réalisant des arrêts sur image de films d'archives, qu'il repère sur une table de visionnage, et dans un temps sans fin modifiable, Éric Rondepierre n'isole pas seulement un temps éphémère et précis dans le flux d'un film, il en explore les images «souterraines» que le spectateur ne peut voir, alors qu'elles constituent la vive et imperceptible matière plastique de l'histoire du film.

Avec Éric Rondepierre, la galaxie des images, dont le cinéma reste le symbole et ses photographies le produit, procède d'une poétique mais aussi d'une poïétique. Pour Jean-Christian Bourcart, photographe et cinéaste, les images sont traversées par l'emploi de différents supports et dispositifs, toujours changeants et pourtant habités par les mêmes idées : tension, clandestinité, secret, saturation, mouvement. Les photographies de *Forbidden city* (1999) qu'il a secrètement réalisées dans des clubs échangistes et sado-masochistes new-yorkais, s'inscrivent dans une productions d'images «volées» qui participent du même processus que *Madonnes infertiles*, film de 1992 enregistré dans un «Éros center» de Francfort et, pareillement, à l'insu de ses modèles. Dès lors, l'exposition qu'il présente en 2001, *Traffic*, propose l'une des métaphores de son projet : la photographie appréhendée comme une tension, inscrite dans la saturation, la circulation des signes et des supports (photographies, vidéo, cinéma). Enfin, l'œuvre de Pierre Huyghe, travail vidéo et cinématographique, mais aussi photographique dans la série *Posters* (1994), ouvre sur un monde de l'image qui se substitue moins à la réalité qu'elle ne la désigne sans fin comme image. Le cinéma interroge alors le monde, son histoire comme sa production de l'Histoire par l'image, et contribue à faire de celle-ci son seul sujet.

Figurer les corps (des images)

Citer les symboles de l'histoire de l'art, saturer l'image de ses codes rhétoriques, prendre pour modèle les arts plastiques ou la visualité du monde est l'approche d'une production photographique où le corps devient l'élément à part entière d'un réseau iconique. Les allégories que Dany Leriche représente dans *Les Filles de Ripa* (2000) sont d'explicites références à l'iconologie publiée par Cesare Ripa, en 1593 à Rome, et *Histoires naturelles* (1999) d'Antoine Poupel montre le traitement numérique d'anamorphoses dont les cavités du corps sont l'objet. Patrick Raynaud, dans *Le Festin de Pierre* (1994), met en scène un corps-image absorbé par une société de consommation que d'autres installations de l'artiste, à l'instar des variations sur la photographie et l'histoire de l'art de *Fantin Latour's suit case* (1991), citent comme un palimpseste. Cette série de références, ou de formes évoquant l'histoire des images, désigne le corps comme un métalangage, une hyper-image dont le projet critique est la notion même d'image. Valérie Jouve adopte ainsi une photographie documentaire couleur, sobre et implacable, qui laisse libre cours à la fiction poétique. Or, le corps des personnages qu'elle invente est pourvu d'une telle énergie que, de l'intérieur, il fait voler en éclats l'image.

Sa dynamique la fait déborder d'elle-même. Or ce temps, ce double temps, ouvert et qui fait retour, et cet espace, implosant qui travaille ses marges, montrent un corps qui, devenant figure, fait précisément se déliter l'espace et le temps.

Natacha Lesueur se photographie de dos, ou masquée, en affectant des poses publicitaires. Alain Declercq s'enregistre au fil d'images qui, numériquement retravaillées, détournent des stéréotypes de personnages. Philippe Meste, enfin, expose des photographies de mannequins tachées de sperme dans *Aquarelles* (1995-1999). À chaque fois, est différemment présenté un corps devenu image publique dont la propriété, et conséquemment pour l'image la notion d'auteur, sont à redéfinir. Puisqu'il s'agit moins de photographier des images de corps que de produire une recherche plastique sur le corps nomade des images. L'œuvre d'Orlan en est l'étape magnifique. Procédant de la performance et de l'art corporel, considérant le bloc opératoire comme un atelier où s'expérimentent, du point de vue artistique, les nouvelles technologies, dans *Self-hybridations* (1998) Orlan navigue à travers les canons de la beauté de différentes civilisations : le corps s'efface devant l'icône virtuelle à laquelle il a donné progressivement accès.

L'ère médiatique

La constante réévaluation esthétique, à laquelle l'avènement des nouveaux médias oblige la photographie, reste une voie de recherche pour des artistes qui, en réalisant sans fin l'inventaire critique de ce médium, désignent son ontologie comme recours. C'est en effet dans sa reproduction, sa démultiplication, sa mise en série en tant qu'image, c'est dans l'incomplétude de sa représentation, et dans l'inachèvement de cette copie pouvant classer, répertorier, archiver

le monde, c'est là, dans cette absolue de l'image qui tend vers une image absolue, dans cette aporie finalement, qu'une ontologie de la photographie se tient, face aux nouveaux médias, comme la mémoire de l'image et son échec. Dans *Oiseaux* (1997), Hervé Vachez a agrandi des photographies noir et blanc, réalisées sur un site industriel. Ces images, ainsi déconstruites par leur propre matière, figurent le chaos que met en abyme l'éclat du grain photographique. Dans une production pareillement poétique, Philippe Mairesse et l'agence Grore constituent une iconothèque lacunaire et improbable qui procède de la collecte et de l'archivage de photographies perdues, anonymement réalisées, ou encore ratées. Enfin, les séries d'objets, de lettres ou d'images de Claude Closky, telles qu'*Auchan* (1992), sont des classements dont la seule mise en espace de la collection, suite de signes en creux, semble la fin énigmatique et ludique.

Dans ce passage d'une image critique à une critique de l'image, réside un monde invisible que tissent les relations économiques ou technologiques. *Pratiques : Calling, flashing, listening, sending, viewing, watching, zapping* (1999), de Marylène Negro, énumère et traduit les moyens de communication en des instants solitaires et *Mon chez nous* (2000), de Élise Parré, calque l'idée d'habitation, en tant que métaphore de l'image désignée par le cadre, sur celle des images produites par les agences immobilières. Si *Les Années nonante* de Philippe Durand proposent enfin le prélèvement d'éléments ordinaires qui composent le site, dérisoire et critique d'une culture conformiste, Bruno Serralongue photographie, quant à lui, moins des événements médiatiques que leur marge, leur acheminement, leur circuit.

Certaines pratiques artistiques font par conséquent apparaître la photographie comme un médium en

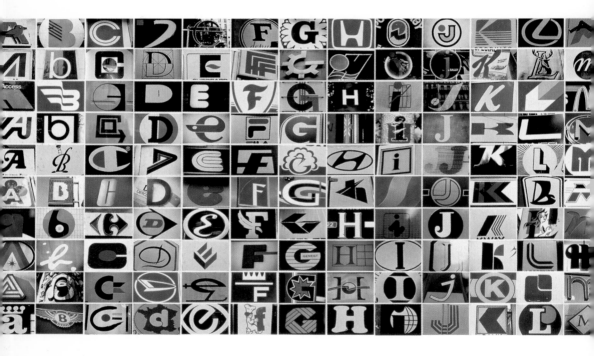

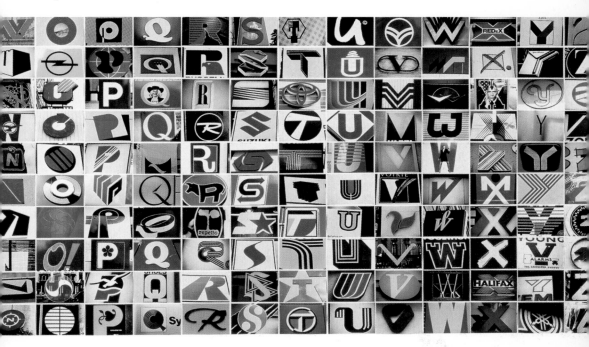

Claude Closky, *Auchan*, 1992. 170 × 650 cm. Courtesy galerie Jennifer Flay

Pierre Huyghe, « Le Bar du peuple », (détail). Photographie de la série *Posters*, 1994. Impression offset, 120 × 80 cm.
Édition en trois exemplaires, deux épreuves d'artiste. Courtesy galerie Roger Pailhas.

085

état d'obsolescence qui correspond, pourtant, à la crise de la représentation par excès que le monde contemporain connaît. Aussi, lorsque l'exposition *Bruit de fond* – critique des médias et de la communication spectaculaire – est montrée au Centre national de la photographie en 2000, celle-çi ne propose pas de photographies, au sens académique du terme, tout en étant, au fil d'installations, de vidéos ou de productions plastiques, habitée par l'idée même du médium photographique [4]. La photographie, mémoire de l'image mécanique, procède alors des signes avant-coureurs d'une ère médiatique dont elle inspire le mouvement critique.

Si les propriétés de la photographie ont été ainsi absorbées par un monde de la visualité, le sens de la fiction, qui porte la création contemporaine, les a transformées pour donner à l'image fixe un temps ouvert. Il en est ainsi de l'Histoire, dont l'écriture se développe au fil d'images en abyme dans *Faits* (1992) de Sophie Ristelhueber, où des signes de campements américains enregistrés sur le sable du désert du Koweït troublent toute notion d'échelle. De même, dans le CD Rom *Seconde génération* (2000) que Chistian Gattinoni a réalisé sur la déportation de son père à Mauthausen, et dont l'arborescence diffracte en un réseau d'images l'Histoire et l'effroi intime que son désastre inspire. Du cinéma aux nouvelles technologies, et à l'instar de la représentation du corps, de la ville de Glooscap ou de l'écriture de l'Histoire, la photographie est faite de l'image et de son idée dont elle trace l'horizon.

[1] En 1995, puis en 1998, Régis Durand a organisé deux expositions qui interrogent la photographie à l'aune des nouvelles modalités de la représentation : *Le Monde après la photographie*, présenté au musée d'Art moderne de Villeneuve d'Ascq, et *De très courts espaces de temps* à l'École nationale supérieure des Beaux-Arts de Paris, ainsi que le catalogue respectif de ces expositions, invitent à redéfinir la notion de photographie comme celle d'image [2] L'ouvrage de Dominique Baqué *La Photographie plasticienne. Un art paradoxal*, éditions du Regard, Paris, 1998, propose l'histoire, depuis la fin des années 60, de l'absorption comme de l'animation d'une esthétique des arts plastiques par la photographie [3] *L'Effet film* est une exposition de Philippe Dubois, proposée par la galerie de Lyon, Le Réverbère 2, en 1999, mais aussi un catalogue et une étude qui regroupent des artistes travaillant le champ cinématographique avec la photographie [4] Conçue par François Piron, l'exposition *Bruits de fond* présentait, notamment, des travaux collectifs de Christophe Boulanger, Olivier Derousseau et Mohamed El Baz, mais aussi de Serge Le Squer ou de François Nouguiès, et a donné lieu à une publication spéciale du Journal du Centre national de la photographie, Paris, 15 décembre 2000-19 février 2001

Tendances de la vidéo en France

Denis Angus
Critique d'art et réalisateur de portraits d'artistes pour Arte et Heart Films

Tout est vidéo. Après l'appareil photo, c'est au tour de la caméra vidéo de se démocratiser. Et, caméra au poing, les artistes, comme chacun d'entre nous, mais avec un peu plus d'imagination, ont inventé un nouvel univers. La vidéo permet tout.

Serge Comte, images extraites de la vidéo *Orange sanguine*, 1993. Courtesy galerie Jousse.

089

Les vidéastes dénoncent (vidéo-politique), scrutent, épient (vidéo-surveillance), dissèquent la vie de leur entourage (vidéo-familiale), et leur propre intimité (vidéo-corporelle). La plupart des artistes, en France, utilisent la vidéo comme un médium banal, ne serait-ce que pour conserver une trace de leurs performances. Même si le caméscope pousse à la vidéo-confidence, à l'introspection, on trouve une version vidéo de toutes les pratiques artistiques contemporaines. Vues à la télé, vie privée et vie publique se confondent pour des artistes qui exposent leur existence et leur démarche au grand jour : vidéo-télévisuelle. La télévision est un trou noir avaleur d'images qu'il faut combler indéfiniment. Le petit écran comble sa peur du vide en filmant le réel. L'art vidéo brouille la frontière entre l'art et la vie, mais l'étudie avec discernement. Les vidéastes sont partout, ils enregistrent tout. Mettons-nous à leur place. Mettons-nous en veille-prospective de l'art vidéo, observons ces créateurs à l'œuvre, survolons les dernières tendances, partons pour un tour de vidéo-surveillance.

Vidéo-politiques

La *real-politique* peut se faire caméra au poing. Les vidéo-politiques s'engagent dans le réel avec des Sony 8000 ou des Canon XL1. À l'occasion des vingt ans de Mai 68, Jakob Gautel réédite une manifestation devant la Sorbonne, Jérôme Bouchez enfile une cagoule de faux terroriste devant le ministère de l'Intérieur et Philippe Ramette défile seul, en pleine campagne, en martelant des slogans pour des prunes. En pleine guerre yougoslave, Philippe Meste attaque le porte-avion Foch en rade de Toulon. « Les marins ont arraisonné mon rafiot sans me laisser le temps de tirer mes missiles sur le Clemenceau », confie l'artiste sur Arte. Bon impact médiatique de son combat : Canal + s'empare de la scène et la diffuse le lendemain au Zapping.

Vidéo-surveillance

Le médium vidéo lui-même peut participer à l'ordre social. Le long du boulevard très stratégique qui mène les manifestants de la République à la Bastille, Renaud Auguste-Dormeuil signale et dénonce clairement sur un plan du quartier (exposé à Glassbox) des dizaines de caméras de surveillance qui policent l'avenue. Une autre de ses vidéos explique comment se bricoler une cachette dans sa propre maison. L'Américaine Julia Scher vient à Paris proposer au Centre Georges Pompidou une œuvre à la force spéciale pour les forces spéciales : elle a imaginé tout simplement de doubler les instruments de surveillance à travers tout le musée. Sa vision du monde à la Big Brother veut nous prouver que nous sommes télé-surveillés et baptise d'ailleurs son show au musée national d'Art moderne : *Société de surveillance*. Tony Oursler, lui aussi invité fréquemment par le Centre, réalise de nombreuses œuvres orwelliennes, comme celle qui transmet en direct l'image de passants ou de visiteurs filmés à leur insu sur un cube-écran, à l'intérieur de son exposition. Renouveau de la caméra cachée.

Vidéo-confidences

En close-up, la vidéo permet de bon plans rapprochés très intimes. L'artiste peut tout dire à sa caméra puis l'exhiber en visio-conférence. Vidéo-confidences presque sur l'oreiller. Rebecca Bournigault, avec sa caméra, te peint. Plus près de toi, tu peux lui parler, témoigner. Bas les masques ! Tu es le témoin numéro 1 et ta vie privée devient vie publique. La caméra vérité peut déballer un souvenir, un choc, une chanson. Serge Comte, masqué et la voix digitalisée, confesse des horreurs. Sa fausse confidence baptisée *Loup Loup* commence par ce terrible aveu : « J'ai tué quelqu'un hier soir… ». Une autre, *Orange sanguine*, démarre avec « J'ai mangé quelqu'un hier

soir… ». Suivent des récits macabres de psycho-pathes tueurs et parfois même cannibales. Serge Comte aime se travestir, il réalise aussi des *morphings* dans lesquels il mixe des visages de femmes avec son propre portrait. Les vidéos permettent de donner corps à ses personnages imaginaires, dont les monstrueux récits ressemblent aux confessions intimes télévisuelles qui offrent des univers person-nels au regard du public. Parfois, la vidéo sert de carnet de route. Jean-Michel Othoniel ajoute des scènes filmées pour un CD Rom qui parcourt son univers. Le journal intime moderne se réalise avec l'aide d'une caméra, qui laisse une trace vivante de ses voyages, de ses péripéties, telle une mémoire animée. Au passage, les objets et matières sym-boliques capturés en chemin sur la pellicule portent à la rêverie et laissent deviner un vaste réseau de correspondances.

Vidéo-familiale

Le chez soi devient chez vous. Joël Bartolomeo reprend ses vidéos domestiques, notamment ces images de vacances enregistrées par tous les bons pères de famille qui cherchent à garder des sou-venirs de leurs bambins à chaque âge. Mais les moments qu'il sélectionne diffèrent de ceux du com-mun des mortels, qui veut gommer les mauvais (ou étranges) souvenirs. Le père fouettard conserve notamment deux séquences gênantes. Le chat cruel-lement torturé par son autoritaire petite fille et ses deux mômes déchaînés pour une séance de pein-ture à la limite de la folie… enfantine vraiment déran-geante. Une fois devenus adultes, au tour des enfants artistes de juger-exhiber leurs parents. François Nouguies a demandé à son géniteur de lui raconter sa collection d'armes. Une violence qui augure mal du penchant autoritaire-violent-dictatorial de cette figure paternelle repoussoir.

Vidéo-corporelle

Si la vidéo autorise le spectateur à pénétrer dans sa famille, dans son *home*, son intérieur, elle pousse aussi à s'interroger sur l'intériorité, sur le corps et nos relations physiques aux autres, une exhibition rapprochée de nos proches. Emmanuelle Gibello se filme masquée jusqu'à l'étouffement puis le masque fond et la dévoile. Fiorenza Menini dresse un parallèle entre les sentiments d'un personnage (qui attend désespérément un rendez-vous qui ne viendra pas) et une dizaine de danseurs qui expriment cette tem-pête sous un crâne. Elle demande aussi à un man-nequin de sourire le plus longtemps possible. Souriez, vous êtes filmés ! Le modèle finit par oublier son corps, comme Élie, modèle fétiche de Claude Lévêque, qui danse éternellement en vidéo, comme décervelé, comme un zombie déshumanisé, rasé, sans identité, uniformisé. Plutôt que filmer un corps, certains artistes préfèrent les corps à corps : Fiorenza Menini met en scène une belle Blondie qui lace le corset d'un jeune garçon progressivement étouffé ou deux lutteurs coincés dans la même robe à panier. Santiago Reyes offre, au contraire, l'amour à des garçons qui ne se connaissent pas et leur demande de s'embrasser à tour de rôle, alors que Paul-Armand Gette colorie l'oréole des seins de jeunes modèles au rouge à lèvres ou avec des fruits rouges. Quant à Didier Bay, il plonge au ralenti dans le corps du modèle et rapporte de furieuses et fugitives impressions érotiques au bout de la nuit, alors que Jean-Baptiste Bruant va plus loin, filmant parfois grâce aux caméras médicales qui fouillent l'intérieur du corps humain, pour des balades étrangement intériorisées. Mais pour certains artistes, la vidéo est le moyen idéal de créer de nouveaux corps. Les vidéos-*morphings* de Pierrick Sorin mixent une tren-taine de visages de jeunes et de vieux, de Noirs et de Blancs, pour former une humanité mixte, mutante, internationale (*It's really nice*, 1998). Tout horizons mêlés, nos différences oubliées pour une nouvelle image unifiée de l'homme. Pierre Giner use lui aussi des effets spéciaux du *morphing* pour que ses personnages puissent regarder dans toutes les directions ou remuer leurs membres dans tous les sens. Un nouveau corps rêvé, libéré de toute contrainte.

TVidéos

Mais le corps est parfois prétexte. Philippe Meste télescope des dizaines d'extraits de vidéos pornos, utilise ces images excitantes comme une poussée d'adrénaline et de testostérone, au paroxysme de l'érotisme, pour recréer ces moments de jouissance, ce fantasme de multiples créatures entremêlées, qui provoquent la jouissance du voyeur. Il donne aussi une version ironique du programme porno télévisuel, crypté ou zappé. Car de nombreux vidéastes parodient, critiquent, imitent, recréent les émissions télé. Fabrice Hybert invente même une nouvelle chaîne de télévision qui produit de multiples émissions (en direct ou en différé) : fausses recettes de cuisine, télé-achat avec une présentatrice glamour qui fait la démonstration de produits artistiques dont elle tente de montrer l'utilité. La forme de débat inventée par Fabrice Hybert permettait au public d'intervenir, une méthode révolutionnaire reprise avec succès par Michel Field pour la télé grand-public. Quant à Matthieu Laurette, il participe aux jeux télévisés, et va jusqu'à créer un concours télévisé où, par un système de troc, l'on peut gagner une voiture. L'artiste a eu l'occasion de créer pour la défunte chaîne Spectacle de Canal Satellite un faux micro trottoir : plutôt que de demander aux passants leur opinion sur tel ou tel sujet d'actualité, il leur proposait carrément de répéter une phrase de la *Société du spectacle* de Guy Debord. Autre standard bien formaté, les pages de publicité voient défiler nos fantasmes pour associer des produits souvent insipides à des désirs érotiques, une méthode illustrée par Didier Bay, qui réalise un montage, bout à bout d'extraits de spots des télés du monde, jusqu'à une pub russe pour des jeans à la limite du hard. Certains vidéastes réalisent parfois des courts métrages qui peuvent même passer à la télévision comme vidéo-gags. Pierrick Sorin a ainsi créé une série de saynètes rapides diffusées par Canal + autour d'un scénario schizophrène : l'artiste se met en scène avec un frère fictif qu'il a aussi décidé d'interpréter. Qu'ils jouent de la musique ou disputent une partie de football, les deux frères pathétiques sombrent dans le ridicule. « C'est un peu la misère et l'ennui. C'est la mort, c'est la vie », dit une chanson populaire. Sorin exprime la tragédie banale au quotidien, la stagnation, les heures qui passent difficilement. Avec ces faux-frères ennemis, l'échec est toujours au rendez-vous : pour l'expérience de la scie musicale, leurs sons sonnent faux, et pour la scène sportive, le footballeur est blessé par son frère.

Vidéoclip

Les clipeurs sont les rois de la vidéo car les producteurs de musique sont prêts à financer toutes les audaces : leurs poulains doivent marquer le public par leur musique mais aussi par leur image pour grimper au panthéon des *charts*. Et les rois de l'image restent les photographes de mode. Les clips de Jean-Baptiste Mondino et de son ex-assistant Stéphane Sednaoui ne racontent pas d'histoire, ils partent d'un principe visuel, de combinaisons de looks, ou de couleurs : Mondino rassemble dans *Violently Happy* pour Björk des doux dingues en camisole de force blanche qui se détachent sur leur chambre d'isolation capitonnée bleu ciel. Sednaoui, de son côté, transformera Björk en déesse venue du ciel et la colorise en créature bleue et fluorescente (*Possibly Maybe*, 1996). Enfants des dessins animés

et de l'animation image par image, une tendance bricolo-enfantine a surgi au début des années 90. Michel Gondry est le chef de la tendance poétique, son univers, entre Oui Oui et Colargol, recèle des faces cauchemardesques lorsque ses ours en peluche géants poursuivent Björk (*Human Behavior*, 1997) et les plantes vertes, voire grimpantes, peuvent menacer de la dévorer (*Bachelorette*, 1997). Quentin Dupieu reprend l'idée des peluches mais plus comme un ado attardé dans un style souvent décontracté. La dernière tendance apparue est le clip graphique, voire typographique. Alex & Martin bombardent *Cassius 99* (le clip qu'ils réalisent pour le groupe Cassius) de typos flashantes. C'est une véritable compilation de numéros de dossards de motards, associés à des logos d'étoiles dignes des génériques seventies les plus kitschs. De leur côté, les trois comparses Antoine Bardou-Jacquet, Ludovic Houplain et Hervé de Crécy construisent une ville faite de mots, dont les gratte-ciel ou les ponts sont formés par des lettres, comme un jeu de lego (*The Child*, d'Alex Gopher). Et pour le morceau *Juxtapozed with'u* de Super Fury Animals, le trio montre une ville dont on ne voit que les lumières, comme des ondes de chaleur ou une vision infra-rouge. Résultat spectaculaire, hypergraphique. Quant aux célèbres graphistes M/M, ils s'associent au tandem d'artistes Inez van Laamswerde et Vinoodh Matadin pour faire muer des larmes en serpents à travers le visage de Björk (*Hidden Place*, 2001). Enfin l'inclassable Henri-Jean Debon, auteur des mystérieux et sombres clips du groupe Noir Désir imagine une fiction dans laquelle ceux-ci rencontrent un immense succès au Japon, et où il transforme le groupe *frenchie* en héros de mangas. Debon peut aussi bien sombrer dans le vampirique avec *An alan smithee life*, ou s'élever jusqu'au paradisiaque dans le jardin d'Eden de *Father Dino*, deux clips pour le groupe Quincannon.

L'avenir : habillages et génériques

Le renouveau de la vidéo en France passe souvent par la télévision, en dehors du clip, il faut se tourner vers les auteurs de génériques de films et d'émissions pour repérer les innovateurs, comme Laurent Fétis (tendance graphique) ou Sandrine Terragno (influencée par le graphisme britannique et fascinée par l'esthétique américaine, notamment le télescopage désert, paillettes et *glamrock* de Las Vegas). Le héros de la création de génériques reste aujourd'hui Philippe Truffaut pour Arte ou La Cinquième. Son style minimal, carré, simple, privilégie les typographies brutes, les formes géométriques primaires et les bruitages clairs. Sa précision forcenée dans le choix des couleurs, des formes, des lettres et des sons, donne une intensité inégalée à chacun des éléments de sa composition.

Parmi la jeune génération, Jean-Baptiste Lévêque renouvelle quant à lui le genre en s'inspirant notamment des films d'animation pour enfants. Son univers, croisement de Colargol et de Kiri le clown, rassemble principalement un bric-à-brac merveilleux de petits personnages réalisés à partir d'œufs dur ou de balles de ping pong. Lévêque a d'ailleurs réalisé le générique d'une émission rétrospective sur les plus beaux moments du cirque, et sa ménagerie *home made* réalisée à cette occasion avec des bouts de ficelle, dégage une poésie nostalgique particulièrement attachante. Dans sa réalisation futuriste sur la possibilité d'une vie sur Mars, il filme un glaçon qui fond en libérant un bébé de plastique, cela pour symboliser le possible réchauffement de la planète rouge. Puis il prend la liberté de symboliser les Terriens adultes par de grands yeux sur pattes. Tous les objets animés de Jean-Baptiste Lévêque sont dotés d'une humanité émouvante. Comme Tim Burton ou Michel Gondry, il réussit réellement à leur donner une âme.

cinéma

Ciné-vidéo

Si les vidéastes semblent utiliser ou parodier la télévision, ils se réfèrent souvent à l'art le plus populaire du temps : le cinéma. Deux vidéastes se sont lancés dans des *remakes*. Pierre Huyghe a demandé à des comédiens inconnus de rejouer *Fenêtre sur cour*. Dans un univers urbain banal, et des vêtements de tous les jours, des acteurs inconnus s'approprient le scénario qui se transforme presque en tranche de vie réelle. Pour Pierre Huyghe, chacun joue un rôle social obligé. Sa démarche artistique dénonce notre société figée et, par ses séances de casting filmées en vidéo, il propose de rejouer des scènes de Kubrick ou de Godard pour que chacun apprenne à se libérer de sa propre vie. Il va jusqu'à demander à un ancien criminel homosexuel de rejouer sa prise d'otages dans une banque. L'ancien taulard revit devant la caméra ces minutes qui ont fait basculer son existence. Le braqueur se replonge dans cet épisode qui l'a rendu célèbre et l'a brisé. Un destin dramatique, mieux qu'un scénario de série B. Un drame dont s'étaient emparés les médias et les caméras à l'époque. Mais derrière ce fait divers, on découvre un homme bien réel qui nous fait relire ce passé, des années plus tard.

Huyghe montre l'envers du décor, ceux qui se cachent derrière le cirque médiatique, ou la fabrication des films. De la même manière qu'il a retrouvé le braqueur de banque, il va interviewer l'actrice qui a prêté sa voix à la version française de Blanche Neige. Lucie est devenue obèse et c'est une pauvre blonde, qui semble très malheureuse, qui confie à l'écran sa douleur de se sentir exploitée par l'empire Disney. Lucie alias Blanche Neige a traîné le roi du dessin animé en justice pour faire respecter sa propriété, sa voix. Le vidéaste, quelques années après, lui donne à nouveau la parole. Mais Pierre Huyghe n'est pas le seul artiste à s'être lancé dans

l'extraordinaire exercice de style du *remake* : Brice Dellsperger a de son côté retourné à sa manière une quinzaine de films. Après s'être lui-même mis en scène, il préfère désormais utiliser des personnages sexuellement ambigus, androgynes ou travestis, auxquels il donnera différents rôles d'hommes et de femmes. *Body Double (X)* reste probablement son œuvre la plus surprenante : il a demandé à Jean-Luc Verna de rejouer *L'Important c'est d'aimer* en interprétant tous les rôles. Pratiquement toujours perruqué, Verna se parle à lui-même et, dans la scène torride et glauque où tous les personnages se libèrent de leurs tabous et échangent leurs partenaires, l'acteur offre son corps à d'autres lui-mêmes. Un masque du héros, trucage grossier, est porté par un autre acteur camouflé qui lui donne parfois la réplique. Ce sosie n'apporte aucune nouveauté. Le héros se retrouve enfermé avec lui-même et son double est mort.

Certains artistes préfèrent inventer eux-mêmes des scénarios étranges : Fabrice Hybert a tourné quelques vidéos, jamais présentées, ébauches d'un projet de film mutant dont le synopsis est fondé sur un personnage qui choisit d'évoluer, de changer de profession, de ne jamais se fixer, de toujours élargir ses compétences. Philippe Parreno et Pierre Huyghe ont même racheté un personnage de dessins animés japonais baptisé *AnnLee* pour le faire évoluer, lui inventer d'autres aventures, selon leurs idées ou celles d'autres artistes auxquels ils confient la destinée du manga. L'épisode concocté par Huyghe montre AnnLee dans un étrange univers, un paysage créé par sa propre voix traduite en trois dimensions. Les artistes rejouent ainsi un cinéma toujours décalé : l'un des meilleurs exemples est peut-être l'étrange scène imaginée par Alexandre Perigot pour *Kill Kill chorégraphie* dans laquelle il a demandé à ses modèles de mimer leur mort.

Vidéo-danse

La vidéo témoignant d'une performance peut laisser croire que les performeurs exécutent une chorégraphie adroitement mise en scène, et non plus improvisée. François Nouguies laisse des danseurs s'entrecroiser à Berlin. Santiago Reyes apprend à son public des pas de danse durant ses performances filmées, ou demande à une douzaine de danseurs de se mettre du rouge à lèvres puis d'embrasser en même temps leur propre tee-shirt dans une « danse d'amour propre » qui laisse les traces rougeoyantes de leurs baisers.

La caméra donne la possibilité aux artistes de confier au public sexe, mensonges en vidéo. Plume ou pinceau contemporain, l'outil rapproché conduit à des plans serrés, qui enferment, saisissent et dépècent corps et âmes. Toute la vie privée se voit exhibée. Tout est dit, tout est montré, rien à cacher. Une mise en scène variée, contrôlée, permet tous les mensonges, et la forme apparente de la caméra-vérité sert souvent (aux artistes comme aux journalistes audiovisuels) à orienter la réalité d'une manière subjective.

Si les vidéastes scrutent la sphère privée, nombreux sont les artistes qui, imprégnés des codes cinématographiques et télévisuels, jouent avec les formes des émissions qu'ils regardent, ou des films qu'ils admirent. Leurs œuvres s'affranchissent des différents types de formats imposés pour les divers programmes télévisés. Leurs scénarios flirtent avec le cinéma mais brisent le carcan du scénario efficace, de l'acteur magnifié. Plus qu'un montage enlevé, l'art vidéo démonte librement les normes habituelles imposées par l'industrie audiovisuelle ou cinématographique. Loin du glamour parfois superficiel des standards télévisuels ou cannois, le panorama vidéo décape. Une dernière preuve ? La fin d'*Orange sanguine* de Serge Comte vaut bien celle d'*Orange mécanique* : « […] je crois que c'était cette personne qui m'a donné envie de la manger […] et je crois que j'aurais eu le même plaisir à être mangé mais je dois trouver quelqu'un qui devrait être de taille. » Alors ne vous limitez pas au cinéma, suivez la création vidéo, faites-vous un *vidéorama* selon votre goût, à votre image. Intime, corrosif ou sanglant, vous exploserez d'amour, de rire ou de sang.

Un nouvel état de la création chorégraphique

Philippe Noisette

Critique de danse contemporaine pour les revues *Danser*, *Beaux-Arts Magazine* et *Les Échos*

Appréhender le passé pour comprendre le présent de la création chorégraphique française. Et envisager son avenir, serait-on tenté de préciser. Belle idée de départ pour cette tentative d'état des lieux de la danse contemporaine autant que troublante piste. En effet, si ce passé de la danse existe bel et bien, difficile d'en tirer une chronologie définitive. Quel point de départ choisir pour conter la danse moderne en France. La représentation de *L'Après-midi d'un Faune* de Vaslav Nijinky au théâtre du Châtelet en 1912, les récitals de «Françoise et Dominique» (Dupuy) dans les années 50, les Ballets du xxe siècle de Maurice Béjart dans la Cour Carrée du Louvre ou la création du théâtre du Silence en 1972? À moins qu'il ne faille imaginer que tous ces réseaux d'influence ont fini par accoucher de cette vague chorégraphique des années 80, dont les protagonistes de l'époque sont encore des acteurs de la danse aujourd'hui; sans oublier les interprètes d'hier, chorégraphes actuels. Même si cela est à nos «risques et périls», avançons (dé) masqué...

Faut-il croire – ou faire croire… – que l'année 2001 fut simplement incontournable, en danse comme en tout autre chose ? En forme de réponse, relevons simplement en 1968 la création, à Amiens, du Ballet théâtre contemporain à l'initiative du ministère de la Culture et sous la direction de Françoise Adret et Jean-Albert Cartier, quelque chose comme le « premier » centre chorégraphique national – dans le fond plus que dans la forme. Les fondateurs de cette structure, qui va préfigurer dans ses choix d'accueil de chorégraphes « modernes » l'idée du lieu pour et par la danse actuelle, ne se doutaient pas alors qu'ils montreraient l'exemple. Quelque trente ans après, on sait à quel point ces structures, les Centres nationaux consacrés à la danse contemporaine – une vingtaine en activité actuellement – ont profondément bouleversé le paysage chorégraphique hexagonal. Puis, l'année suivante, 1969, le danseur Jaques Chaurand lançait sous l'appellation « Ballet pour demain » un forum pour jeunes interprètes et chorégraphes : en quelques minutes, dans un gymnase de Bagnolet en banlieue parisienne, les jeunes pousses de ce mouvement artistique présentaient un aperçu de leurs recherches. Rebaptisé Concours de Bagnolet, la manifestation verra défiler presque toutes les figures de la danse des années 80. Avant de perdre de sa superbe et de renaître, à Bobigny, sous une forme plus internationale de Rencontres. Deux signes avant-coureurs d'une autre révolution, chorégraphique celle-là.

1968 et après. Mieux vaut décider d'être subjectif – ce que nous ne cesserons d'être ! – Un peu partout en France, dans les années 70, des danseurs et des chorégraphes vont s'essayer à d'autres écritures, s'éloignant peu à peu de la néo-modernité revendiquée d'un Maurice Béjart ou d'un Roland Petit. Les techniques d'improvisation, le courant post-modern américain, la forme d'expression asiatique du théâtre No et du Buto ou la théâtralité parfois proche de la danse expressionniste allemande vont progressivement enrichir le vocabulaire des créateurs de cette nouvelle vague. Force est de constater qu'il n'y a pas *un* courant qui synthétise cette génération, particulièrement créative, en danse mais plusieurs. En effet, quoi de commun entre l'approche théâtrale de Maguy Marin, le burlesque visuel de Philippe Decouflé et l'abstraction d'Odile Duboc pour ne citer qu'eux. La création chorégraphique en France n'a jamais cessé d'être un kaléidoscope : c'est là sa grande force et peut-être aussi sa faiblesse dans la mesure où les contours en étaient, en sont perméables.

Encore une année de changement. La gauche est au pouvoir, un ministre de la Culture, Jack Lang, encourageant et à l'écoute des nouvelles formes d'expression artistiques : le terrau est fertile en 1981. Les jeunes espoirs de la danse française vont connaître un développement sans précédent aidés par une reconnaissance institutionnelle et donc financière. Que ce soit les centres chorégraphiques, les aides aux compagnies ou aux projets, un véritable réseau existe. Pas toujours suffisant – et encore moins juste dans certains cas – mais prometteur. Pourtant, avec un mimimum de recul historique, force est de constater que les chorégraphes vedettes de ces années 80 n'ont pas attendu une nouvelle politique pour se mettre à l'ouvrage. Dominique Bagouet, aujourd'hui disparu, se fait remarquer dès 1976 avec *Chansons de nuit*, Maguy Marin signe *Évocation* en 1977, *Brouillards d'enfance* en 1978 avant de s'imposer avec *May B* en 1980. Régine Chopinot fait ses débuts de chorégraphe au sein du groupe d'artistes Compagnie du Grèbe en 1978, Jean-Claude Galotta devient le premier chorégraphe résident d'un centre dramatique, le Cargo à Grenoble, en 1980, avec déjà deux pièces à son actif. François Verret sera interprète chez Karine Saporta en 1975 avant de voler de ses propres ailes quatre ans plus tard : encore et toujours on retrouve dans le CV de ces créateurs le fameux Concours de Bagnolet – aujourd'hui rebaptisé Rencontres chorégraphiques internationales de Saint-Denis à Bobigny – qui sera le révélateur de ces talents hésitants. Mais ce joyeux bordel chorégraphique – et au fond très peu compétitif ! – permettra surtout, dans la chaleur d'un gymnase, à ces individualités de se rencontrer et d'échanger passion, doutes et craintes. La jeune danse française sera toujours reconnaisante à Bagnolet…

De cette première vague, toujours en activité même si certains « héros » d'autrefois sont fatigués aux yeux d'observateurs attentifs, va émerger entre flux et reflux une série de vaguelettes, chacunes portant ses nouveaux visages. Les « vieux » sont à peine installés – c'est-à-dire programmés dans de vrais théâtres, de vrais festivals qui s'ouvrent à la danse ou de nouveaux articulés autour de celle-ci comme Monptellier danse ou Danse à Aix… – que des petits nouveaux réclament une place au soleil. Bien souvent, ils ont d'ailleurs été leurs interprètes. Ce cycle danseur-chorégraphe n'a presque jamais cessé : danseront chez Bagouet, Angelin Preljocaj, Olivia Grandville, Michel Kelemenis, Fabrice Ramalingom… autant de chorégraphes reconnus des années 90. Les exemples sont multiples : Chopinot, Gallotta, Saporta. Quant aux acteurs d'une énième vague – terme qu'ils sont les premiers à refuser sans doute à juste titre –, de Jérôme Bel à Alain Buffard, de Martin Nasser-Gousset à Rachid Ouramdane, de Myriam Gourfink à Christain Rizzo, de Boris Charmatz à Loïc Touzé, ils ont fait leur classe au sein de cesdites compagnies. Enfin, on s'en voudrait d'oublier un vivier reconnu comme le Centre national de danse contemporaine d'Angers, une école qui aurait des allures de troupe sous la direction du tandem Bouvier/Obadia, chorégraphes emblématiques des années 80… La boucle est presque bouclée en quelque sorte, à moins qu'il ne s'agisse d'une spirale de la création.

Dans le vif de notre sujet : entrons donc et essayons de dresser un panorama de la jeune création française en danse. Co-exister : les chorégraphes et danseurs apparus ces dernières années se retrouvent dans une position délicate : d'une part, ils doivent appréhender une histoire de la jeune danse avec ses créations, ses réseaux, ses publics et ses institutions dévélopppés en une vingtaine d'années ; d'autre part, il doivent réinventer la forme autant que le fond. « Le développement des centres chorégraphiques a été extrêmement important pour la reconnaissance de la danse contemporaine, mais ces structures ne répondent plus que périphériquement à nos besoins » [1] affirme ainsi Christophe Wavelet, instigateur avec d'autres artistes du Quatuor Knust, groupement d'intérêt chorégraphique qui se penche aussi bien sur le *Faune* original de Nijinsky que sur le travail d'Yvonne Rainer, une Américaine postmoderne. Wavelet est danseur, chorégraphe mais tout autant universitaire, écrivain et, d'une certaine façon, penseur. Preuve s'il en est que la danse a absorbé d'autres formes, souvent plastiques, parfois théoriques. Démonstration renforcée par une création d'Alain Buffard, *Dispositif 3.1* conçue avec Laurence Louppe, historienne de la danse, présente sur scène. Nombreux sont ces chorégraphes qui ne se reconnaissent pas ou plus dans les lieux existants et les pratiques en vigueur : Loïc Touzé, qui se définit comme danseur-improvisateur, parle de « se situer entre le construit et le déconstruit » en gardant à l'esprit que ces lieux à (ré) inventer ne sont pas à s'approprier. En écho, Christian Rizzo parle de « lieux qui réduisent le décalage entre notre désir de faire et le temps de sa réalisation » [2].

François Verret, créateur hors norme qui émergea dans les années 80 et a toujours refusé son installation, a tenté l'expérience d'un espace différent : les Laboratoires d'Aubervilliers. Spectacle, rencontre, bal, débat, les Labos se voulaient ouvert à tous et à toutes les idées. « J'ai fondé ce lieu avec quelques complices à un moment où une liberté quasi totale d'expérience me semblait nécessaire. On pouvait envisager de vivre autrement le temps de la recherce, la non-production. [3] » Alors même que la survie du lieu, après une tranche de travaux en 2001-2002, est toujours sujette à des interrogations, Verret ayant décidé de passer la main, cette expérience est à méditer par les différentes parites prenantes de l'aventure danse : à savoir les créateurs et les... politiques ! François Verret encore : « Il y aurait effectivement une mise en question de la politique culturelle ; que sont les lieux et quelles sont les conventions qui les lient aux tutelles politiques ? Quels sont les objectifs, les économies ? C'est une formidable question, refoulée d'un point de vue global par beaucoup de responsables politiques. » Dans l'esprit du chorégraphe, il s'agit de remettre en question la gestion de l'équipement culturel, sachant que l'argent public investi n'est peut-être pas toujours bien employé. Sa conclusion, peu optimiste, est sans appel : « L'ampleur de la mise en jeu d'argent public nécessaire à ces équipements empêche les politiques de penser qu'il peut être question d'inventer d'autres outils, d'autres espaces. » Mais se poser la question est d'une certaine façon une avancée sur ce réel.

En attendant une prise en compte des aspirations nouvelles de ces choérgraphes actuels, d'ailleurs relayés par le discours de créateurs plus installés, la communauté s'organise. Il y a bien sûr des appels publiés sur différents supports – comme ceux organisés par Espaces communs et l'association des Signataires du 20 août –, mais il y a aussi et surtout des ouvertures en direction de Centre chorégraphique ou autres. Régine Chopinot, par exemple, ouvre son studio à La Rochelle pour des accueils ; Mathilde Monier directrice du CCN de Montpellier abandonne le principe d'une compagnie fixe pour un module qui permet la résidence des chorégraphes, la présentation de projets mais également de refléchir à des approches plus théoriques. Maguy Marin, depuis son CCN à Rilleux-la-Pape, s'ouvre aux créateurs voisins ou démunis ; Angelin Preljocaj, en attendant son Centre, reçoit des artistes comme Christophe Haleb ou Alain Buffard. Et, avec une certaine candeur, il affirme ne pas vouloir un bâtiment uniquement pour lui : « Je me suis battu pour avoir quatre studios afin d'accueillir d'autres projets. [4] » Certains verront dans toutes ces inititatives opportunisme, jeunisme ou même crainte d'être dépossédé. Nous préférons imaginer qu'il s'agit d'une prise de conscience basée sur le collectif après des années marquées par un certain individualisme renforcé par l'installation et la non remise en cause des directions de CCN. Ces derniers ne sont plus aujourd'hui attribués « à vie » : un mandat est renouvelable deux fois, soit au total neuf ans.

Voir ailleurs : alors qu'un danseur et chorégraphe comme Loïc Touzé imagine travailler de façon plus assidue avec et dans des endroits différents – il cite le Confort Moderne à Poitiers, salle polyvalente – une créatrice à la tête d'un CCN, Catherine Diverrès développe la question des nouveaux lieux. « Pourquoi ne pas simplement donner les moyens nécessaires à des endroits qui reflètent une pensée occupant beaucoup d'artistes : la représentation de l'espace. [5] » Et elle enchaîne sur les Centres chorégraphiques nationaux : « Je crois qu'il ne faut pas "diaboliser" ces frêles institutions qui tentent de transformer leurs missions. » C'est vrai qu'à vingt ans, l'âge des plus anciens du CCN, on n'est pas vraiment sérieux...

2001 encore. La danse contemporaine française, depuis les années 80, n'a cessé de se renouveler : les créateurs se sont enrichis et enrichissent au fur et à mesure leur discipline en ordre dispersé. Pourtant ce vivier n'a jamais paru aussi actif qu'aujourd'hui. Des propositions viennent de toute part, de toute forme. Mais on ne peut s'y intéresser sans tordre le cou à cet intitulé de nouvelle génération. Citons Jérôme Bel, sans doute le plus emblématique de ces « nouveaux » chorégraphes, révélé par Philippe Decouflé qui en fit l'un de ses assistants au cours de la Cérémonie des jeux Olympiques d'Hiver à Albertville avant de le laisser s'aventurer sur ses propres terres. « L'idée de "nouvelle génération" est l'invention de quelques critiques paresseux et des responsables culturels inconséquents pour qui la formule est bien pratique ; je parlerais pour ma part, tout au plus d'affinités électives, et parfois stimulantes, avec quelques-uns de ces chorégraphes. J'entretiens avec les "générations précédentes" des relations autrement plus complexes et intenses. [6] » Jérôme Bel réaffirme dans ses propos le lien très fort qui unit ces générations de chorégraphes tout âges confondus et par la-même réduit cette acceptation de « nouvelle génération » à un beau fruit du hasard. Ce que l'historienne de la danse Laurence Louppe qualifie de « génération de mieux en mieux informée qui trouve des outils pour réinventer et son geste et son statut [7] ». On a pu dire – et lire – que la danse n'était pas la préoccupation première de ces chorégraphes apparus sur le devant d'autres scènes – parfois des galeries ou des studios – à la fin des années 90. Mais ce qu'on a parfois oublié de dire – et d'écrire – c'est que le corps était au centre de leur préoccupation.

On a évoqué la performance, assez peu la matière première de celle-ci. Car ces créateurs sont tous passés par la chorégraphie et l'interprétation. Ainsi,

Boris Charmatz, considéré par nombre d'observateurs du milieu, qu'ils soient programmateurs ou journalistes, comme l'une des références de cette vague, nouvelle ou pas, avoue sans détour l'importance, pour lui, de danser avec d'autres chorégraphes, d'Odile Duboc au Quatuor Knust. Il n'a jamais vraiment cessé de le faire alors même que sa renommée – et les demandes qui vont avec – grandissait. Alain Buffard fut magnifique chez Brigitte Farges ou Daniel Larrieu ; il est aujourd'hui intriguant dans sa démarche personnelle. Et lorsque qu'il lance cette superbe phrase « simplement pouvoir marcher sur un plateau, voilà pour moi l'état absolu de la danse » nul doute qu'il est dans le vrai parce que justement il sait trop ce qu'est la danse. Cette nouvelle expression physique ne se fait pas contre la danse – celle des années 80 par exemple – mais à partir de la danse : si réaction il y a, elle est plutôt à chercher du côté des institutions et des mentalités. Au delà, on pourrait évoquer une mémoire, consciente ou non, des années passées marquées par le spectre du SIDA qui emporta nombre de créateurs et interprètes : orphelins d'une certaine façon, certains artistes actuels n'ont plus les moyens de ne pas être engagés.

Sur scène, le corps du danseur se confronte à celui du musicien – dont la présence n'a jamais été aussi forte à défaut d'être complètement nouvelle – telle Myriam Gourfink qui se retrouve à partager l'espace scénique avec Kasper T. Toeplitz, compositeur et interprète, et imagine des passerelles entre les partitions. « Tout est sur scène, y compris l'appareillage technique, les musiciens. Ce qui, je l'avoue, n'est pas une chose très neuve. Là où il y a une nuance avec un spectacle de danse traditionnel, c'est que ce qui est donné à voir n'est pas que de la danse. Elle est même parfois en recul. Il y a une connexion évidente entre la danse et les arts plastiques. Vous

pouvez faire de la danse sans qu'il y ait beaucoup de mouvements sur scène [8] » commente le compositeur Toeplitz à propos d'une pièce récente, *L'Écarlate*, mise en danse par Gourfink à partir d'un travail combinant le système de notation Laban et des recherches sur un logiciel. Conscients tous les deux que ce terrain de recherches chorégraphiques et musicales n'est pas vierge – on pense à des pionniers comme le couple Cunningham/Cage. « La danse est cette passerelle immatérielle entre chorégraphe et interprète » résume justement Myriam Gourfink : on pourrait ajouter que cette passerelle existe à l'évidence avec les sons, les images, les objets, les mots.

Les musiques électroniques ont également élargi les horizons : des DJ et autres programmateurs interviennent en direct sur la danse en train de se (dé) faire. Julie Dossavi, avec *Five*, laisse exploser son énergie dans un solo porté par une rythmique techno : elle va jusqu'à s'inscrire dans le cadre de festivals de musique électronique à la rencontre d'un autre public. Christophe Haleb, avec *Idyllique*, imagine un opéra *beat* pour sept danseurs et un musicien : sa démarche veut englober l'image et le son. Ce chorégraphe « contestataire » tout à la fois passionnant et irritant va même plus loin : « Je recherche un corps qui ne soit pas complètement domestiqué. Un corps qui en dansant, fasse exploser les formes existantes, dans une certaine gravité. Contre les machines érotiques et les machines de guerre... faire subir à ces machines des rythmes impossibles, les excéder. [9] » Machine-musique, machine-corps, même « combat » ? Haleb semble vouloir lancer (in) volontairement les bases d'un échosystème artistique. Ce qui est sûr, c'est que ces présences induisent le regard : la musique se matérialise autant que le corps. L'illustration sonore d'autrefois devient un complice musical, véritable partenaire (im) matériel, en fait.

Les arts plastiques et vidéo investissent également le champs de la chorégraphie : qu'il s'agisse d'installation, de scénographie ou plus simplement d'œuvre présente en scène. Alain Buffard, qui entre son travail d'interprète pour les autres et son approche personnel de chorégraphe a fréquenté le milieu des galeries d'art, lache : « S'il y a une chose qui m'intéresse à travers le corps et dans le médium "danse", c'est une multiplicité qui est le seul véritable potentiel ouvert de transformations. [10] » Poussant la confusion encore plus loin, il ose « digérer » et rendre sur scène une performance du plasticien italien Vito Acconci dans *INtime/Extime*. Emmanuelle Huyn-Thanh-Loan, de son côté, propose une création en trois étapes : un solo, un démontage d'objets sans danse et enfin un bloc musical avec l'artiste performeur Christian Marclay. Xavier Le Roy, français installé à Berlin – une constante dans ces frontières on ne peut plus floues comme en témoigne le travail d'Olivia Grandville entre Paris et Yerevan joliment sous-titré « composition chorégraphqiue autour d'un voyage » –, danseur, chorégraphe et performeur, mène une collaboration fructueuse avec le photographe et vidéaste Laurent Goldring : la lenteur revendiquée dans ses apparitions publiques interroge nos mécanismes de perception. Le tout n'étant pas s'en rappeler nombre d'installations plastiques aperçues dans différentes galeries ou biennales d'art contemporain.

Christian Rizzo imagine avec *Et pourquoi pas des « bodymakers », « falalas », « bazaar » etc, etc. ?* une chorégraphie-installation autour du vêtement et du corps. Lui emboîtant involontairement le pas, Laure Bonicel imagine avec *Untitled-1* un hommage, avec juste assez de distance, à l'Américaine Cindy Sherman passée maître dans l'art de la métamorphose. Chez Nasser Martin Gousset, l'image fait irruption dans un théâtre des corps en mouvement

empruntant autant à l'art contemporain qu'au cinéma populaire. Alain Michard, maître d'œuvre de Virvoucher, invite artistes de tout bord ainsi que simples amoureux du geste en scène. Pour ces créateurs – qui d'ailleurs ne cessent de circuler d'œuvre en compagnie – le lieu de représentation se doit également d'être évolutif. Nombreux sont ceux à avoir profité d'un tremplin comme la Ménagerie de Verre à Paris, un studio plus qu'une scène, ou des festivals en province tournés justement vers des formes nouvelles et des technologies d'avant-garde (Danse(s) à Brest, le Lieu Unique à Nantes). Comme si la danse, aujourd'hui, s'était libérée de certaines contraintes, autrefois revendications premières, c'est-à-dire à l'époque de l'émergence de ces nouveaux courants.

On s'en voudrait de ne pas souligner l'émergence du hip-hop et autres danses de rue : en se frottant au contemporain, des créateurs loin des courants américains ou français de la danse moderne ont prouvé que les échanges d'énergie fonctionnaient dans les deux sens. D'ailleurs quelques chorégraphes contemporains n'ont pas hésité à inverser

la démarche. Käfig, Frank II Louise ou Farid Berki, tous fer de lance de cette génération hip-hop, sont aujourd'hui avant tout des créateurs. Signe des temps : ils verraient d'un bon œil la création d'un Centre chorégraphique national dédié à leur courant. Pour ce qui est de la reconnaissance « critique », un public différent – le leur ! – l'avait anticipée. Reste à savoir si les frontières entre les différents états d'esprit de cette jeune danse sont si perméables que cela.

À l'abri, peut-être, de toutes ces préoccupations, Mourad Beleksir, ancien danseur chez Carolyn Carlson ou Odile Duboc, improvise depuis quelques temps des « danses invisibles » dans Paris. Le principe est simple : un rendez-vous est donné, colporté par le bouche à oreille ou parfois par un appel téléphonique, tard dans la nuit. Militant, le créateur raconte un peu à partir d'une histoire du geste des événements, que ce soit une expulsion d'étrangers ou d'un artiste. Avec ses complices d'une nuit, Mourad Beleksir écrit alors une chorégraphie de la dérive et du furtif. À sa manière, il est le plus bel espoir d'un art en mouvement, fragile et lumineux.

[1] *Le Monde* (30 janvier 2001) [2] *Le Monde* (op cit.) [3] *Danser* (février 2001) [4] *Le Monde* (9 mars 2001) [5] *Libération* (15 février 2001) [6] *Journal de l'Association de danse contemporaine*, Genève (mai-juin 2000) [7] *Journal de l'ADC*, Genève (op cit.) [8] *Les Inrockuptibles*, supplément festival Agora 2001 (22 mai 2001) [9] *Journal du Théâtre de la Ville*, saison 2000-2001, entretien avec Hervé Laval [10] *Vacarme* (janvier 1999)

La main de Singe
8 & 19

rév PERPENDICULAIRE

Bernard Lamarche-Vadel
Nicolas Bourriaud
Christophe Kihm
François Rosset
Nathalie Quintane
Abdel-Illah Salhi
Florence Libert
Marc Décimo
Jérôme Mauche
Jacques-François Marchandise

Flammarion

P.O.L

quaderno

cahiers de poésie
numéro 2 – automne 1998

AL DANTE

NIOQUES

1.7

ralenti

il est perdu dans le

LaPolygraphe

POÉSIES
1990/2000

e corps certain

sous la direction de
Pascal Boulanger

PRÉTEXTE 14/15

e

u

v

e

Littératures contemporaines
Spécial Italie

Dossier : Littérature Italienne Contemporaine :

* *Prose*
- Présentation d'ensemble
- Notes critiques :
(Francesco Biamonti / Giuseppe Bonaviri / Pino
Cacucci / Vicenzo Consolo / Andrea De Carlo / Erri De
Luca / Daniele Del Giudice / Carmelo Samonà /
Antonio Tabucchi / Pier Vittorio Tondelli)
Intervention critique : Deux notes sur P.P. Pasolini

* *Poésie*
- Présentation d'ensemble
- Notes critiques :
(Donatella Bisutti / Giorgio Caproni / Giuseppe Conte /
Milo De Angelis / Marco Del Re / Mario Luzi / Valerio
Magrelli / Pier Giorgio Morerio / Roberto Mussapi /
Giulo Paolini / Andrea Zanzotto / Valentino Zeichen)
Intervention critique : Poésie concrète et visiva.

* *Entretiens* : Libraire, Editeurs & traducteurs :
René de Ceccatty
Philippe Di Meo
Mario Fusco
Fabio Gambaro
Jean-Paul Manganaro
Jean-Yves Masson
Jean-Baptiste Para
Bernard Simeone
Fortunato Tramuta (La tour de Babel)

A Lire (parmi les dernières parutions italiennes)

Traductions inédites :

THÉODORE

revue de litt

36/3

Alin Anseeuw • Bernard Ba
Pierre Bergounioux • D
Bouchard • Th.B. • Ch
Pascal Commère • André
Dubost • Éric Dussert •
Dakubec • Dominique Jou
• Odette Pagier • Gilles Qu
Jean Roudaut • Henri Tho
Pierre-Olivier Walzer • Alex

Automne-Hiv

Un panorama de la jeune création littéraire

Bertrand Leclair

Rédacteur à *La Quinzaine littéraire*, collabore à France Culture

La littérature française, prose ou poésie, a tracé ces dernières années des voies inattendues, souvent passionnantes, voire inespérées après une décennie atone. Ouverte au monde et pourtant singulière, elle est extraordinairement vivante, même si la critique journalistique peine à en témoigner : obnubilée par des phénomènes de surface, démunie de convictions depuis l'effondrement des théories avant-gardistes sur lesquelles elle s'appuyait ou qu'elle combattait, la presse entretient la plus grande confusion autour de la création contemporaine, qu'elle n'aborde le plus souvent qu'en termes sociologiques. Il y a presque, dès lors, une fatalité à voir cette confusion s'installer sur le mode générationnel (Alain Robbe-Grillet et François Nourrissier appartiennent à une même génération ; cela, qui n'est pas sans intérêt sociologique, voire historique, ne donne à personne l'idée d'en tirer des conclusions esthétiques).

La course médiatique à la quête du « renouvelle-ment » qui permettra d'interpeller le chaland conduit les éditeurs [1] et les journalistes à cataloguer ensemble des écrivains qui n'ont aucun autre rapport entre eux que le fait de vivre une même époque traversée par des changements particulièrement rapides. C'est que l'extinction des utopies, esthétiques mais plus généralement politiques, et les bouleversements idéologiques en cours ne facilitent pas la tâche critique. Laquelle consiste justement à faire le départ entre ce qui relève d'une évolution d'ordre sociologique (quand cette dernière a connu récemment une accélération brutale) et ce qui relève d'un renouvellement esthétique (l'émergence de nouveaux modes d'appréhension et de représentation du monde en ses métamorphoses : une vraie capacité, qui restera toujours à réinventer, à trouer le tissu confortable des représentations communes pour y faire surgir un réel singulier).

Pour le dire autrement, il est évident que la production éditoriale dans son ensemble a beaucoup et rapidement évolué depuis dix ans, par le choix de ses thématiques et l'apparition d'une nouvelle crudité dans leur exposition, mais cette évolution n'est pas si éloignée de celle qui s'est emparée, par exemple, des programmes de télévision ou des magazines grand public. On peut ainsi penser que la nouveauté apportée par Frédéric Beigbeder (avec son livre *99 F* [2], qui a atteint des chiffres de vente records à l'automne 2000) ou Vincent Ravalec (avec *Un pur moment de rock'n roll* [3] ou *Cantique de la racaille* [4]) est de cet ordre, dans la mesure où ces auteurs abordent de nouvelles thématiques (la publicité, le supermarché, la communication…) avec des techniques narratives anciennes. Ils répondent de ce fait à une attente du public qui leur préexiste, au point de jouer en librairie, malgré les grandes différences apparentes, le rôle rassurant que tenaient

hier Hervé Bazin ou Alphonse Boudard. Le public y cherche une semblable consolation à la difficulté quotidienne de s'adapter. De même exactement, on pourrait rapprocher le succès phénoménal de *La Première Gorgée de bière et autres plaisirs minuscules*, de Philippe Delerm [5], de ceux que connurent en leurs temps les romans « lumineux » d'André Clavel, ou bien, pour s'enfoncer plus avant encore au rayon des best-sellers, comparer les raz-de-marée éditoriaux provoqués par les romans de Bernard Weber et ceux qu'entretint longtemps le seul nom de Guy des Cars : si leurs romans respectifs sont si différents, ce n'est pas par les enjeux qui sont les leurs en termes de représentation, mais parce que le grand public se reconnaît désormais dans un « idéal » qui doit plus à la fourmilière (le sujet même de Bernard Weber) qu'au confort bourgeois et à la pérennité sentimentale.

De la même manière, et pour s'arrêter sur un exemple notoire, on a assisté depuis dix ans à l'émergence de nouvelles voix féminines pour dire une sexualité qui n'avait pas jusqu'alors accédé de façon aussi directe à la représentation. Le rapport féminin à la question du corps, du désir et des archaïsmes sexuels dans l'univers contemporain (qui est aussi celui de la dématérialisation du corps et des progrès génétiques) hante toute une part importante de la création littéraire, et cela est vrai, pour s'en tenir à quelques succès retentissants, tout aussi bien de *Baise moi*, de Virginie Despentes [6] ou de *Truismes* de Marie Darrieussecq [7] que de *La Conversation*, de Lorette Nobécourt [8], de *L'Inceste* de Christine Angot [9], de *Dans ces bras-là*, de Camille Laurens [10], ou de *La Vie sexuelle de Catherine M.*, de Catherine Millet [11], voire de *Se perdre*, de Annie Ernaux [12]. Souvent rapportés les uns aux autres, ces auteurs sont pourtant, sur un plan esthétique, totalement différents. La tentative naïve d'écrire « en prise directe sur le réel » de Virginie Despentes, proche de celle de Vincent Ravalec, est aux antipodes du lyrisme exacerbé, porté par une volonté de traverser le tragique pour retrouver une langue lumineuse, de Lorette Nobécourt – dont la prose, par contre, n'est pas sans rapport avec le lyrisme noir des premiers livres de Mehdi Belhaj Kacem [13] (ceux qu'il écrivit à vingt ans, avant de se lancer dans une difficile tentative de dépasser les frontières entre poésie et philosophie [14]).

De même, le travail de Christine Angot sur la voix, la parole sculptée par la violence faite au corps dans un monde qui le nie, est aux antipodes de la description à visée littérale de Catherine Millet, elle-même fort éloignée du vertige de l'incommunicabilité qui creuse les livres de Camille Laurens depuis les tentatives de narration par classements alphabétiques qu'elle a mis en œuvre dans ses premiers romans, *Index* [15] et *Romance* [16]. Il est d'ailleurs intéressant de voir comment le dispositif de fiction se rapproche souvent des « installations », au sens artistique du terme, dans nombre de romans français parus depuis dix ans : on retrouve cette perspective tant chez Angot ou Laurens que chez Valérie Mréjen – dont le premier et court récit, *Mon grand-père* [17], travaillait le stéréotype familial sur ce mode –, que chez Nathalie Quintane (son texte *Chaussures* [18], construit pas à pas sur l'escalier des associations d'idées que mobilise le mot « chaussure », avait de quoi surprendre et réjouir à sa parution, en 1997), ou encore, dans une conception plus traditionnelle de la fiction, chez Bernard Comment [19] ou Éva Almassy [20], et assurément dans les derniers romans du critique d'art Bernard Lamarche-Vadel [21]. C'est que la problématique de la figure, de la figuration, qui donne évidemment à la thématique du corps une autre dimension que celle que lui prêtent les médias, reste le point aveugle de la création contemporaine, en littérature comme dans les arts plastiques. C'est encore avec elle que se coltinent, sur des modes extrêmement différents, Patrick Roeggiers [22] ou Olivia Rosenthal, forte pourtant d'une rare capacité à narrer d'insaisissables événements survenus aux frontières imprécises du corps [23].

Notables aussi sont les passerelles entre musique et littérature, qui se multiplient : les exemples abondent, de Patrick Bouvet, dont le travail sur la sclérose médiatique de la langue prend son sens en musique [24], au poète Olivier Cadiot [25], que les membres du groupe Katonoma interprètent avec une étonnante justesse, en passant par Jacques Serena [26], Lydie Salvayre [27] (dont la capacité gouleyante à mêler les niveaux de langue, de la plus « savante » ou recherchée à la plus vulgaire, et la dimension imprécatoire qu'elle sait donner à ses longs monologues, se prêtent parfaitement à la mise en bouche qu'en réalise le guitariste du groupe Noir Désir, Sergio Teyssot-Gay). Sans oublier la tentative peu convaincante de Michel Houellebecq de s'associer au compositeur Bertrand Burgalat sur la voie de l'*easy-listening*.

Au-delà des quelques écrivains qui ont réellement percé le mur de l'indifférence médiatique ces dix dernières années – de Jean Echenoz [28] à l'Antillais Patrick Chamoiseau dont *Texaco*, porté par un surprenant Prix Goncourt en 1992, a donné une impulsion neuve au métissage romanesque [29], de Pierre Michon [30] à Olivier Rolin, qui n'a pas abandonné l'utopie de la totalité littéraire comme le montrait son très ambitieux roman *L'Invention du monde* [31], de Daniel Pennac, qui, venu du polar, s'exerce à la vulgarisation du désir de lire [32], à Luc Lang, fort d'une verve suffisamment puissante pour s'attaquer à des sujets aussi difficiles que la mutinerie d'une prison anglaise sous Margaret Thatcher [33] –, c'est tout le tissu littéraire qui a retrouvé sa vitalité, vitalité d'autant plus grande qu'elle succède à une période de glaciation, les années 80. Nombreux sont ceux qui, ayant gagné une véritable reconnaissance, pourraient être cités pour en témoigner, chacun à leur façon singulière, libres pour la plupart d'appartenance à quelque clan que ce soit, de Valère Novarina [34] à Frédéric-Yves Jeannet [35], qui poursuit obstinément un fascinant travail sur l'être dans le temps, de Sylvie Germain [36] à Linda Lê [37], dont la puissance d'imprécation travaille sans relâche la question de l'identité, de Sylvie Gracia à Claude Lucas, auteur du monumental et inoubliable *Suerte*, roman de l'exclusion sociale volontaire à forte teneur autobiographique et philosophique [38], de Régine Detambel [39] à François Bon [40], qui forge dans une tradition rabelaiso-célinienne une langue toute en torsions pour dire le quotidien déshérité d'une population sans histoire : d'une population prisonnière des stéréotypes médiatiques qui n'a pas ou plus les moyens de se raconter elle-même, de s'approprier son histoire.

Bref : en une dizaine d'années, et d'évidence, la « jeune » littérature française a ouvert des perspectives inédites pour sortir de la période de doutes et de marasme qu'auront constitué les années 80, prises dans leur globalité. Souvenez-vous ; les voix majeures de la seconde moitié du xxᵉ siècle s'éteignaient en cascade (de Jean-Paul Sartre à Roland Barthes, de Samuel Beckett à Jean Genet, de Marguerite Yourcenar à René Char), d'autres choisissaient l'isolement le plus radical (au premier rang desquels Maurice Blanchot), alors que quelques-uns des plus médiatiques parmi les ténors des avant-gardes se convertissaient à la chronique figurative jusqu'alors honnie, certes avec panache, mais en laissant vacant l'espace de l'expérimentation, du risque et de l'aventure créatrice. Bref : les lourdes

portes capitonnées du siècle comme du millénaire semblaient devoir se refermer inexorablement sur les utopies artistiques et littéraires, toutes décrétées caduques.

Dans le même temps, on entérinait partout la mort des revues de création. De tout cela, il semblait d'ailleurs que personne n'eût à se plaindre ; le champ éditorial semblait enfin libéré au seul profit du pur divertissement : de la production économique de fictions agréables à consommer, sans danger pour peu qu'on en respecte la date limite de consommation. Certes, cela relevait du discours, du sentiment généralisateur : la création restait vivace, mais rien n'en témoignait plus dans l'espace médiatique et social. Les vrais lecteurs savaient que Nathalie Sarraute (décédée en 1999), Julien Gracq, Pierre Guyotat, Claude Simon, ou encore Michel Butor, Hélène Cixous, Alain Robbe-Grillet, Aimé Césaire ou Louis-René des Forêts et l'extraordinaire poète Gérashim Lucas (qui devait se donner la mort en 1994), pour n'en citer que quelques-uns dans leur diversité, poursuivaient leurs œuvres singulières. Le silence, pourtant, épaississait : combien de journalistes, furieux, camouflèrent difficilement leur ignorance lorsque le Nobel tomba sur un romancier français inconnu de leurs services, Claude Simon, en 1985 ?

L'un des rares mouvements littéraires actifs aux yeux des magazines, qui a fait long feu depuis, prônait ouvertement la réaction esthétique : les « néo-hussards », emmenés par Patrick Besson ou Éric Neuhoff, se réclamaient de Roger Nimier ou Jacques Laurent pour faire faire à l'art du roman un bon en arrière d'un quart de siècle. Dans ce paysage, et pour s'en tenir à trois exemples, l'émergence de Pierre Michon (toutefois plus que pour son premier livre tissé d'histoires merveilleusement ordinaires, *Les Vies minuscules,* paru en 1984, ce fut à travers son *Rimbaud le fils* qu'il fut découvert par le public, quelques années plus tard), la gloire naissante de Georges Perec (à titre posthume, après la mort prématurée, en 1982, de l'auteur de *La Vie mode d'emploi* et *de La Disparition*, qui est devenu depuis l'un des maîtres les plus cités par les jeunes romanciers français) ou la renommée grandissante de Pascal Quignard (mais par le biais du cinéma, en particulier avec *Tous les matins du monde*) auront ressemblé à d'heureux accidents, tandis que le succès tardif et d'autant plus gigantesque de Marguerite Duras à la parution de *L'Amant*, le plus immédiat de ses livres, reposait sur une ambiguïté manifeste : encore une fois, c'était l'avant-garde qu'on enterrait avec beaucoup de fleurs et peu de couronnes.

Tout se passe en somme comme si la période de deuil des avant-gardes – période qui a pu être joyeuse pour beaucoup, mais qui n'en aura pas moins été une forme de « gueule de bois » – était terminée, ce que le poète et romancier Olivier Cadiot désignait d'ailleurs voici cinq ans par la « fin de la fin des avant-gardes » [41]. Le mouvement tectonique des plaques dans les souterrains des représentations communes a repris de plus belle. Encore faut-il rappeler qu'il n'existe pas d'échelle de Richter pour mesurer l'importance des séismes esthétiques, et l'on sait qu'en ce domaine une secousse tellurique qui se sera produite au plus enfoui pourra passer inaperçue pour se révéler, des décennies plus tard, à l'origine d'une faille dangereusement active (on ne traverse pas impunément, aujourd'hui encore, *Les Chants de Maldoror* du Comte de Lautréamont, alias Isidore Ducasse, passés totalement inaperçus à leur publication). À l'inverse, un accident de surface, ainsi d'un léger glissement de terrain cantonné au niveau des stéréotypes, aura sur le coup une répercussion importante sans modifier réellement la géographie imaginaire collective. Qui se souvient de l'importance accordée au tournant des XIXe et XXe siècle à Georges Onhet, qui, lorsqu'il publiait un roman, pouvait en vendre en quelques semaines 300 000 exemplaires : autant que Michel Houellebecq [42] en deux ans ?

Les masses qui semblent les plus volumineuses aujourd'hui ne se révéleront-elles pas, une fois balayées par les spots de l'Histoire, de tristes monticules que seule la proximité nous aura fait prendre pour des montagnes ? À cette mise en garde, il faut encore en ajouter deux. Le fait, d'une part, qu'il vaudrait mieux désormais parler de littératures francophones pour laisser aux littératures d'Afrique ou des Caraïbes le renouveau qui leur revient : quand bien même le phénomène des « littératures d'émergence » est moins marqué en France qu'en Grande-Bretagne – il suffit ici de citer le nom de Salman Rushdie –, des écrivains comme le poète et romancier martiniquais Édouard Glissant [43] exercent une influence qui excède largement leur zone géographique d'appartenance, et plusieurs voix venus de Djibouti, ainsi de Abdourahman A. Waberi [44], de Madagascar, ainsi de Raharimanana [45], ou du Maghreb, ainsi du percutant Aziz Chouaki [46], ont commencé de s'imposer en tentant de s'approprier l'histoire post-coloniale qui est la leur. Le fait, d'autre part, que les frontières nationales sont de plus en plus discutables dans le domaine littéraire comme ailleurs, malgré la perte qu'entraîne inévitablement la traduction : qui, à Paris comme à Londres, n'a pas eu son adolescence littéraire bercée par les romanciers russes ou américains, ou par Kafka, qui représente actuellement l'une des influences majeures de la création contemporaine, en France comme ailleurs (de Marie Darrieussecq, qui a retenu quelques effets de *La Métamorphose* dans l'élaboration de son écriture visant à un fantastique ancré dans le réel, à François Rosset, qui développe depuis son premier roman *Un subalterne*, paru en 1996 [47], un univers hanté par les «lignes de fuite» esquissées par le paria de Prague).

Ce pourrait être un biais, d'ailleurs, de relever les nouvelles influences déterminantes aujourd'hui sur la scène française : de Thomas Bernhard, dont on retrouve souvent la trace et tout particulièrement dans les romans autobiographiques à la verve splendide de Yves La place [48], aux Américains Philip Roth, Carson Mc Cullers (à qui les techniques narratives de l'excellent conteur qu'est Arnaud Cathrine doivent beaucoup) et peut-être plus encore Richard Brautigan ou Thomas Pynchon (dont on ne peut ignorer l'influence, par exemple, sur le travail ambitieux de Christophe Claro [49]), sans oublier les autofictions désenchantées et très enivrées de Charles Bukowski dont l'ombre plane sur plusieurs écrivains qui peuvent à l'occasion s'en réclamer, de Dominique Fabre, qui s'est fabriqué un alter-ego demeuré avec son personnage enfantin d'Edgar [50], à Richard Morgiève, écrivain de la sur-vie (au sens aussi de vivre au-dessus) d'un corps plongé dans un monde indifférent jusqu'à l'hostilité [51].

Au chapitre des lectures vraiment déterminantes, on ne peut oublier Marguerite Duras, Georges Perec et Raymond Queneau à travers l'Oulipo, toujours actif (Hervé Le Tellier [52] en est l'un des membres les plus remarquables aujourd'hui), Claude Simon ou Nathalie Sarraute, dont l'influence est plus diffuse – sans doute par l'exigence inouïe qui fut la sienne – mais que l'on retrouve dans le travail remarquable de la jeune romancière Hélène Lenoir, de *La Brisure* [53] à *Son nom d'avant* [54], qui n'a pas renoncé à explorer avec humour les souterrains cruels de la conversation.

Plus généralement, et cela témoigne aussi qu'avoir tourné la page des avant-gardes ne signifie pas les renier, les ténors du Nouveau Roman, souvent décriés au long des années 80, conservent pourtant une filiation, notable quoique contestée de l'intérieur, chez leurs héritiers indirects aux éditions de Minuit : les postulats développés dans *Pour un Nouveau roman* par Alain Robbe-Grillet ont d'évidentes résonances dans le jeu sur les représentations visuelles que poursuit Jean Echenoz dans *Les Grandes Blondes* [55] ou *Je m'en vais* [56] avec une virtuosité exceptionnelle, tandis que l'utilisation ironique des techniques narratives du roman policier redouble cet effet de filiation, et l'on pourrait discerner les traces d'un héritage discuté mais assumé à lire *Be-Bop* de Christian Gailly [57] ou *Remue-ménage*, d'Éric Laurrent [58] aussi bien que *Les Absences du capitaine Cook* d'Éric Chevillard [59], quand bien même ce dernier se distingue par une émancipation radicale des conventions romanesques, renouant à grands renforts de digressions avec l'exubérance narrative d'un Sterne ou d'un Diderot quand il ne décide pas de faire marcher ses personnages «au plafond», titre d'un de ses livres.

Bref : sans qu'on sache encore très bien dire comment, quand et surtout quoi, quelque chose s'est remis en branle sur l'échiquier littéraire pour en renouveler la donne, dans le même temps que se produisait de façon beaucoup plus générale un renouvellement générationnel d'ordre sociologique. La poésie, vivante, vivace, revient même s'inscrire dans l'espace social, comme en témoigne, par exemple, la remarquable anthologie de la poésie française contemporaine publiée en format poche, en février 2000, par Jean-Michel Espitalier, sous le titre *Pièces détachées* (éd. Pocket, col. «Nouvelles Voix»). Lui-même excellent poète et directeur d'une revue remarquable par sa vitalité et son exigence

(*Java* a notamment publié Dominique Fourcade, Emmanuel Hocquard, Philippe Beck, Jean-Marie Gleize, Eugène Savitzkaya et l'inclassable et très impressionannt auteur de *Caisses* et de *Pan* [60], Christophe Tarkos), Jean-Michel Espitalier préfaçait cette anthologie d'un cri joyeux, haro sur le pessimisme et foin de ces polémiques sclérosantes qui ont déchiré les chapelles poétiques des années durant entre « lyriques » et « littéralistes » (censés prendre le monde contemporain au pied de la lettre), les uns n'ayant pas plus de lecteurs que les autres : « La poésie est redevenue multiple, plurielle, inventive, écrit Espitalier, le lieu des audaces toujours possibles et de la réflexion toujours en devenir. De nouveau, elle est le rêve éveillé de la littérature. » Revenant sur l'héritage des avant-gardes, qui est enfin discuté à sa juste valeur, il ajoute : « Ce phénomène s'est bien évidemment accompagné d'un regain d'intérêt tout à fait manifeste : aujourd'hui, de nouveau, le monde des revues fait preuve d'une vitalité exceptionnelle, les lectures publiques se multiplient, les sites internet rivalisent de créativité. »

Le retour sur le devant de la scène des revues littéraires est d'ailleurs, en fin de compte, l'un des événements marquants de la dernière décennie. Certes, il n'en est plus aujourd'hui pour pouvoir prétendre être en elle-même un lieu de création, comme le furent en leurs temps prestigieux le *Mercure de France*, *La NRF* ou *Tel Quel*, fondée par Jean-Edern Hallier et Philippe Sollers avant de devenir au rythme des années 60 l'incarnation même de l'avant-garde textuelle. Mais, si les revues et leurs animateurs n'ont plus aujourd'hui cette autorité, ils ont retrouvé ces dernières années, après une décennie d'asphyxie, une vitalité exceptionnelle et une capacité à fédérer des individus, au point de s'affirmer pour certaines des sortes de balises ou de repères dans le paysage contempo-rain, même si cela n'apparaît qu'a *posteriori*, ne serait-ce que par le grand nombre d'écrivains qui y sont apparus.

La publication de la *Revue de littérature générale*, quoiqu'elle n'ait donné lieu qu'à deux numéros annuels (en 1995 et en 1996), a ainsi constitué un événement de taille. Forte de quelque 500 pages de grand format, elle était publiée chez POL par Olivier Cadiot, déjà cité, et Pierre Alferi [61], qui sont tous deux poètes et romanciers. Le premier numéro était intitulé « La mécanique lyrique », et prétendait la démonter, le second, « Digest », sachant que le principe était de « décomposer un geste au stroboscope. Découper en épreuves une seule intuition, à rebours. Une théorie fictive, jetable. Puis une autre s'il le faut, et une autre. Une par numéro » (préface du nº 1). Il s'agissait bien, en somme, de renouer avec la geste théorique, mais sans le sérieux dogmatique qui l'avait accompagné trois décennies durant. Pour ce faire, la revue rassemblait des écrivains et poètes reconnus, de Jacques Roubaud à Jude Stefan, mais aussi des philosophes – Jean-Luc Nancy et Georgio Agamben, alors encore méconnu en France –, et nombre d'inconnus qui n'allaient pas tarder à faire parler d'eux, de Christophe Tarkos, déjà cité, à Dominique Méens, qui entamait là sa très singulière aventure proto-romanesque intitulée *Ornithologie du promeneur* (trois tomes en sont parus aux éditions Alia de 1996 à 1999), à Manuel Joseph (éditions POL, 1995), Jean-Charles Masséra ou Nathalie Quintane.

On a curieusement retrouvé quelques-uns de ces noms aux sommaires de la revue *Perpendiculaire*, publiée de 1995 à 1998, d'abord chez Michalon puis chez Flammarion. Issue d'une aventure collective entamée des années plus tôt sur les bancs du lycée de Niort, la revue (dirigée par les deux critiques d'art Jean-Yves Jouannais et Nicolas Bourriaud associés à leurs amis Christophe Kihm et Christophe Duchatelet, lancés dans l'écriture collective des *Chants de Maurice* que la revue publiait en feuilleton) a surtout accompagné l'émergence dans la création littéraire des thématiques nouvelles de l'entreprise, de la bureaucratie, du supermarché. C'est à ce titre qu'elle aura été un des principaux lieux de publication de Michel Houellebecq, membre quelques temps du Comité de rédaction, avant que des polémiques politiques ne les séparent définitivement à la publication des *Particules élémentaires*, mais aussi de Lydie Salvayre, Bernard Lamarche-Vadel (que l'on retrouvait également souvent au sommaire de la revue *Lignes de risque*, publiée par de jeunes écrivains se réclamant de Philippe Sollers), Maurice G. Dantec, auteur de polars déjantés aux implications directement politiques, Pierre Autain-Grenier, l'un des nouvellistes les plus cruellement drôles apparus ces dernières années, Jean-Pierre Ostende, Nathalie Quintane et Valérie Mréjen déjà citées, et de nombreux débutants. Parmi eux, Emmanuelle Pireyre est l'une des révélations de ces dernières années. Ses deux livres, *Congélations décongélations* et *Mes habits ne sont pas des draps de lit* (éditions Maurice Nadeau, 2001), sortes de manuels de « psycho-bricolage » résolument neufs par le ton et la manière, résolument archaïques par les obsessions et la matière, dépassent les clivages préexistants entre prose et poésie, entre installation et narration, pour poser de façon étonnamment neuve la question du corps et de sa représentation dans l'univers de la communication et des cultures de masse.

Si ces deux aventures furent brèves, elles ont marqué ces dernières années, assurément plus que ne le font, malgré leur pérennité, les deux revues publiées par Gallimard – seul grand éditeur à avoir maintenu une politique de revues à travers *La NRF*, dirigée par Michel Braudeau et résolument classique dans ses choix (elle n'en reste pas moins un lieu de publication important pour des écrivains solitaires comme Pierre Bergounioux dont le récent *B17G* illustre de façon radicalement neuve le mariage de la mort et de la technologie (éditions Flohic, 2001), ou Éric Holder, le prosateur à la sensibilité ciselée de *La Belle Jardinière* [62]), et *L'Infini*, dirigé par Philippe Sollers, qui y publie sur un mode éclectique de nombreux jeunes écrivains (de Stéphane Zagdanski à Régis Jauffret, dont l'écriture singulière arpente les coulisses de la folie meurtrière avec une assurance implacable [63]) et des valeurs sûres. Elles ne sont pourtant pas isolées. Outre *Java*, déjà citée, une bonne dizaine de revues poursuit aujourd'hui un vaste travail de déblaiement et de découverte sur un mode collectif.

Et c'est certainement la meilleure façon possible de conclure que d'y renvoyer, depuis *L'Animal* (où l'on peut lire des écrivains aussi différents et remarquables qu'Alain Fleischer [64], Franck Venaille ou Vincent Wacquenheim) jusqu'à *Théodore Balmoral*, *Ralentir Travaux* dirigé par Bernard Desportes, qui chevauche la langue *Vers les déserts* [65], titre de son dernier livre, ou encore *L'Atelier contemporain* (où l'on lira la poétesse Valérie Rouzeau [66], Emmanuel Laugier aussi bien que François Bon) et *L'Arsenal* (où l'on a pu lire Éva Almassy ou Yves Pagès, qui rencontre enfin le public avec la relecture des années 60 que propose son déroutant *Théoriste*. [67]) pour ne citer qu'elles. Encore faudrait-il ici citer quelques sites internet, comme celui, exemplaire, qu'anime François Bon (www.remue.net), aux formes d'atelier de lecture plus que d'écriture. Autant de lieux où la littérature n'est pas objet de dissection. Où elle se lit, s'écrit, se discute : où elle s'affirme furieusement vivante, et libre.

[1] En particulier dans les collections de poche créées récemment sur ce mode « générationnel » [2] Grasset, 2000 [3] Éd. Le Dilettante, 1992 [4] Éd. Flammarion, 1994 [5] Éd. L'Arpenteur/Gallimard, 1997 [6] Éd. Florent Massot, 1996, réédité aux éditions Grasset [7] Éd. POL, 1996 [8] Éd. Grasset, 1998 [9] Éd. Stock, 1999 [10] Éd. POL, 2000 [11] Éd. du Seuil, 2001 [12] Éd. Gallimard, 2001 [13] Vies et morts d'Irène Lepic, éd. Tristram, 1996 [14] Esthétique du chaos, éd. Tristram, 2000 [15] POL, 1991 [16] POL, 1992 [17] Éd. Allia, 1998 [18] Éd. POL, 1997 [19] Florence retour, éd. Bourgois, 1994, et L'Ongle noir, éd. Mille-et-une-nuits, 1997 [20] V.O., éd. Gallimard, 1997 [21] Sa Vie, Son Œuvre, éd. Gallimard, 1997. Voir le portrait qui lui est consacré page 261 de notre ouvrage [22] La Géométrie des sentiments, éd. du Seuil, 1998 [23] Dans le temps, éd. Verticales, 1999 [24] In Situ, éd. de l'Olivier, 1997 [25] L'Art Poétic', et Le Colonel des zouaves, POL, 1997 [26] Lendemain de fête, éd. de Minuit, 1993 [27] La Puissance des mouches, éd. du Seuil, 1996 [28] Je reviens, éd. de Minuit, 1999, prix Goncourt [29] Texaco, Gallimard, 1992, prix Goncourt [30] La Grande Beune, éd. Verdier, 1996 [31] L'Invention du monde, Le Seuil, 1993 [32] Comme un roman, Gallimard, 1992 [33] Mille six cents ventres, éd. Stock, 1998 [34] Le Dixcours aux animaux, POL, 1987 [35] Charité, éd. Flammarion, 2000 [36] Jours de colère, éd. Gallimard, 1989 [37] Lettres mortes, éd. Bourgois, 1999 [38] Éd. Plon, 1996 [39] La Chambre d'écho, éd. Le Seuil, 2001 [40] Un fait divers, éd. de Minuit, 1994 et Mécanique, éd. Verdier, 2001 [41] La Quinzaine littéraire, réponse à une enquête sur la jeune littérature française, mars 1997 [42] Extension du domaine de la lutte, éd. Maurice Nadeau, 1994, et Les Particules élémentaires, éd. Flammarion, 1998. [43] Tout Monde, Gallimard, 1993 [44] Le Pays sans ombre, éd. du Serpent à plumes, 1996 [45] Éd. du Serpent à plumes, 1996 [46] Les Oranges, éd. Mille-et-une-nuits, 1998 [47] Éd. Michalon, 1996 [48] La Réfutation, éd. du Seuil, 1996 [49] Livre XIX, éd. Verticales, 1996 [50] Fantômes, éd. Le Serpent à plumes, 2001 [51] Ma vie folle et Ton corps, éd. Pauvert/Fayard, 2000 [52] Les Amnésiques n'ont rien vécu d'inoubliable, 1997 [53] Éd. de Minuit, 1994 [54] Éd. de Minuit, 1998 [55] Éd. de Minuit, 1996 [56] Éd. de Minuit, 1999 [57] Éd. de Minuit, 1995 [58] Éd. de Minuit, 1999 [59] Éd. de Minuit, 2001 [60] POL, 2000 [61] Cinéma des familles, POL, 1999 [62] Éd. Le Dilettante, 1994 [63] Histoire d'amour, éd. Verticales, 1998 [64] La Femme qui avait deux bouches et autres récits, éd. Le Seuil, 1999 [65] Éd. Maurice Nadeau, 1999 [66] Pas revoir, éd. Le Dé bleu, 1999 [67] Éd. Verticales, 2001

État de la création théâtrale en France

Maïa Bouteillet
Journaliste et critique de théâtre, collabore au journal *Libération* et à la revue européenne *UBU*.
On cherche en vain, au passage du millénaire, ce qui pourrait amorcer un horizon nouveau dans le paysage théâtral français. Rien ne semble ébranler la morne usure dans laquelle surnage péniblement cette honorable idée de « théâtre service public » chère à Jean Vilar et sur laquelle, depuis une cinquantaine d'années, se sont érigées la plupart des grandes institutions. Dans ce pays où, pour des raisons historiques, la création théâtrale est fortement liée aux politiques culturelles, le débat est au point mort. Non seulement 2001 n'a rien initié de décisif, mais l'échéance n'a fait que confirmer la gravité d'une situation qui n'en finit pas de se déliter. Paradoxalement, il n'y a jamais eu autant de représentations, à Paris et en régions, jamais autant de salles et de festivals pour diffuser les spectacles. Mais combien marqueront l'époque ?

L'Institution absorbe la marge, le nombre a étouffé la singularité créatrice. Synonyme d'exigence et de prise de risques il y a quelques décennies, le théâtre public s'est dévitalisé en se refermant sur lui-même. La plupart des metteurs en scène qui impulsèrent l'élan des années 70 n'ont pas voulu passer la main à la génération suivante préférant vieillir confortablement à la tête de grandes maisons. Les maîtres tels que Vitez ont disparu. La transmission n'a plus cours. La mort de Jean-Luc Lagarce puis celle de Didier-Georges Gabily – écrivains, metteurs en scène et chefs de troupe – ont brisé ce retour du geste collectif qu'ils avaient amorcé dans les années 90. Les bandes se font rares. Pourtant, ça et là, pointe une jeune relève – le collectif des Lucioles en offre un bel exemple – soutenue par des programmateurs courageux (François Le Pillouer à Rennes, Jacques Blanc à Brest, par exemple, ou les metteurs en scène Éric Lacascade et Éric Vigner à Lorient), mais elle a encore du mal à trouver sa place.

Hormis les radicaux, Claude Régy, Bruno Boeglin ou François Tanguy, qui poursuivent leur recherche artistique avec la même exigence, toujours solitaires et plus que jamais hors de l'Institution, le plus inventif en France ces dernières années est venu de l'étranger, notamment des Flandres. Certes, on est en droit de s'agacer de cette «nouvelle vague belge» – terme fourre-tout derrière lequel on regroupe des gens aussi différents que Jan Fabre, TG Stan, Alain Platel ou De Onderneming – un peu trop vite décrétée label d'excellence. Certains sans doute ne survivront pas au phénomène de mode. Mais il est indéniable que ces créateurs, pour la plupart flamands – chacun dans la démarche qui lui est propre (néo-réaliste ou saute frontières) – ont formulé la question de la représentation avec une acuité renouvelée. Ce n'est d'ailleurs pas un hasard si, en termes de découvertes, le Kunsten festival des arts de Bruxelles est sans conteste actuellement le meilleur festival européen. La directrice, Frie Leysen, grande voyageuse taraudée par la curiosité, ne se contente pas des productions nationales. Bien au contraire. Voici dix ans, par exemple, qu'elle se rend en Chine, sans intermédiaire, à la rencontre d'artistes privés de tout lien avec l'extérieur. Nombreux sont les programmateurs français qui viennent y faire leur marché de créations mondiales.

À l'opposé, le festival d'Avignon, dont la part de créations ne cesse de s'amenuiser dans une programmation toujours plus consensuelle, constitue un exemple tristement significatif. Dinosaure (55 ans) au rayonnement international, le festival stagne en dépit de sa réputation. La direction semble avoir remisé toute ambition de découverte, et témoigne même d'un tempérament suiviste. Le rendez-vous n'est plus guère qu'une grosse manifestation d'été accueillant des spectacles en fin de diffusion, déjà largement avalisés par la presse. En particulier lorsqu'il s'agit de projets difficiles comme *Henri IV* de Shakespeare (mise en scène Yann Joël Collin, 1999), une traversée jubilatoire de neuf heures dont le projet dramaturgique raconte autant l'épopée shakespearienne que l'aventure humaine de la compagnie de La Nuit surprise par le jour. Ou *Bérénice* dans la version singulière et controversée du metteur en scène Frédéric Fisbach et du chorégraphe Bernardo Montet, l'été dernier, où le corps du texte de Racine est saisi et traversé par le jeu des danseurs. Et puisque l'exploration du vers racinien semble marquer un retour, il eût été sans doute à propos de présenter également le travail de Daniel Jeanneteau sur *Iphigénie* au festival.

Connu jusque là comme le scénographe de Claude Régy, le jeune homme signe ici une remarquable première mise en scène, un de ces spectacles qui

ouvrent le sens d'un texte en y faisant pénétrer une sensation de temps et d'espace. Ce n'est d'ailleurs pas un hasard si l'un et l'autre projets se sont appuyés sur les versions établies par Georges Forestier (Pléiade, 1999) restaurant la ponctuation d'origine, davantage inspirée par les mouvements du vivant que par la mécanique du système métrique... Être programmé à Avignon, constitue encore pour une troupe étrangère une chance inespérée. On l'a vu dans le cadre de Theorem, programme d'aide consacré aux productions des pays de l'Est qui, là encore, intervient après la bataille. Une fois que des équipes comme celle de Charles Tordjman à Nancy ont déjà amplement défriché le terrain, année après année, dans le cadre du festival Passages. Par ailleurs, la plupart des festivals consacrés aux compagnies émergentes, comme, par exemple, Turbulences au Maillon de Strasbourg lancée par Claudine Gironès, Théâtre en mai, à Dijon, dirigé à l'époque par François le Pillouër, ou le festival d'Alès, ont disparu. Et on ne peut pas dire que les jeunes soient vraiment le fort du Festival d'Automne qui récemment montrait indéniablement lui aussi quelques signes d'essoufflement, même s'il demeure nettement plus palpitant avec une programmation largement plus ouverte sur l'internationale que le festival d'Avignon.

La déprime se généralise... Comme si la communauté artistique et les pouvoirs publics n'en pouvaient plus de digérer l'« après après » : l'après 68 et l'après accession de la gauche au pouvoir. Le terme même de communauté semble bien fragile aujourd'hui. Ceux qui en 1968, enfourchant les méthodes de l'agit'prop', firent spectacles de tout dans les usines et les banlieues, sont désormais silencieux ou fatigués. Ce sont les mêmes et d'autres avec eux qui, à cette époque, s'enfermèrent à Villeurbanne – qui deviendra en 1973 le

Théâtre national populaire de Villeurbanne (TNP) – aux côtés de Roger Planchon, l'un des plus brillants créateurs d'alors, pour prôner l'accession de l'artistique aux commandes, et refuser ainsi l'emploi d'animateur culturel que les tenants de la première décentralisation (1952) voulaient leur imposer. On y vit Patrice Chéreau, alors tout jeune, qui aujourd'hui se tourne d'avantage vers l'opéra et le cinéma. La plupart ont vieilli à la tête de paquebots de la culture qui engloutissent annuellement des millions en seuls frais de fonctionnement et dont ils s'acharnent à garder les clefs.

Du côté des pouvoirs politiques justement, l'heure n'est plus aux décisions visionnaires mais au repli dans une gestion attentiste. Plutôt bien accueillie par les professionnels, l'arrivée de Catherine Tasca, à l'automne 2000, n'a guère relancé la politique culturelle du gouvernement. Et l'époque Jack Lang, qui a pu s'apparenter à un certain âge d'or avec l'avènement d'un homme de théâtre au ministère de la Culture et la réalisation (éphémère certes) du mythique 1 %, paraît bien loin. Le quadrillage de l'hexagone durant ces vingt dernières années, en maisons de la culture et salles suréquipées est plus que jamais contesté. Dans les théâtres poussés comme des champignons dans les zones industrielles des villes nouvelles, l'artistique est bien souvent synonyme d'animation. Bien souvent, le plateau est isolé du reste, l'activité administrative y occupe une part centrale parfois même prépondérante sur l'artistique. À l'issue de la longue tournée pleine de succès, mérité, de son Mariage de Figaro, le metteur en scène Jean-François Sivadier a décrété qu'on ne l'y reprendrait plus, effrayé par ces maisons où travaillent des gens qui n'ont aucun goût pour le théâtre. La question des lieux comme outil de création, à l'instar des centres chorégraphiques, est au centre des revendications.

À la tête du Théâtre du Radeau depuis 1982, le metteur en scène François Tanguy a investi la Fonderie au Mans il y a une quinzaine d'années. Une friche convertie en espace de travail ouvert à d'autres créateurs sans lieux ni moyens. Dans sa démarche – qui n'est pas sans filiation avec celle développée depuis vingt-cinq ans par les Fédérés à Hérisson (Allier) – le processus prime sur le résultat qui ne fait pas nécessairement l'objet d'une présentation publique. Le bâtiment est un lieu de fabrique communautaire où l'hospitalité fonctionne sur la réciprocité. Les équipes « invitées » participent à toutes les tâches de la maison, leur venue procède davantage de la rencontre par affinités partagées avec le Radeau que de programmes de résidences. Le lieu s'accorde la liberté de rester fermé au public des mois entiers. Des metteurs en scène comme Marie Vayssière y viennent régulièrement pour puiser leur énergie de travail. Au rang des signatures de la charte qui définit le projet de la Fonderie à son origine, figure notamment celle de Claude Régy.

Cette façon de vivre son art en tissant des liens, des croisements, s'inscrit pleinement dans l'esthétique de Tanguy. Théâtre d'images, de visions, où des silhouettes burlesques transportent indéfiniment de grands châssis nus ou tendus de toiles vierges comme une mise en crise perpétuelle du cadre de la représentation. Œuvre construite sur la répétition comme une éternelle remise en chantier, le questionnement de l'artiste n'étant pas limité au temps du spectacle. En 1997, François Tanguy imaginait, avec le Campement, une manière de prolongement nomade à l'expérience de la Fonderie. Constitué de la Tente du Radeau, de la Baraque Dromesko, de l'« Entresort » de Branlo et Nigloo et d'une cantine, le Campement a provoqué des rencontres, projections de films, spectacles, concerts et autres à travers la France, puis dans plusieurs villes d'Europe.

Ce projet souple, non contre l'Institution mais souvent adossé à elle, devait donner l'idée au metteur en scène Georges Lavaudant, devenu directeur du prestigieux Théâtre de l'Odéon en 1996, d'avoir lui aussi sa baraque. Peu utilisée, trop lourde à déplacer, la structure, qui devait servir de soupape aux pompes rouge et or de la scène à l'italienne, s'apparente davantage à un luxueux et risible caprice.

Cette question du lieu était également au cœur de l'aventure trop vite avortée du « théâtre citoyen » de Stanislas Nordey au Théâtre Gérard-Philipe de Saint-Denis. Épisode qui constitue sans doute la plus exemplaire défaite de l'utopie théâtrale ces dernières années. Nommé en mai 1997 à la direction du TGP, le metteur en scène Stanislas Nordey s'installe dans les murs en janvier 1998. La compagnie Nordey avait été en résidence dans ce même théâtre de 1992 à 1994, alors sous la direction de Jean-Claude Fall, puis associée à la direction artistique du théâtre des Amandiers de Nanterre auprès de Jean-Pierre Vincent. Stanislas Nordey, Valérie Lang et leurs compagnons ont trente ans ou à peine plus. Olivier Py, auteur, acteur et metteur en scène de la même génération, dirige alors déjà le Centre dramatique d'Orléans, mais les exemples d'artistes aussi jeunes à la tête des institutions se comptent sur les doigts d'une main. Le point de départ de l'action « citoyenne », ainsi que la revendique Nordey, se situe à l'époque du mouvement de solidarité aux côtés des sans-papiers de l'église Saint-Bernard, évacuée par un millier de CRS le 23 août 1996.

Dans la foulée des grandes grèves de 1995, les artistes marquent un retour dans le champ du politique. L'été même, Olivier Py, François Tanguy et Ariane Mnouchkine s'étaient mis en grève de la faim pour réclamer une intervention en faveur de Sarajevo assiégée par les Serbes. Quelques mois après l'arrivée de Nordey à Saint-Denis, une opération de parrainage des sans-papiers avait été organisée dans le théâtre en présence du maire communiste Patrick Braouzec, qui restera favorable au projet jusqu'au bout. Assez vite et avec une rage diversement accueillie, la nouvelle direction du TGP prend des mesures radicales : création d'un tarif unique à 50 francs la place avec abonnement à 200 francs pour dix spectacles au choix ; suppression de toutes les exonérations ; ouverture du théâtre 365 jours sur 365, à toute heure du jour et de la soirée, avec une trentaine de propositions à l'affiche et surtout partage de l'outil artistique avec les compagnies. Le budget disponible est de 15 millions, le projet en réclame beaucoup plus. En octobre 1999, le théâtre accuse un déficit d'environ 10 millions de francs. L'État refuse l'étalement de la dette et exige le remboursement immédiat de 6 millions, soit toute la part dévolue à l'artistique. De nombreux artistes, compagnies, théâtres et partenaires s'associent alors pour sauver la saison 2000.

La crise a déclenché un tollé assez général au sein de la profession, notamment auprès de la génération des « pères », ceux mis en cause justement – et parfois nommément comme Jean-Pierre Vincent – à travers les revendications de la jeune équipe. Les mêmes qui n'ont pas su faire de la place à ceux qui venaient juste après, les Didier-Georges Gabily et Jean-Luc Lagarce, qui font figure aujourd'hui de génération sacrifiée. Ce n'est pas un hasard si Stanislas Nordey, proche de ces aînés, se réfère davantage aux « grand-pères », les Copeau, Blin ou Baty, lorsqu'il évoque son désir de transmettre. Malheureusement, le juste questionnement qu'adressait enfin le projet du TGP à l'endroit du pré carré qu'est devenu le théâtre public est resté sans écho. Le désastre comptable a occulté le reste. Et les nombreuses maladresses avec lesquelles l'équipe a opéré

sa révolution n'ont pas joué en sa faveur. La bombe consciemment posée par Nordey au cœur de l'institution n'a pas explosé au bon endroit. Pourtant, cette redistribution désintéressée de l'argent public à l'artistique, en dehors de toute visée carriériste, dans un système où le double voire triple salaire des directeurs est monnaie courante avait de quoi ébranler l'édifice des privilèges. En juin 2000, Stanislas Nordey a été nommé responsable pédagogique de l'École du Théâtre national de Bretagne par François le Pillouër et le TGP s'est petit à petit vidé de sa substance. En plein été 1999, alors que le festival d'Avignon battait son plein, Nordey resté à Saint-Denis offrait avec *Porcherie* de Pasolini une cinglante réponse artistique à ceux qui pronostiquaient sa déroute. On sait la place qu'occupe le poète italien dans le parcours du jeune metteur en scène. Le choix de ce texte violent qui pousse à l'extrême la critique des conformismes de tous poils n'était sans doute pas étranger à la situation d'alors. Reste que son travail d'écoute, d'adresse du texte (qui garde la trace de l'expérience vécue avec les acteurs sourds dans *Vole mon dragon* d'Hervé Guibert) atteint ici une de ses plus fines réalisations. À la fin de l'année 2000, Nordey a été remplacé par le metteur en scène Alain Ollivier qui s'est aussitôt associé aux jeunes metteurs en scène, Jean Boillot et Daniel Jeanneteau, mais semble décidé à garder entre ses mains les rênes du théâtre.

Une mutation s'amorce peut-être du côté des écoles d'acteurs. Le Conservatoire supérieur d'Art dramatique de Paris et l'École du Théâtre national de Strasbourg (direction Stéphane Braunschweig) ouvrent pour la première fois une formation à la mise en scène ainsi qu'il est d'usage depuis des décennies en Allemagne. Il est à espérer que le Jeune théâtre national, réservé à ces mêmes deux écoles – structures qui accompagnent les acteurs arrivant

sur le marché de l'emploi notamment par des exo-nérations de charge sur les salaires pendant trois ans –, s'élargira à d'autres établissements comme l'École du Théâtre national de Bretagne à Rennes, à l'ERAC, l'École régionale d'acteurs de Cannes, ou l'ENSATT, École nationale supérieure des Arts et Techniques du théâtre, à Lyon.

Cette déshérence généralisée dans un système où les programmateurs règnent désormais en maîtres obnubilés par le remplissage des salles n'est pas sans conséquence sur la qualité artistique de ce l'on voit dans le tout venant de la saison. Des spectacles ni bons ni mauvais, interchangeables, formatés pour distraire sans trop remuer, des spectacles « kleenex » que l'on jette après usage, dont la mémoire ne garde pas trace. L'envers du théâtre service public, le théâtre populaire au mauvais sens du terme. Un théâtre rattrapé par l'ère du zapping télévisuel où il n'est plus temps pour le geste artistique. Un projet chassant l'autre dans le calendrier des producteurs. À de rares exception près, il est désormais presque inconcevable de prendre six mois à une année pour répéter un spectacle. Et lorsque les budgets sont serrés, c'est souvent dans l'artistique que l'on taille. Il semble que l'époque du metteur en scène en démiurge total (voire totalitaire) de l'œuvre théâtrale soit en passe de s'achever. Ce qui n'est pas un mal. Le texte reprend du poil de la bête et l'acteur revient au devant de la scène. Dans les meilleurs des cas, la recherche laisse davantage place au doute. L'inachevé – le fragment, le chantier, l'œuvre en cours, le mouvement, l'impromptu – a pris le pas sur le bien ficelé. Forme nouvelle ou conséquence d'une panne de moyens ?

Dans ce paysage il est intéressant de s'arrêter quelques instants sur le travail de Claude Régy. À soixante-dix-huit ans, Claude Régy est sans doute aujourd'hui le plus jeune metteur en scène français. Le paradoxe n'entend pas nier l'impressionnante longévité théâtrale du créateur – plus de cinquante années de travail artistique – mais souligne à quel point sa démarche singulière reste incessamment tournée vers l'exploration de voies nouvelles. Cet état d'invention permanent, d'insatiable curiosité pour les écritures inédites et les formes inconnues sembleraient même avoir un effet rajeunissant sur le créateur. Ce n'est pas un hasard si la plupart de ceux qui l'entourent – le scénographe Daniel Jeanneteau, l'éclairagiste Dominique Brughière, et les acteurs (Yann Boudaud, Marcial di Fonzo Bo, Valérie Dréville et d'autres) – n'ont guère beaucoup plus d'une tren-taine d'années. Porteur d'un théâtre d'art loin des facilités de la scène naturaliste et de la culture ins-trumentalisée dont il se défie, Claude Régy est pro-bablement le seul en qui les jeunes générations reconnaissent un maître. Sa direction d'acteurs reste unique. Au-delà du spectacle, ses créations consti-tuent à chaque fois une expérience intérieure forte pour le spectateur.

Suscitant depuis toujours des passions contradic-toires, il a commencé par vider les salles avant de jouir d'un véritable succès d'estime. Aujourd'hui, alors qu'il est accueilli sur les plus grandes scènes, en France comme ailleurs en Europe, il doit pour-tant repartir à l'assaut des producteurs à chaque nouveau projet et parfois essuyer refus ou indiffé-rence comme un simple débutant. La direction d'un lieu ne lui a jamais été proposée, il n'en aurait d'ailleurs pas voulu – assumant pleinement le noma-disme et la solitude comme contrepartie de son engagement radical contre les conformismes de tous ordres. Dostoïevski lui a offert un horizon au sortir d'un milieu familial militaire et étroit, initiant un parcours entièrement dédiée à l'écoute des poètes. Depuis les années 50, et sur la scène privée d'abord,

il trace une route entre le théâtre de l'absurde (avec Ionesco et Beckett) et celui plus politique de Brecht. Sans lui, le répertoire théâtral contemporain ne serait pas le même : Marguerite Duras, Nathalie Sarraute (à qui il a consacré un film), Peter Handke, Harold Pinter, Botho Strauss, Edward Bond ou Gregory Motton et jusqu'à Jon Fosse, tout récemment, sont entrés sur la scène française par le biais de ses créations. Collaborant presque toujours avec les traducteurs, le metteur en scène Claude Régy est un lecteur d'exception. Tout son travail consiste précisément en cela, faire entendre cette voix de l'écriture, lointaine et enfouie dans les régions sombres de l'oubli, là où « quelque chose » a déclenché la naissance du verbe. Explorateur du silence et du vide, Régy fait advenir dans les lignes du plateau et le corps des acteurs un théâtre de l'invisible. Le jeu, dans son théâtre, vient d'une parole mise en corps. À juste distance. Le sens se dessine dans le ralenti des gestes, dans l'épure stylisée de l'espace et des formes, le calme et le dépouillement.

Parmi la jeune génération, le Théâtre des Lucioles est, quant à lui, un collectif d'acteurs [1] issus de la première promotion (1991-1994) de l'École du Théâtre national de Bretagne. Un groupe ouvert où il n'y a pas de metteur en scène prédéterminé mais une direction tournante selon les propositions, avec prise en charge collective du projet. Tous les membres ne sont pas systématiquement distribués, ce qui n'empêche pas chacun d'aider au montage de la création en cours. Toutefois d'autres acteurs peuvent être invités à y participer, ainsi que d'autres metteurs en scène. Aucune voie n'est fermée. Parallèlement, chacun trace sa route d'acteur, individuellement.

Les Lucioles auraient pu n'être qu'un passage en douceur vers une carrière plus solitaire. En effet, au départ, lorsqu'ils ont exprimé leur désir de rester ensemble, leurs responsables d'études ont tout fait pour les en dissuader, estimant que le groupe allait étouffer les individualités. Or, il semble au contraire qu'au fil des créations, s'affirme un véritable style Lucioles, qui transparaît dans cette façon qu'ils ont de toujours partir de l'artisanat du plateau et du travail de l'acteur. Leur vraie singularité réside dans cette multiplicité toujours en mouvement, dans cette présence tangible du vivant, du théâtre en train de se construire derrière les histoires qu'ils incarnent. La forme s'élabore à mesure, à vue. Dès le début, chacun est en jeu, improvise, cherche, échange.

En dix ans d'histoire commune ils ont su inventer un mode d'être ensemble, inédit en France, où chaque personnalité trouve sa place au profit du groupe et de son évolution propre. Certains se sont davantage tournés vers la télévision ou le cinéma ; d'autres poursuivent les ateliers entamés dès la deuxième année d'école auprès des femmes de la prison de Rennes. À travers leurs derniers spectacles (*La Maison des morts*, *Copi un portrait*, *Igor etcaetera*, *L'Inondation*), marqués par le suicide de l'un des leurs – Laurent Javaloyes qui était l'un des meneurs – les Lucioles ont aussi montré leur capacité à traiter de la douleur et de la perte avec une infinie délicatesse, une légèreté distancée, de l'humour et sans pathos, toujours par l'intermédiaire du masque et de l'invention scénique. Comme si le théâtre était le seul espace où il soit possible de regarder la mort en face. Les lucioles ne sont-ils pas ces petits insectes ailés capables de faire la lumière dans le noir ?

[1] Paola Comis, Marcial Di Fonzo Bo, Laurent Javaloyes, David Jeanne-Comello, Mélanie Leray, Frédérique Loliée, Pierre Maillet, Philippe Marteau, Pascal Tokatlian, Valérie Schwarcz, Élise Vigier.

Du cirque comme nouveau terrain d'expérimentation de la création contemporaine

Katérina Flora

Artiste, théoricienne du cirque, enseigne à l'École nationale du cirque, attachée au Laboratoire des arts du spectacle du CNRS

Art composite, longtemps considéré comme moribond et mineur par rapport aux formes nobles du spectacle vivant (théâtre, danse, opéra), le nouveau cirque français connaît un essor fulgurant depuis la fin des années 70. Issues principalement des formes contestataires du théâtre, les premières compagnies du nouveau cirque – Archaos, Cirque Plume, Cirque Baroque – ont conduit au renouvellement de cet art et à une révision de ses composantes : abandon des animaux, recherche d'une identité différente de celle du simple spectacle de divertissement, recours à la théâtralité et aux mélanges avec les autres arts.

La création du Centre national des Arts du cirque (CNAC) de Châlons-en-Champagne, en 1985, première école publique en Europe occidentale destinée à la formation supérieure aux arts du cirque, le soutien croissant des pouvoirs publics et la floraison des lieux d'apprentissage et des compagnies de nouveau cirque, placent la France au niveau de pionnier dans ce domaine. La nomination, en 1990, de Bernard Turin au poste de directeur général du CNAC et sa volonté « de situer le cirque au centre de la création contemporaine » [1] ont fini par conférer à cette école le rôle de guide et promoteur de l'ascension irrésistible du cirque contemporain. Le nouveau directeur a établi un programme d'études basé sur la pluridisciplinarité et les échanges entre les arts. Franchissant un nouveau pas à l'occasion du dixième anniversaire du CNAC, Bernard Turin décide de confier la mise en scène des spectacles de sortie des élèves à des chorégraphes et metteurs en scène de théâtre reconnus pour leur travail de recherche pluridisciplinaire.

La particularité de ces spectacles réside dans le rapport indissociable entre la formation et la création. En fait, la contrainte principale imposée aux créateurs chargés de la mise en scène est la participation de tous les étudiants de la promotion et la mise en valeur de leur spécialisation, puisque ce spectacle constitue aussi la dernière épreuve pour l'acquisition du diplôme. En revanche, le metteur en scène est entièrement libre de ses choix artistiques et une cinquième année, consacrée à la création du spectacle, a été rajoutée au cursus de l'école depuis 1998. La collaboration du Parc de La Villette et la programmation régulière de ces spectacles pendant un mois à l'espace chapiteaux ont conféré à ces créations un statut bien supérieur à celui de travaux de fin d'études et ont permis la mise en place d'un rendez-vous annuel du public, des programmateurs et des critiques avec le dernier cri de la recherche esthétique dans le cirque contemporain.

Une nouvelle conception du cirque

Art jeune, le cirque contemporain est en quête de son identité. La confrontation entre les jeunes artistes polyvalents du CNAC et des créateurs contemporains renommés n'est pas sans incidence sur la définition de cette nouvelle forme d'art de la représentation. Les spectacles des promotions du CNAC se veulent et sont de véritables expérimentations-manifestes, posant des jalons pour l'émergence de nouveaux courants. Ils écrivent un répertoire de cirque et deviennent une référence majeure.

Pour Josef Nadj, chorégraphe et metteur en scène du premier spectacle de cette série, *Le Cri du caméléon* (1995-1996), le cirque apparaît comme l'art de la transgression de la norme, le lieu du danger et du risque, une métaphore, cruelle et ludique à la fois, de la condition humaine. C'est un art qui traite des oppositions fondamentales entre la vie et la mort, le haut et le bas, le corps et l'esprit, l'homme et l'univers. Caméléon agrippé à un mur de nuages, escargot traînant avec lenteur sa maison sur son dos, nain d'un *side-show* citadin ou marionnette de chiffons, l'artiste de cirque de Josef Nadj porte toujours son double monstrueux. Ces êtres difformes qui glissent au lieu de voler, détenteurs d'un mystère inviolable et sacré, posent la question du flux continuel des métamorphoses opérées dans la nature et l'existence humaine. La rapidité d'un saut à la bascule, la légèreté aérienne du tissu ou des sangles, la précision du jonglage avec les chapeaux melons ou la fluidité des portés acrobatiques touchent, conjointement, au domaine du merveilleux et du monstrueux, les deux faces d'un même dépassement de la règle.

Nous retrouvons cette perception du cirque comme métaphore du destin humain dans le spectacle de François Verret, *Sur un air de Malbrough* (1996-1997). Ce chorégraphe interroge le monde du cirque sur ses limites, sur la fragilité de la puissance absolue de l'homme-héros, son incapacité de dompter les lois de la nature et ses propres inventions. Le jeu des interprètes est conditionné par l'imposante scénographie, une machine divine qui contient l'homme et le possède, une construction « carnivore », faite de métal, de bois et de cordages. Dans ce jeu du plus fort, la machine peut fléchir, s'ébranler, grincer… L'homme, lui, reste malgré tout dépendant, parce qu'il est fait, selon Zeami, « de peau, chair et os ». Le cirque est bien l'art de la quête de l'impossible, né d'un mélange de curiosité enfantine et de croyance orgueilleuse dans le potentiel de l'homme.

La technicité extrême et la dangerosité des exercices acrobatiques avec la possibilité, encore existante, d'un accident grave pendant la représentation, rapprochent le cirque des spectacles « sacrificiels », tels la tauromachie et le cirque romain. *La Tribu Iota* (2000-2001) est le spectacle le plus empreint de cette dimension mythologique du cirque. L'univers cirquesque proposé par la chorégraphe Francesca Lattuada est un monde d'exaltation des archétypes, habité par une vie foisonnante ou hanté par la mort, marqué par des processions lentes, des duels violents, des exhibitions de toute sorte. Il est vrai qu'il existe une véritable légende sur la tribu des gens du cirque, une communauté marginale et extravagante vivant en dehors des normes et du temps et possédant la liberté totale du fou. C'est un cercle où le rituel s'accomplit avec la participation des membres du collectif, comme les numéros de trapèze ballant de la femme-panthère et de la femme fellinienne sous les exclamations de la foule, ou, inversement, le strip-tease sobre et pudique d'une femme devant la communauté indifférente des hommes, acte de dérision de l'exhibition du corps dans le cirque.

Dans *Voir plus haut ou les nouvelles aventures extraordinaires d'Ulysse Rostopchine* (1998-1999), nous retrouvons ces références aux thèmes du voyage, du foisonnement vital et de l'exploit. Pourtant, on sent que ce metteur en scène de théâtre musical, Jacques Rebotier, a été beaucoup plus captivé par ce monde onirique qu'il n'a été capable de proposer sa propre lecture de l'acte cirquesque. *Vita Nova* (1999-2000) de Héla Fattoumi et Éric Lamoureux est aussi marqué par l'absence d'une conception propre à la spécificité des arts du cirque. Mais, les deux chorégraphes innovent dans l'utilisation de la piste comme un nouveau terrain d'expérimentation chorégraphique. Quant à *C'est pour toi que je fais ça* (1997-1998) de Guy Alloucherie, metteur en scène de théâtre, il amène une vision militante du cirque, proche de l'art subversif. Son spectacle constitue un cri de révolte, le refus d'une esthétique plaisante du cirque et de l'importance sacrée de la technique.

Les transformations de l'espace cirquesque

Depuis la création du cirque moderne à la fin du XVIIIᵉ siècle par le Britannique Philip Astley, ce spectacle hétéroclite s'est identifié à un espace strictement défini : la piste circulaire de 13,5 mètres de diamètre, adaptée à la principale attraction de ce nouveau divertissement, l'art équestre. Si l'on recourt à l'étymologie des termes désignant les principaux arts du spectacle vivant, le mot théâtre, du grec Ë··ÙÒÔÎ, se réfère à l'activité visuelle du spectateur, le terme danse provient de l'action « de se mouvoir de côté et d'autre », l'opéra prend racine dans le mot œuvre, alors que le cirque est avant tout un cercle. Or, voilà que le principe de la circularité fonctionnelle n'est plus la condition *sine qua non* du cirque contemporain. Archaos a été l'un des pionniers de cette véritable révolution. Pour *Métal Clown* (1990), spectacle-phare de la troupe, la piste avait été remplacée par un chapiteau cylindrique et les artistes évoluaient sur une scène-couloir bi-frontale, rappelant la disposition de l'hippodrome romain.

Nous retrouvons cette bi-frontalité dans le spectacle de François Verret, joué à la Grande Halle de La Villette. Inventée par Claudine Brahem, une gigantesque machine occupe l'intégralité de le scène et crée volontairement un espace autosuffisant, complexe et multifonctionnel. Elle contient à elle seule tout l'appareillage nécessaire pour la survie d'un spectacle de cirque : deux trampolines, un trapèze Washington, une « pendule », un hamac, une corde élastique, une roue centrale, des plates-formes, des grilles et des plans inclinés, le tout sur plusieurs hauteurs et avec différentes dispositions dans l'espace. L'emplacement central de cette construction asymétrique offre une vision unique à chaque spectateur, suivant sa position de l'un ou de l'autre côté de la machine. Nous sommes pratiquement à l'opposé de l'universalité de la piste classique censée interdire tout jeu d'illusion. Dans *Le Cri du caméléon*, Josef Nadj délaisse la circularité pour la disposition frontale. À l'inverse des puristes qui défendent l'idée de l'espace unique du cirque, Josef Nadj proclame le libre choix de la disposition scénique, adaptée à la forme et au contenu de chaque spectacle. Ici, l'abandon du cercle traditionnel de la piste se fait au profit d'une autre circularité, d'une spirale ascendante et aérienne, traduite par un jeu dynamique et rythmé par la musique de Stevan Kovacs Tickmayer. Mais, l'ambiance trouble qui s'en dégage, rappelant l'atmosphère sombre des contes de fées d'Europe centrale, s'apparente plus à l'univers chorégraphique de Nadj qu'à notre imaginaire cirquesque.

La pluralité de l'espace scénique du cirque est défendue également par Guy Alloucherie. Ainsi, le travail scénographique de *C'est pour toi que je fais ça* ne se différencie pas fondamentalement des procédés utilisés dans les spectacles de danse et de théâtre contemporains : le public est disposé en demi-cercle devant l'espace central de l'action, représentant le hall d'une gare désaffectée, et les gradins de l'autre moitié du cercle deviennent un espace de jeu insolite servant à la dramaturgie globale du spectacle. Même dans les mises en scène qui conservent l'idée de la piste et de la disposition circulaire du public, l'espace de la représentation devient multiple. Dans *La Tribu Iota,* spectacle où la piste acquiert la force symbolique de l'arène ou de la place publique, Francesca Lattuada supprime la coulisse unique placée au fond de scène, caractéristique du cirque traditionnel. Chaque couloir entre les gradins, prévu obligatoirement par la réglementation sur les chapiteaux, est utilisé pour renforcer l'impact visuel des entrées et sorties de créatures hyperboliques. D'unique, l'espace cirquesque devient éclaté ; quant au spectateur, il n'est plus confiné constamment à la circonférence du cercle. Dans *Vita Nova*, de Héla Fattoumi et Éric Lamoureux, la piste, recouverte d'une toile de danse jaune, n'est qu'une variante géométrique de l'espace chorégraphique. Dans *Voir plus haut*, Jacques Rebotier adapte la piste à la fiction de sa pièce et la transforme en bateau.

L'empreinte des créateurs

La collaboration de ces chorégraphes et metteurs en scène de théâtre renommés avec les artistes de la nouvelle génération du cirque influe non seulement sur la redéfinition de l'art et de l'espace cirquesques, mais également sur le contenu et le statut de cette forme de spectacle, considérée jadis comme un art mineur. Ainsi, *Le Cri du caméléon* a été salué par les

critiques comme le spectacle-manifeste, l'œuvre fondatrice du cirque contemporain, marquée par la primauté de l'unité dramaturgique sur la construction fragmentaire. Son succès lui a permis de tourner pendant plusieurs années en France et à l'étranger. Cette réussite repose essentiellement sur le talent du chorégraphe à observer et décomposer avec attention le savoir-faire des artistes de cirque et à intégrer ces éléments nouveaux dans sa propre manière de créer. De leur côté, les étudiants, ont dû abandonner l'idée du numéro et apprendre à être présents pendant toute la représentation. De cette rencontre entre le chorégraphe et les interprètes est né un travail de composition original. La coexistence des techniques de cirque, de l'univers chorégraphique et théâtral du créateur et de ses références littéraires et plastiques est si harmonieuse qu'elle atteint le vieux rêve de la fusion des arts.

Grâce au cirque, Josef Nadj réussit ce que préconisait dans les années 20 le dadaïste Kurt Schwitters : une « convergence complète de toutes les forces artistiques pour parvenir à l'œuvre d'art totale », à travers « le viol systématique de la technique jusqu'à réaliser entièrement les fusions fusionnantes de tout avec tout » [2]. On retrouve aussi l'influence du théâtre des avant-gardes des années 20, qui prônait le retour subversif des arts populaires ; de Borges est venue l'idée du labyrinthe et celle du duel ; de Beckett, l'absurde de la condition humaine ; de l'univers surréaliste de Magritte, le décor minimaliste aux couleurs sobres du plasticien Goury. Finalement, le goût de Josef Nadj pour la stylisation et le grotesque, et la composition exclusivement masculine de la promotion, l'ont amené à choisir « Le Surmâle » d'Alfred Jarry. Cependant, aussi nombreuses qu'elles soient, ces références, n'interviennent que dans la conception du travail, laissant le spectacle libre de toute littérature et psychologie.

Le spectacle de François Verret n'a pas rencontré le même accueil, ni auprès du public, ni auprès des critiques et des programmateurs. Il est vrai que le chorégraphe n'a pas réussi à créer l'unité recherchée : le parti pris scénographique de la gigantesque machine est devenu trop envahissant, engloutissant de ce fait les techniques et la présence des artistes. Pourtant, l'introduction de la machine dans l'univers du cirque, art de la performance et de la sublimation athlétique du corps, constitue un énorme défi et prouve le degré du risque pris par le chorégraphe : transcrire l'exploit physique du cirque dans le domaine métaphysique. Les artistes de *Sur un air de Malbrough* ne présentent pas au public leurs prouesses techniques ; ils se battent pour dompter et conquérir la machine.

C'est pour toi que je fais ça est une création marquée par cette même volonté d'aller à l'encontre du spectacle de divertissement et du spectacle sportif, tels que les jeux Olympiques. Guy Alloucherie met fin à deux siècles d'ostracisme du texte : Pessoa, Duras, Pavese, Hemmingway, des textes écrits par lui-même et par les étudiants ont servi de base fictive à la dramaturgie. L'artiste de cirque n'est plus un phénomène mais un vrai interprète pouvant communiquer avec le public aussi bien par son jeu corporel que par ses sentiments. La parole est là pour s'opposer, ironiser, appeler, injurier, provoquer, confesser, réclamer… Prononcée sous forme de commentaire face à une scène qui se déroule devant les yeux d'un témoin, chantée, exprimée en arabe, en allemand ou en français, adressée au partenaire, au groupe ou au public ou dévalée en monologue, elle ne cesse surtout pas pendant les passages techniques de cirque, ajoutant sa force à celle de l'élan des interprètes. L'association systématique de la parole avec le mouvement acrobatique constitue à elle seule une vraie performance.

S'il faut aussi reconnaître à Jacques Rebotier son apport dans l'utilisation du chant dans l'univers cirquesque et à Héla Fattoumi et Éric Lamoureux leur travail dans le développement des capacités chorégraphiques et de l'autonomie de l'artiste de cirque, c'est probablement à *La Tribu Iota* de Francesca Lattuada que le cirque contemporain devra sa réconciliation avec son identité propre. Ce spectacle ose les mélanges les plus incongrus et renoue avec les origines païennes du cirque et de la fête foraine : on y retrouve les personnages de tous les extrêmes, de l'ange-éros éthéré à la noirceur d'une femme-araignée, de la bête poilue bicéphale aux moines à tête microscopique, de la cantatrice sur chaise roulante à la femme-cage d'oiseaux, tenant branches, jonglant avec le feu, dansant sur le fil, grimpant au mât chinois, s'élançant au trapèze…

Dans cette mise en piste de la cour aux miracles, la danse et les références théâtrales interviennent discrètement, sur les pointes de pieds. Elles ne s'affirment pas en tant que telles, ne deviennent jamais exercices de style et laissent toute la place à l'ambiance cirquesque, évoquée également par l'univers musical du compositeur Jean-Marc Zelwer. C'est un monde de l'illusion, issu de l'imagination apocalyptique de Bosch, de l'exubérance de Dalí, des tableaux inquiétants de De Chirico ou de l'étude des boxeurs de Bacon. Mais, c'est avant tout un monde de cirque, fragmenté et onirique, un spectacle – fête. Et si, après avoir résolument inscrit le cirque dans le courant de la création artistique contemporaine, on redécouvrait qu'il s'agit d'un art ancien, l'aspect souvent oublié de la célébration dionysiaque, l'héritier de ce versant satyrique du théâtre dont nous avons, curieusement, perdu les traces ?

[1] Éditorial par Bernard Turin du *Magazine du Centre national des Arts du cirque*, édition spéciale, décembre 1997 [2] « À tous les théâtres du monde », Kurt Schwitters, traduction Helga Vormus, *Du cirque au théâtre*, ouvrage collectif de l'équipe « Théâtre Moderne » du GR 27 du CNRS, L'Âge d'Homme, Lausanne, 1983, p. 221

Conjoncture du jeune cinéma français

author block
Cendrine Gady
Historienne du cinéma, travaille dans la postproduction numérique

Le cinéma, Septième art, dernier du nom, si jeune comparé aux autres et pourtant déjà si riche de chefs d'œuvres, de scandales, de légendes et de monstres sacrés. Pouvoir fascinant que celui de mettre en images des rêves, des cauchemars, des fantasmes, des histoires encore et toujours des histoires quelques fois vraies, souvent inventées, le cinéma nous charme, nous ensorcèle, nous enivre. Pourtant, la création et le monde lié à la naissance d'un film est bien loin de celle, onirique, des auteurs. Le cinéma est avant tout une industrie, qui raconte des histoires et qui se doit d'être rentable pour assurer sa survie. La France a toujours eu un rôle privilégié dans cette courte histoire, puisqu'en 1895 les frères Lumière lui donnèrent vie et quelques années plus tard, Georges Méliès lui donnait une âme et une finalité : raconter des histoires en images.

La France a vu naître de grands réalisateurs tels Renoir, Carné, Cocteau, puis Truffaut, Godard et sa Nouvelle Vague. Des stars de légendes, comme Brigitte Bardot ou Romy Schneider, ont fait rêver la terre entière. Par la suite, son rayonnement international n'a cessé de croître, jusqu'à la Seconde Guerre mondiale où une ville nommée Hollywood a commencé à son tour à faire parler d'elle et de ses stars avec une notoriété qui devait s'avérer mondiale. Et, tandis que les fastes du néo-réalisme italien ou de l'expressionnisme allemand sont bien loin derrière nous, la France a la chance d'exister et de faire exister des cinémas qui sans elle ne pourrait subsister. La situation des années 80 a mis en lumière les faiblesses de nos productions et les années 90 ont été le théâtre où le cinéma s'est débattu dans ses contradictions essayant de concilier tradition et modernité. De souffrances en renaissances, auréolé du charme, discret et jubilatoire, d'être toujours aussi vivace et toujours aussi particulier. Il n'est nullement question ici de faire l'inventaire du cinéma français, mais d'aborder essentiellement trois aspects permettant de profiler les contours de sa situation actuelle. En premier lieu, les créateurs, ceux qui font du cinéma, puis, les évolutions techniques liées à notre époque et enfin, moins ludique mais tout aussi cruciale, la dimension économique.

Le cinéma français : à bout de souffle ?

« Le cinéma français c'est chiant, on ne va pas au cinéma pour se prendre la tête mais pour rêver » ou encore «Quand les Français feront des films comme les Américains, on ira sûrement les voir ». Or, quand les Français feront des films comme les Américains, ce ne seront plus des films français… Fort heureusement, le cinéma français ne se porte pas si mal que ça, et il dénote au contraire d'une grande vivacité en

ce nouveau siècle, même si ce stéréotype reste très ancré dans les mentalités. Et pourtant, Besson, Beinex, Tavernier, Blier, Carax, Annaud et bien d'autres encore ont passé le relais à une nouvelle génération de réalisateurs qui font preuve dans leurs œuvres d'une grande diversité. Il n'y a pas à l'heure actuelle en France de grands courants cinématographiques révolutionnaires tels qu'il y en a eu par le passé. Il y a des familles de genres, qui se retrouvent et forment ensemble une production assez variée et novatrice. Reste une forte identité culturelle, un style qui ne ressemble à aucun autre. La France a plus que nul autre pays une véritable tradition d'auteurs et de scénaristes dans le cinéma. Cette spécificité, inimitable, donne naissance à des films intimistes, voire pour certains élitistes, où l'écrit prime sur l'image et le contenu sur la forme. Films aux univers fragiles et délicats (*Comment je me suis disputé, ma vie sexuelle,* Depleschin), de polars sombres (*Sur mes lèvres*, Audiard) ou introspections douloureuses (*N'oublie pas que tu vas mourir*, Beauvois).

On dissèque, on observe, on expérimente des situations et des âmes emprisonnées sur du 35 mm. C'est un cinéma proche de son public et de ses préoccupations. Reflet de la société et de ses évolutions, il met en relief ses paradoxes et ses abîmes. Ce genre cinématographique est celui le plus critiqué par les Français et que les étrangers nous envient. Mais a-t-on vraiment envie d'aller voir, après une journée de travail, un film qui parle des 35 heures (*Ressources humaines*, Cantet), de couples déchirés (*En avoir ou pas*, Masson) ou de héros dont les vies ressemblent trop au quotidien de tout un chacun (*L'Humanité*, Bruno Dumont). Et bien il semblerait que la réponse soit non ! Il est certain que ce cinéma ne fait pas rêver les ménagères qu'elles aient vingt ou cinquante ans. Néanmoins, ce dernier donne à réfléchir, et quelques films sont annuellement plebiscités à l'unanimité par le public français. Sans parler d'élitisme, les Français préfèrent dans l'ensemble pour le même prix aller voir un film qui va leur en « mettre plein la vue » et les oreilles. Seul Jacques Audiard semble échapper à cette règle, puisque son talent n'a d'égal que celui de feu son père et qu'il n'a pas son pareil pour emporter le spectateur dans des scénarios sublimes, admirablement desservis par des dialogues au verbe haut.

Puis, il y la comédie, qui refleurie dans les salles obscures pour habiller la vie d'un brin de légèreté. En France on en réalise de plus en plus chaque année. Pourquoi ? Peut-être tout simplement parce qu'elles offrent une dose de bonheur qui contrebalance le journal de vingt heures et les statistiques du chômage. Le succès du *Dîner de cons*, des *Visiteurs*, de *La Vérité si je mens* 1 et 2, prouve que cette veine fait plus que jamais salles combles. Une autre grande spécialité française est celle des fresques historiques, malheureusement plus ou moins réussies. L'histoire se transforme, pour l'occasion, en un vivier inépuisable d'histoires toutes faites, faisant appel à la mémoire collective, sur laquelle on colle des héros romanesques, et le tour est joué, enfin presque…

En parallèle, on trouve des gens qui, sans être en marge ou en rupture avec le cinéma intello à la française, font bouger les choses en amenant une nouvelle façon de faire du cinéma. Ils ont le mérite d'apporter du sang neuf et une énergie qui n'a d'égale que leur ambitieux talent. Venus souvent de la pub et du clip, ils aiment les effets, le grand spectacle et les émotions fortes. C'est le cas de Mathieu Kassovitz, enfant prodige du cinéma français, à qui il manque encore un peu de maturité et de modestie mais qui a prouvé avec *La Haine* ou *Les Rivières pourpres* un sens inné de la mise en scène et un goût prononcé pour le spectaculaire. Citons aussi

Le Pacte des loups, gros budget, truffé d'effets spéciaux et d'effets tout court, film grand-public qui n'en reste pas moins l'œuvre d'un cinéphile, passionné de cinéma asiatique ; et encore *Doberman* de Yann Kounen, qui admire Melville et Woo et ça se voit !

Et puis, en France comme ailleurs, on trouve des réalisateurs qui ont un univers n'appartenant qu'à eux, identifiables au premier coup d'œil, ce ne sont pas les Lynch ou Kusturica, mais les Jeunet et Caro ou Jeunet sans Caro ! On leur doit notamment *Delicatessen*, *La Cité des enfants perdus*, et plus récemment *Alien 4, la résurrection* et le désormais cultissime, *Fabuleux destin d'Amélie Poulain*. On peut bien évidemment citer des gens comme François Ozon qui depuis son premier film, *Sitcom*, traîne derrière lui un doucereux parfum de scandale et de provocation mais qui maîtrise indéniablement bien son sujet. Un Laurent Bouhnik, qui du monde de l'écrit est passé à celui de l'image propose en 1999 une expérience intéressante, initiée avec *1999, Madeleine* : il entend en dix ans réaliser dix films. Ou l'acteur Jean-Marc Barr, qui a répondu présent à l'appel ouvert du dogme de Vinterberg et Von Trier, en signant une trilogie qui s'est achevée cette année avec *Being Light*.

Mais peut-on réellement parler du cinéma d'aujourd'hui sans souligner la place que les femmes y occupent désormais ? Elles sont, en quelques décennies, passées d'égéries à réalisatrices. Il est important de souligner que la plupart d'entre elles, ne revendiquent pas un cinéma féminin en tant que tel. Elles font du cinéma et c'est tout ; au final c'est un cinéma de femmes par nature mais qui ne revendiquent aucun distinguo. Il n'empêche qu'elles sont de plus en plus nombreuses. Elles parlent d'amour comme Brigitte Rouan (*Post coïtum animal triste*), de passion dévorante comme Jeanne Labrune (*Si je t'aime*

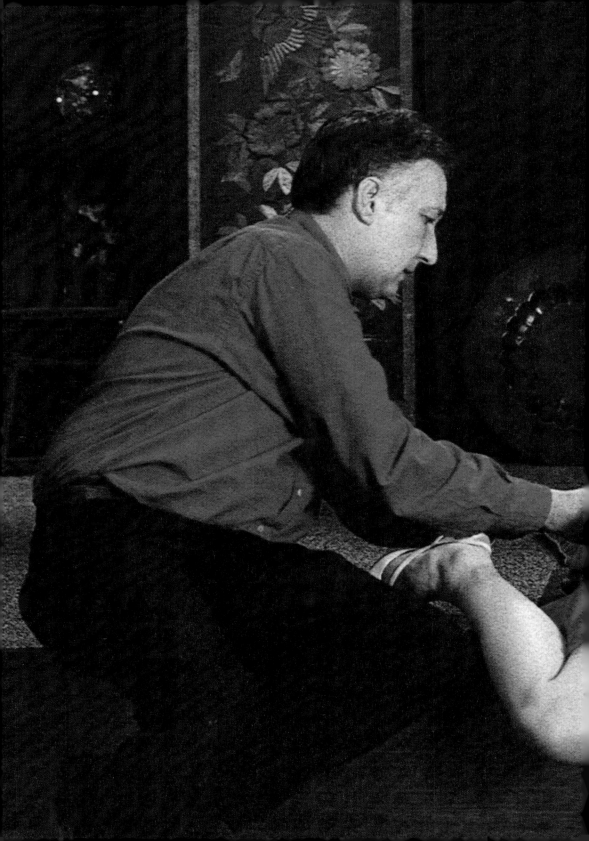

Catherine Breillat, *Romance*, 1999. Photographie collection Bouteiller.

prends garde à toi) de mères perdues comme Sandrine Veysset (*Martha, Martha…*) de femmes troublées comme Lætitia Masson avec Kiberlain devant la caméra (*En avoir ou pas*), d'histoires troubles comme Nicole Garcia (*Place Vendôme*), de destins croisés, comme Marion Vernoux (*Reines d'un jour*), de sexualité comme Catherine Breillat (*Romance*) ou encore de femmes indépendantes comme Tonie Marshall (*Vénus beauté institut*). En dépit d'une apparente douceur, elles sont souvent plus crues que les hommes, et leurs films cachent une réalité qu'elles nous poussent à regarder en face.

Le cinéma numérique : un nouveau défi technologique

Numérique, un mot qui est depuis peu sur toutes les lèvres, et pour cause, cette nouvelle technologie qui est littéralement en train de révolutionner le monde du Septième art n'en est qu'à ses balbutiements. À première vue, ce phénomène n'est pas aussi flagrant que le fut la transition du muet au parlant ou celle du noir et blanc à la couleur, et pourtant il change tellement de choses ! Le premier film entièrement tourné en numérique, qui a fait pâlir d'envie Georges Lucas lui-même, le *Vidocq* de Pitof est enfin sorti sur les écrans, mais n'oublions pas qu'il a fallu des années de recherche et d'essais pour arriver à ces prouesses techniques. D'abord appliqué à la publicité, le numérique, atteint dans les années 90 le milieu du long métrage. On peut y distinguer deux domaines : la post-production et les effets spéciaux.

Dans le premier domaine, on peut désormais tout faire en numérique sur un film : tournage, montage, trucage, étalonnage et projection. Des films comme *Alien 4, la résurrection*, *Le Fabuleux Destin d'Amélie Poulain*, *Le Pacte des loups*, *Asterix, mission Cléopâtre* sont des exemples criants du savoir-faire français

dans le domaine du numérique. Ces films ont été postproduits par la société Duboi qui a mis au point un procédé unique de chaîne numérique haute définition, le Duboicolor, qui peut assurer chacune des étapes associées ou dissociées jusqu'aux copies de séries de distributeurs. Créée en 1992, cette société est leader et pionnière sur le marché français dans le domaine du numérique. Antoine Simkine, son PDG, explique que cette position est aussi enivrante que précaire, car chaque film est une nouvelle expérience, qui permet de repousser les limites de la technologie, mais chaque pari technique place la barre un peu plus haut avec les conséquences qui en découlent. Cette prestation évite notamment les innombrables manipulations traditionnelles en laboratoires qui étaient des opérations handicapantes à gérer. Le stockage des données entièrement informatisé est de cette manière accessible à n'importe quel moment et extrêmement malléable. Simkine insiste néanmoins sur le fait que cela reste un outil de plus – encore assez coûteux – au service du cinéma. Le numérique a également bouleversé le monde des trucages, les rendant plus crédibles car moins visibles. Les réalisateurs peuvent désormais imaginer à peu près ce qu'ils veulent et le voir prendre vie par la magie des effets spéciaux.

On peut alors légitimement se demander pourquoi n'y a-t-il pas plus d'effets spéciaux en France alors qu'aux États-Unis, même les séries B en regorgent ? Il faut replacer les choses dans leur contexte, à savoir, qu'un budget moyen aux États-Unis est de 150 millions de francs contre 30 en France… ça se passe de commentaire, non ? Nous pouvons encore souligner ici les différences culturelles entre la France et les États-Unis, culture de l'écrit prédominant sur celle de l'image. Cet héritage est le nôtre quoiqu'il est évident que nous cherchons à l'heure actuelle à nous en éloigner un peu, mais la tâche n'est pas

aisée car les mentalités sont longues à changer et les producteurs frileux. De quoi demain sera-t-il fait ? De projections numériques qui se passeraient définitivement de retour sur pellicule ? Un gain certain de qualité, mais par quoi remplacer la vie de la pellicule, les grains de peau, et toutes ces petites choses qui sont autant de miracles liés à cette matière ? À force de repousser les limites de la technologie vers la recherche de la perfection, en perdrons-nous la fragile alchimie ? Seul l'avenir nous le dira. En attendant, ce sont deux mondes totalement différents qui coexistent pour un rendu final qui n'est radicalement pas le même.

Perspectives économiques

Il est un concept que les Américains ont parfaitement assimilé et ils leur revient au moins le mérite de l'avoir inventé, concept que nous Européens, et plus particulièrement nous Français, avons beaucoup de mal à mettre en pratique : le cinéma c'est avant tout un produit comme un autre, destiné à être vendu sur un marché international. À Hollywood, on fabrique des dollars avant de fabriquer du rêve, les projets doivent avant tout être lucratifs pour voir le jour, pas de place pour la poésie ou l'anecdotique. Les Français sont restés des créateurs dans l'âme au service d'une certaine idée du cinéma, avant d'être d'implacables producteurs. Les avantages de notre stratégie moins commerciale se matérialisent par la qualité de nos productions, la grande liberté de création notamment pour les réalisateurs et les auteurs qui gardent un contrôle total, jusqu'à la fin de leur film et dont les droits sont parfaitement reconnus. En France, le réalisateur est roi, aux États-Unis, ce n'est qu'un employé au service d'un studio. Le trait est un peu fort, mais pas tant, quand on y réfléchis bien. Nos *directors cut* sont bien loin des *happy end* qu'on nous inflige à longueur d'année et

qui rendent fade le meilleur des films. Sans oublier bien sûr les quotats et le politiquement correct, en réalité honteusement hypocrite. L'inconvénient majeur c'est que notre marché, comme celui de nos voisins, est littéralement inondé de productions américaines de qualités inégales.

Mais comment peut-on lutter contre une machinerie de cette taille qui a déjà quasiment broyé la plupart des cinématographies étrangères subsistant difficilement sur leur propre territoire et nullement à l'exportation ? D'un point de vue national, il nous faut repartir sans cesse à la conquête de notre propre marché, lequel nous a depuis bien longtemps échappé. Car, mis à part quelques films qui font l'unanimité dans le cœur des français (*Un air de famille*, *La Vie rêvée des anges*, *Western*, *Le Goût des autres*, *Marius et Jeannette*, *Vénus beauté, institut, Place Vendôme, Harry, un ami qui vous veut du bien, Le Fabuleuux Destin d'Amélie Poulain*...) c'est bien peu, comparé aux cartons des *blockbusters* américains. Pour ce faire, de nombreuses aides à la production ont été mises en place, tendant à maintenir une moyenne de cent-vingt films par an en production directe ou en coproduction. Nous avons notamment la chance d'avoir un système unique en Europe, l'avance sur recette, qui encourage les premiers films. Présidée par une personnalité du cinéma qui pendant un an décide avec l'aide d'une commission spécialisée, elle concrétise la réalisation d'une cinquantaine de films, pour peu que ceux-ci aient déjà trouvé un distributeur. Nous avons aussi la SOFICA, une incitation fiscale à la production cinématographique et audiovisuelle. Sans oublier le rôle d'investisseur joué par la télévision, surtout par l'incontournable chaîne Canal +.

La France continue à jouer un rôle primordial dans l'aide à la production de films étrangers, avec l'aide

François Ozon, *Sous le sable*, 2001. Photographie : collection Bouteiller. **165**

directe (1982) réservée aux films internationaux, ou encore l'aide pour les pays d'Europe centrale et orientale, le fond ECO (1990), les Fonds Sud (1984) pour les pays du Maghreb, Asie, Afrique, Amérique latine et Moyen-Orient, le Fond Eurimage (1988) qui travaille au niveau européen. Néanmoins, il ne faut pas se méprendre sur leur rôle et croire qu'il est facile d'obtenir une de ces aides, mais ce système a le mérite de proposer des alternatives de financement et de donner naissance à de nombreux films sans elles condamnés d'avance. Toutefois, le rôle de la France en matière d'« internationalité » ne s'arrête pas là, puisqu'elle a toujours constitué une terre d'asile pour des réalisateurs et des acteurs, pour des raisons politiques (Raoul Ruiz), par amour de l'art cinématographique français (Ettore Scola, Volker Schlöndorff), par des rencontres (Nagisa Oshima), dans le cadre de coproductions (Pedro Almodovar, Krysztof Kieslowski), ou tout simplement parce qu'ils y vivent (Roman Polanski). Ainsi, beaucoup de réalisateurs mondialement connus sont passés à un moment donné par la France, venus savourer notre précieux et envié air de liberté. Et si la France doit reconquérir son propre marché, elle n'en rêve pas moins de conquérir les marchés étrangers. C'est le rôle d'Unifrance depuis sa création en 1949.

Doté de nouveaux moyens, financé par le Centre national de la cinématographie et le ministère de la Culture, présidé par Daniel Toscan du Plantier, cet organisme a pour mission de favoriser l'exportation du cinéma français à l'étranger et d'en organiser la promotion et la diffusion. Unifrance, c'est un rayonnement culturel à l'étranger. Il leur faut grignoter un peu plus chaque année la marge qui nous sépare du géant américain, numéro un mondial, très loin devant nous. Pour ce faire, les nombreux festivals de cinéma, dont celui de Sarasota (1989) présentent tous les ans une sélection de films français destinés à séduire les distributeurs américains. Il reste néanmoins beaucoup d'efforts à fournir en matière d'exportation, laquelle demeure marginale vers les États-Unis. Mais qui ne rêve pas d'avoir à ses pieds cet immense marché ? Toutefois les obstacles existent et sont de plusieurs natures : tout d'abord le barrage de la langue, le contenu des films jugé trop intimiste et des acteurs dont la notoriété dépasse rarement nos frontières. Pour pallier ces inconvénients, les studios américains préfèrent racheter les droits et réaliser des *remakes* cuisinés à la mode d'Hollywood, pas toujours du meilleur goût, il faut bien l'avouer (*Trois hommes et un bébé*, *Les Diaboliques*, *Intersection*, *Nom de code Nina*), qu'ils réinjectent sans aucun complexe sur le même marché européen qui leur a vendu l'idée ! C'est fort non ? Peu de réalisateurs français échappent à cette règle, si ce n'est Luc Besson ou Jean-Jacques Annaud, qui ont tourné là-bas, en langue anglaise. Cette hégémonie économique est un handicap certain, tant pour la France que pour le reste du monde.

Le cinéma français reste à ce jour l'un des plus appréciés au monde pour sa créativité, sa vivacité et ses particularités. Nous restons, aux yeux du monde, d'incorrigibles romantiques, conteurs d'histoires pourtant tant de fois racontées, intimistes et délicats. Néanmoins, pour continuer à tenir la dragée haute aux Américains, il faut s'exporter mieux et plus, en s'imposant davantage sur leur marché. Le défi qui s'impose comme une évidence au cinéma hexagonal est de concilier son savoir-faire technique et la culture de l'écrit dans laquelle il excelle, tout en continuant à prouver à son grand frère américain qu'il a de la ressource. Il devra également reconquérir son propre marché afin qu'un succès comme celui qu'a connu *Le Fabuleux Destin d'Amélie Poulain* ne soit plus une parenthèse enchantée dans son histoire. Il faut être bon perdant

et reconnaître que nous sommes bien moins doués pour la science-fiction et les « thrillers », et que ces genres prendront bien plus de temps à évoluer dans notre pays.

Chaque cinématographie dans le monde est le reflet et le porte-parole d'une culture, car si le cinéma fait rêver, il n'en reste pas moins, dans la plupart des cas porteur de message, révélateur d'une prise de conscience, moyen d'expression et de revendication face à l'oppression, ou encore témoin de situations les plus diverses. Et c'est dans cette diversité qu'il trouve ses fondements, son sens et sa raison d'exister. Le monde est fait de cultures différentes, qui donnent naissance à autant de formes diverses d'expressions artistiques. La France n'a pas une position idéale, mais peut tout de même se vanter de tenir la seconde place au niveau mondial. Ce n'est pas tant sur notre sort qu'il faut pleurer, mais sur celui de dizaines de cinématographies qui ont perdu, pour diverses raisons, ce droit d'exister jusque sur leur propre sol. Pour conclure, Jean-Claude Carrière, grand scénariste français, déclarait à juste titre dans une interview accordée en 1995 à Unifrance : « Je crois qu'un peuple qui ne pourra pas se reconnaître dans les fictions qu'on lui propose risque de disparaître [...]. Les Américains, au risque de s'appauvrir, ne voient déjà plus que des films américains, que dirions-nous si nous étions condamnés à ne voir que des films français ? »

amorbelhomduo

WAVELAB

fugu

laplantine

à

~~tokyo~~

dijon

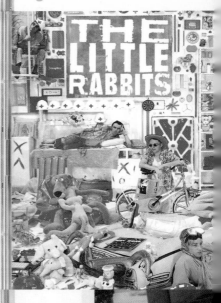

THE LITTLE RABBITS

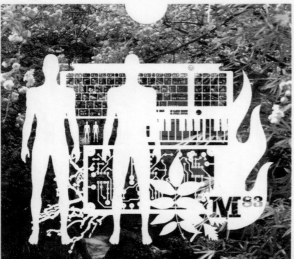

M83

À l'écoute des musiques pop, rock, électro et rap en France

Christophe Conte

Critique de la rubrique musique pop rock de la revue *Les Inrockuptibles*

Au moment où vous lirez ces lignes, c'est à dire au minimum six mois après leur rédaction, les choses auront sans doute déjà changé. La musique qui se fabrique aujourd'hui en France sous les étiquettes rock, pop, électro ou rap a ceci de prodigieux : on ne peut en prévoir la météo à l'avance, pas plus qu'on ne peut imaginer le mouvement des plaques tectoniques qui risqueront, en quelques mois à peine, de modifier en profondeur ses reliefs et sa position géographique sur la carte des sons internationaux. Car le plus remarquable aujourd'hui, c'est précisément l'écoute attentive, parfois admirative et toujours curieuse, dont fait l'objet la musique française hors des frontières hexagonales.

gel:
-1

Ces temps lointains où le rock français, cousin arthritique de la flamboyante dynastie anglo-saxonne, marinait dans le strict périmètre national, isolé de toute forme d'échange et réduit à n'être qu'un simulacre autarcique, ces temps-là sont bel et bien révolus. Les succès imposants de Daft Punk, Laurent Garnier, St Germain ou Air aux États-Unis et dans toute l'Europe, celui de Manu Chao dans les pays latins, la collaboration fructueuse entre le parisien Mirwais et la super pop-star absolue, Madonna, figurent au premier rang de ces conquêtes récentes. Mais il en existe aussi une multitude d'autres, moins visibles du grand public, qui ne témoignent pas moins de cette (r)évolution et rassurent quant à sa pérennité. Dans les sphères diverses de l'underground international, aussi bien en matière de techno que de pop, les relations transversales sont désormais nombreuses et fécondes. Les disques de groupes et d'artistes français bénéficient pour la plupart d'une sortie, même modeste, dans plusieurs pays clés (Royaume-Uni, États-Unis, Japon) et il se coagule autour des musiques *made in* France un véritable réseau d'ambassadeurs passionnés. Pour ne prendre qu'un seul exemple : l'an passé le binôme expérimental et climatique Amor Belhom Duo s'est vu offrir la possibilité d'enregistrer, sous le nom de ABBC, un album commun (*Tête à tête*) avec les champions de la country contemplative Calexico, cowboys arizoniens déjà présents sur l'album de Jean-Louis Murat, *Mustango*.

À l'étranger, on perçoit la musique produite France comme l'une des plus suaves, intuitives, érudites et effervescentes qui soit. La « french touch », slogan maintenant un brin émoussé, traduit pourtant à merveille ce sentiment d'exception qui est partagé hors de nos frontières par ceux qui voient en la musique française des dernières années l'une des seules alternatives viables face à la bipolarité anglo-américaine.

Plusieurs raisons à cela. D'abord, depuis que les musiciens français se sont affranchis de leurs complexes anglophiles, ne cherchant plus nécessairement à reproduire en plus pâles les *riffs* stoniens (Téléphone) ou une pseudo « rock'n roll attitude » immature, ils n'ont jamais été autant compris. La plupart des groupes ou musiciens majeurs apparus ces dernières saisons ont su aligner des références nouvelles, souvent puisées dans un réservoir ignoré de leurs aînés, à savoir celui des arrangeurs français des années 60 ou 70 comme Alain Goraguer, Michel Colombier, Jean-Claude Vannier (tous trois collaborateurs de l'incontournable Gainsbourg), Jean-Jacques Perrey (sexagénaire pionnier de l'électro, qui a collaboré avec Air et Le Tone), André Popp ou François de Roubaix. En allant prospecter dans les bacs à disques obscurs où sommeillaient quantités de musiques de films ou d'ambiances fabuleuses, ils en ont ramené des teintes et des idées paradoxalement plus novatrices que celles traditionnellement utilisées dans le rock.

Un autre phénomène remarquable fut le développement rapide, en France dans les années 90, d'une culture des clubs (le tunnel sous la Manche et les visites plus fréquentes à Paris des journalistes anglais a fait beaucoup pour la *hype*) et des *raves*, ainsi que l'installation de home-studios apportant une autonomie plus grande aux musiciens. L'autoproduction, la multiplication des « niches » que sont les labels indépendants, l'allègement des coûts de production et la fluidité nouvelle des moyens de transmission de la musique (en ligne, notamment) ont également contribué à dilater et élargir le spectre des possibles, notamment en matière d'électronique. Autrefois tenancières de tout le réseau de développement de la musique commerciale, les majors compagnies sont désormais réduites à n'être qu'un relais dans la chaîne de plus en plus rapide et flexible de la production. Pas étonnant, à ce compte-là, que les noms que l'on s'apprête à citer comme « figures émergentes » des temps prochains soient pratiquement tous issus des réseaux parallèles au canal historique et de plus en plus obturé des maisons de disques traditionnelles.

Soyons clairs, les artistes ou groupes que l'on verra défiler ici ne sont pas tous destinés à remporter des succès sonnants et trébuchants. Certains évoluent dans des genres voués encore pour des années à la clandestinité (rock indépendant, électro expérimentale, chanson intimiste). Le but, simplement, est de témoigner d'une richesse sans cesse accumulée, renouvelée, évolutive, de la production française, à la fois sous les projecteurs et dans les marges les plus reculées. Ces artistes ne sont pas non plus des maîtres d'une école ou des leaders de courants, car le meilleur de la musique française (comme ailleurs) se déniche souvent parmi les solitaires forcenés, rarement chez les disciples de Panurge qu'on laissera paître dans d'autres champs moins dignes d'intérêt.

Commençons ce petit inventaire par le rock, qui est sans doute le domaine d'action où la France possède le palmarès le plus maigre comparé à ses victoires en techno ou même en jazz ou en musique instrumentale. On parle du rock chanté en français, qui n'a jamais provoqué beaucoup d'enthousiasme lorsqu'on le compare à l'ébullition permanente venue d'outre-Manche ou d'outre-Atlantique. Le groupe choisi ici pour illustrer un possible renouveau du rock comparable à celui de l'électronique il y a quelques années s'appelle Kaolin. Il s'agit d'un quatuor originaire de Montluçon, dans l'Allier, pays peu visité par la foudre rock'n roll jusqu'ici, et il mitonne actuellement un premier album pour Barclay (parution courant 2002). Sur un premier 6-titres autoproduit, *Bienvenue dans les criques*, Kaolin laisse entrevoir

des dispositions mélodiques et atmosphériques supérieures à la moyenne nationale. C'est en effet l'une des premières fois qu'un groupe d'ici envisage le rock comme un matériau empirique où l'évidence des lignes s'accompagne d'un véritable questionnement sur la mise en scène instrumentale. Leur musique vibrante peut évoquer un Radiohead encore balbutiant, tout comme le chant rappelle les périlleuses crues et décrues vocales de Thom Yorke et Jeff Buckley. Leur approche musicale, parce qu'elle semble essentiellement tactile et sensuelle (chez eux, seule la démarche initiale paraît cérébrale, le reste navigue à l'instinct), les singularise de la scène rock récente qui souvent forçait le trait par peur du vide, masquait sa crainte d'exprimer des sentiments vrais derrière un paravent stérile nommé « attitude ». Sans être mièvre, leur carapace romantique les protège de ce syndrome français récurrent qui tend à maintenir sous l'éteignoir toute forme d'exaltation. Il n'y a aucune impudeur dans leur chant, tout étant affaire de dosage et de tempérance, mais il n'y a pas non plus de réfraction à un minimum d'outrance subtile. Et s'ils revendiquent musicalement l'influence des Écossais de Mogwai ou des Américains de Pavement, c'est pour une fois à bon escient car leur canevas instrumental basique (guitare, basse, batterie et piano en option) rappelle en effet les étirements et les brisures chers à ces musiques travaillant sur les aplats de guitares faussement statiques et les crises de nerfs imprévues.

Dans un registre à la fois cousin et lointain, on trouve également Luke, un groupe composé de Bordelais, de Bretons et de Parisiens, dont le premier album sorti chez Bmg (*La Vie presque*) propose une assez belle alliance entre l'univers turbulent d'un Miossec et les atmosphères fragiles de Talk Talk, un dosage subtil entre la chanson d'obédience « auteuriste » et une forme de psychédélisme paysagiste riche en reliefs.

Plus radicaux, deux groupes issus de la séparation de Diabologum, des Toulousains qui en trois albums ont fait trembler sur leurs bases bien des certitudes du rock français à coup de collages situationnistes, ont sorti des disques fortement empreints d'une rage rentrée et alcaline. Il s'agit de Programme (album *Mon cerveau dans ma bouche*) et de Expérience, qui avec des ambitions désormais éloignées (insurrection auto-dépréciative pour les premiers, rigueur orthodoxe et plus intimiste chez les seconds) ont secoué par deux fois l'an dernier la marmite tiède du rock hexagonal. On est désormais bien loin des indigentes gesticulations du rock alternatif franchouillard des années 80 (Garçons Bouchers, Ludwig Von 88) et désormais le discours de rupture (politique, social ou simplement existentiel) s'accompagne aussi d'un bagage culturel lourd (littéraire ou philosophique) qui donne aux actions et aux interventions un peu plus d'épaisseur. Cette épaisseur, on la trouve jusque dans la chanson pop, où certains jeunes auteurs-compositeurs montrent une volonté farouche pour se distancer des modèles de la variété traditionnelle. Ce fut le cas de Keren Ann Zeidel et de Benjamin Biolay, qui ont imposé un style riche d'élégance et de subtilité sur leurs albums respectifs (*La Biographie de Luka Philipsten* pour elle, *Rose Kennedy* pour lui), tout en composant également certaines chansons du retour triomphal d'Henri Salvador (*Chambre avec vue*), ourlant entre elles pop et bossa-nova avec des reflets de folk américain.

Il y a actuellement dans la nouvelle chanson française (au sens le plus large du terme) comme des airs d'une rébellion douce, initiée il y a quelques années par Dominique A., Katerine, Autour de Lucie ou Les Little Rabbits. Dans leur sillage, ne cessent de s'engouffrer des dizaines d'artistes qui n'ont plus les mêmes obsessions de maintenir étanches les frontières entre la chanson, le rock, les musiques de films ou l'électronique. Il n'est pas rare d'entendre des orchestre à cordes hollywoodiens pénétrer les samplers, ou de voir figurer dans un même répertoire des parrains aussi éloignés que le Velvet Underground et Christophe, Can et Gainsbourg, Taxi Girl et Michel Legrand, Kraftwerk et Polnareff. Les tunnels et galeries ainsi creusés donnent régulièrement naissance à des projets hybrides, tellement singuliers que seules l'imprudence ou la paresse conduisent à ranger sous l'étiquette attrape-tout « rock ». Un disque paru il y a peu, œuvre d'un jeune artiste nommé Encre, navigue ainsi sur les rives troubles de la chanson en français susurrée jusqu'au bord des précipices électro, parcourue de frissons de violons et de sonorités concrètes, avec un *beat* jazzy accumulant les ruptures et des changements de trajectoires. Pour l'instant responsable d'esquisses, cette Encre pourrait bien à l'avenir dessiner d'autres formes plus indélébiles.

Dans le genre des disques pareillement inclassables, un garçon à l'allure de dandy jet-set un peu déconfite a publié un premier essai remarquable et remarquablement intitulé *L'Incroyable vérité*. Il s'agit de Sébastien Tellier, pensionnaire du label fondé par les deux membres de Air, Record makers, et musicien capable de se situer à la confluence de plusieurs époques, entre le milieu des années 70, la new-wave 80's et le futur immédiat. Sur son album, où plane l'ombre mystérieuse et bienfaitrice de Robert Wyatt (son modèle), on entend se déployer patiemment une petite musique faussement naïve, comprimée dans un registre instrumental dont le minimalisme n'est qu'un piège et soulevée par une voix blanche et ondoyante qui devient vite captivante. Avec des concepts aussi énigmatiques que *Trilogie chien* ou *Trilogie femme*, Tellier parvient de cette manière à installer un climat cinématique tremblant et (parfois) éruptif, à la manière de l'ex-barde génial de Soft Machine à son zénith (*Rock bottom*).

La musique française voit ainsi apparaître des personnages de cette trempe, à l'érudition jamais sclérosante, qui parviennent à inventer des formes radicalement neuves à partir de schémas souvent vieux de plusieurs décennies, de l'époque où le rock jouissait d'une liberté totale d'action exempte de tout formatage. Parmi ces ludions singuliers, on trouve des trafiquants d'ambiances qui manipulent aussi bien l'électronique que tout un arsenal d'instruments à vents et à vapeur : Ben's Symphonic Orchestra, Olaf Hund, Bertrand Burgalat, Zend Avesta, Mr Neveu, Mobiil, Téléfax ou Rubin Steiner. Deux de ces francs-tireurs isolés méritent un coup de projecteur. Le premier s'appelle Julien Ribot, dont l'album *Hôtel Bocchi* évoque l'atmosphère gentiment décadente des villégiatures aux premiers frimas. Tel un Polnareff neurasthénique, Ribot effeuille dans ses chansons tout un inventaire de la désolation mais avec une malice et un goût pour les envolées généreuses qui le détournent des risques d'auto-complaisance. Le second partage le même label (Ici d'ailleurs) et le fait d'avoir d'abord publié son album au Japon. Normal, puisqu'il porte un nom de poisson Nippon, Fugu, patronyme derrière lequel se cache un nancéen (Mehdi Zannad) surdoué pour les mélodies pop montées en neige. Fugu étant un héritier déclaré de Brian Wilson, Paul McCartney et de Phil Spector (rien que ça), son album ressemble à un aquarium multicolore, rempli de plantes exotiques rares, dans lequel on aurait plongé une douzaine de cachets effervescents.

Sans souci affiché de répondre à des critères d'acceptation d'un autre âge (le temps où il fallait faire le dos rond et mettre son audace en berne pour espérer passer à la radio ou à la télé à trois heures du matin), les artistes français issus de la filière souterraine des labels indépendants ont appris à se débrouiller seuls, à l'aide de moyens allégés et en privilégiant les idées sur le spectacle, la qualité du « ton » sur celle du « son », l'anticonformisme au confort. On peut citer, parmi ces confectionneurs de miniatures fiévreuses, les récemment apparus Burgess, Orly, Flop, Érik Arnaud, Machin (on notera la recrudescence des noms passe-partout, comme un vaccin préventif à toute velléité de pop-starisation) et chez les filles Anne Laplantine ou Sophie Meriem-Rockwell.

La fin de l'année 2000 a été marquée par la publication de trois albums français dont le dénominateur commun réside dans le nom minimal qu'ont choisi leurs auteurs respectifs : Bed, Man et Red. Pour peu, on croirait une famille (celle des monosyllabiques) même si les uns n'ont pas grand rapport avec les autres, sinon la finesse de leur domaine d'action. Les deux Nantais de Man (album *Man*) et le Parisien Bed (album *The Newton plum*) possèdent cependant un territoire imaginaire commun, dans la lignée de ce que les Américains de Chicago nomment (faute de mieux) le post-rock. Adeptes de l'épure musicale (le silence est un élément prépondérant chez eux) héritée de l'avant-garde européenne, ils naviguent entre plusieurs courants sinueux, puisant leur force motrice dans d'étranges halos de sons gazeux, bâtissant de patientes cathédrales de poussière et de verre, provoquant à l'écoute une forme assez enivrante de béatitude intimiste. Muet chez Man et chanté chez Bed, cet « après-rock » n'est jamais une impasse mais peut s'apparenter au contraire à une recherche confiante et maîtrisée de l'absolue beauté. Plus ludique et heurté, le rock expérimental de Red s'est abreuvé de free-jazz, de blues, de bruits électroacoustiques et de fureur new-yorkaise (Sonic Youth). Après l'album *Felk* qui mélangeait savamment toutes ces pistes (en les piétinant allègrement), Red (qui masque encore un solitaire) a sorti un disque qui reprend sur une guitare malingre tout l'album *Songs from a room* de Leonard Cohen. Détournement osé (même la pochette y passe), cette démarche est symbolique du nouveau ton en vigueur chez les musiciens français, subtil dosage d'insolence et de révérence qui est sans doute l'indicateur d'une maturité enfin trouvée.

Sur la planète sans cesse en mouvement des musiques électroniques, on ne se pose plus depuis belle lurette la question de la maturité ou de l'apprentissage. L'électro française, qu'elle se destine aux clubs, au salon ou au laboratoire, fait désormais preuve d'une saine arrogance qui l'autorise à rivaliser sans complexe avec les nations concurrentes. Derrière la cohorte des Daft Punk, Cassius ou Modjo s'est engouffrée une garnison entière où les projets se raffinent et s'affermissent au fil des saisons. L'excellent album des Parisiens de Télépopmusik (*Genetic world*) constitue l'éclatante preuve récente de ce brassage international désormais institué, avec des interventions diverses de rappeurs et chanteuses anglo-américains. Entre Kraftwerk, Portishead et le hip-hop, Télépopmusik s'est inventé un code génétique épatant. Impossible de recenser tous les foyers de combustion qui éclatent chaque saison sur le front des musiques électroniques, d'autant que cette appellation devient de plus restrictive étant donnés les mixages nouveaux qui s'opèrent désormais avec le rock 70's (Mellow, Rob), la world (Doctor. L) ou les musiques nouvelles (Zend Avesta). Quelques noms paraissent néanmoins sortir du lot et peuvent prétendre à une éclosion prochaine. C'est le cas par exemple des Marseillais de Troublemakers, dont le remarquable premier album (*Doubts & convictions*) a bâti des ponts assez solides entre électro languide et musiques de films pour qu'on voit d'ici peu les médias et le grand public les emprunter. Dans le Sud

également, mais cette fois-ci sur l'autre versant, à Bordeaux, le collectif Zimpala (album *Alamaviva*) a quitté le confort ronronnant de la techno-disco pour aller musarder du côté des chaudes plages de la salsa et dans les décors en trompe-l'œil (l'oreille ?) du western spaghetti.

Longtemps patrie mondiale de la house, la France abandonne de plus en plus cet axiome un peu limité et encombré pour tenter des aventures plus périlleuses. On voit notamment surgir depuis plusieurs mois des groupes ayant pour modèles les laboratoires anglais tels Warp, c'est à dire des adeptes d'une musique plus vouée à la recherche qu'à l'hédonisme, adoptant une démarche opaque non dénuée pourtant de poésie. On peut citer pour exemple l'album assez réussi de *gel : (-1)*, parisien solitaire très porté sur le mikado sonore et les trébuchements de sons coupants et arides. Encore plus radicaux, les Lillois de Dat politics (dernier album *Sous hit*) ont ouvert à coup de serpe électronique une brèche vers l'Est qui permet de jumeler leurs perspectives avec celles des électroniciens viennois, belges ou allemands, eux aussi friands de cette rigueur martiale qui rappelle les riches heures du Krautrock, ce coup d'État sévère contre le rock embourgeoisé et bedonnant des années 70. Enfin, l'avenir des musiques électroniques semble reposer en partie sur un nom qui affole dangereusement les pronostics comme Daft Punk ou Air en leurs temps : M83. Ce duo originaire d'Antibes, responsable d'un prometteur premier album (*M 83*), ont l'avantage de se positionner à un carrefour stratégique, entre le radicalisme cité plus haut et des éléments moins hermétiques comme des samples de films et des passages de rock lunaires et climatiques.

Le rap est l'un des rares courants en net reflux depuis le début des années 2000 en France (contrairement au Dub, qui est lui en plein essor). Son économie se porte relativement bien (notamment son économie parallèle, sous la forme de piratage de CDs en vigueur dans les cités) mais le niveau artistique d'ensemble accuse une dangereuse perte de vitesse. La plupart des fougueux MC's d'hier sont devenus des rentiers à la solde du show-biz le plus rance, tandis que les générations suivantes ont du mal à imposer leur ton, les maisons de disques cherchant de plus en plus des « coups » faciles à téléporter directement sur les ondes FM plutôt que des artistes à faire mûrir patiemment. Pour quelques vraies réussites artistiques et commerciales récentes (Saïan Supa Crew, Disiz La Peste), ce sont surtout des fonctionnaires de la rime qui émergent et disparaissent aussitôt. Seuls dans cette grande foire aux dupes pointent quelques noms à suivre de près comme La Rumeur ou La Sanction (albums en gestation), mais point de nouveaux NTM, IAM ou Solaar à l'horizon. Cependant, une fois encore, les choses évoluent vite et un minot de Marseille ou un jeune hâbleur du 93 (ou encore un gugusse de Montauban) pourrait vite venir nous démentir.

Une chose est sûre, il fallait autrefois patienter dans l'antichambre du show-business pour un hypothétique droit d'entrée réservé au final à quelques élus, deux ou trois par génération pas plus. Désormais, chaque semaine ou presque amène son lot de noms et de sons nouveaux, la musique se pratique en France comme elle aurait du toujours se pratiquer : avec effervescence, passion, souplesse, exigence et (un peu d') opportunisme. Le mieux est de surveiller régulièrement la place accordée à la musique française chez les disquaires. D'année en année, elle s'élargit doucement, prend ses aises et ses quartiers, gagne un peu de terrain et d'espace. Un jour prochain, on la verra délicatement se fondre dans la musique du monde entier. Ce jour-là sera son plus beau jour de gloire.

Global Tekno/FG
www.radiofg.com

Henri Maurel
Président de Radio FG
Christophe Vix, Jean-Yves Leloup, Anaïd Demir
Global Tekno/FG

Faut-t-il interdire les *raves* ? oui ! La techno est-elle de la musique ? non !

État des lieux en France en février 1995. Depuis plus de 5 ans, les DJs explosent la nuit, les tribus se recomposent, l'underground fait le plein et Radio FG a chaviré à 150 bpm. Un petit matin de février, une escouade d'uniformes bleus débarque à la station et m'embarque au commissariat de Bobigny. Objet du délit : la jeunesse est en danger ! STOP. Arrêtez le délire, on se calme, on se pose et on regarde ce qui se passe. OK !

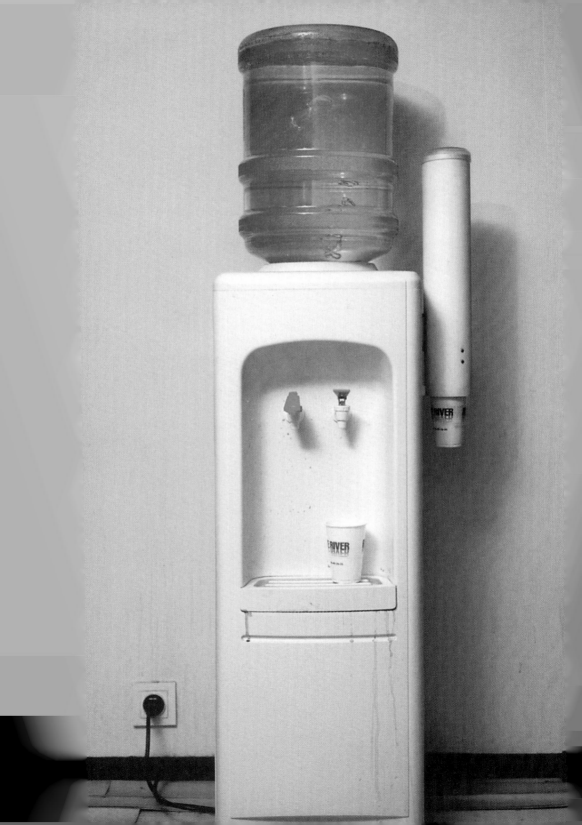

Ça s'appellera Global Tekno (avec un «K», le concept a fait florès depuis…), ça sera une rencontre pluridisciplinaire annuelle de tout ce qui se trame autour des nouvelles expressions nées de l'ordinateur. Les musiques électroniques et ce qui va avec : graphisme, photo, arts plastiques, déco et design, fringues et mode, Internet, bouffe, presse, packaging, conso. Une approche générationnelle : en apparence oui mais respect aux géniaux découvreurs (Pierre Henry). Une approche militante de DJs face aux incontournables ayatollahs de la culture officielle (Pierre Boulez), une plate-forme de développement d'artistes et de talents qui mordront à belles dents dans la mondialisation des échanges artistiques ET commerciaux (Daft Punk), les premiers balbutiements de la création en ligne et la démocratisation des signes (flyers), la contamination stylistique, des excès du fluo à l'épure minimaliste, la fusion globale enfin, autour de la fête, du manifeste de vivre au seuil d'un nouveau millénaire.

Une utopie adolescente certes, mais une quête humaniste sans cesse renouvelée. Voilà le résultat inattendu de la visite inopinée de quelques flics en tenue venu proposer un rodéo bruyant Paris/Bobigny. Voilà un *deal* réussi avec une grande dame (Marie-Claude Beaud) à l'écoute de la jeune création et qui offre immédiatement son American Center à Paris, tout juste livré par Franck Gerry. Voilà un développement méthodique pendant cinq ans, à Paris et en France, en osmose avec l'antenne de Radio FG qui s'en nourrit et diffuse chroniques, magazines, concerts live, expérimentations sonores pour finalement se poser dans une Biosphère numérique totalement scotchée en Avignon au prétexte de l'an 2000. Voilà Global Tekno, une aventure humaine, portée par quelques passionnés qui, à l'instar du petit Poucet, balisent leur chemin dans la forêt des méchants. Global Tekno est une initiation populaire,

aussi bien à sa place au Palais Calm Gallas de Vienne que sur la toile (www.global-tekno.com), dans un club de banlieue ou sur un char à la Technoparade, avec une suite désormais, numérique et expérimentale, autour de la création éphémère. Global Tekno par *FG*, une petite aventure et une grande joie, recommandé tant pour les petits que pour les grands.

Henri Maurel, président de radio *FG*

La French Touch se touche

La scène électronique française tombe dans le domaine public sans pour autant réussir aussi bien que le rock et le hip-hop comme musique populaire, mais elle est plus créative et novatrice. Il n'y a pas de chanson techno que les gamins chantonnent dans la rue, comme en rap et pop. Alors comment présenter cette scène musicale ? Premièrement une French Touch offerte par la critique anglaise qui devient un genre pompier. Deuxièmement, on peut aborder le poids de la langue française et de l'exportation des artistes et productions frenchies vers l'étranger. Troisièmement, il est assez intéressant d'identifier les tribus électroniques et les cloisonnements. Après, ce n'est que supputations !

C'est dans un magazine anglais que le mot «french touch» est né, peut-être en souvenir du «french kiss» et du tube house de Lil'Louis. En 1995, date de la parution du terme précité, la France constituait un trou noir techno sur la carte internationale de la dance. Ne restaient que quelques souvenirs disco poussiéreux, les Jacques Morali, Henri Bélolo avec Village People, Patrick Juvet, Jean-Michel Jarre, Cerrone aux premiers chefs. Donc pas grand chose. Ce furent pourtant les célèbres Laurent Garnier et Éric Morand de F Communications qui proposèrent le sous-titre

« we give a french touch to house » vers 1994. Cette fameuse « french touch » recouvre des artistes house tels que Daft Punk, Étienne de Crécy, Stardust, Cassius, mais pas Laurent Garnier ! C'est que le terme est l'arbre qui cache la forêt. Une scène électronique est apparue en France dès la fin des années 80 ; des labels indépendants ont existé tel Rave Age Records, des compilations de nouvelles productions ont été proposées, comme P.U.R., et des clubs (le Boy à Paris, le Pyramid à Nice, etc.) et de grosses raves (Mozinor, Cosmos Factory, Pyramide, Rave Atomique…). Il n'y a donc pas de fumée sans feu. La French Touch concerne une pelletée d'artistes dans un effet de style assez pailleté : le filtre. Le filtre est la modulation en haute et basse fréquence de la musique tout en ne modifiant pas la mélodie. Une école s'est fondée sur un effet de style, que les artistes de Chicago, grande influence des Daft Punk, avaient déjà utilisé bien avant. French Touch = gros échantillon disco, funk des années 70 ou 80 + filtre. La formule est aujourd'hui éculée mais fait encore les beaux jours de gens bien inspirés. En plus d'être une impasse créative, la French Touch tend à mettre tous les artistes français dans un moule que les plus intelligents ont fui comme la peste. Daft Punk et Étienne de Crécy (alias Superdiscount) vivent sur des lauriers. Le principal effet de cette recette musicale a été la vulgarisation de la house et la reconnaissance d'une culture électronique (une musique, un style de vie, des pratiques artistiques diverses). La Techno Parade en est une bonne illustration, le succès de Radio FG et d'autres médias spécialisés en sont d'autres.

L'étranger, la langue et le populaire

Deux phénomènes sont propres aux artistes français électroniques. Leur succès provient souvent de l'étranger. Une grande partie des jeunes écoute cette musique mais l'électronique reste un phénomène générationnel. L'anglais est récurrent dans les genres vocaux de la techno. En effet, on apparente beaucoup les musiques électroniques à la techno (le boum boum urbain), alors que le terme recouvre autant une musique à texte (dance, garage, électropop…) qu'une musique expérimentale et sans voix (electronica, ambient, hardcore…).

La techno et quelques genres dérivés se rapprochent parfois de la musique symphonique, c'est-à-dire d'une composition dont le message appartient à l'auditeur. La musique n'est pas l'expression d'un message ou une opinion claire, elle n'est pas non plus destinée à la danse, elle est musique ! L'art contemporain s'y intéresse également (environnement ou pièce sonore). Des artistes comme Richie Hawtin, Jeff Mills, Jean-Michel Jarre ou Radio Mentale s'y frottent. Alors, mélanger autant le garage que la techno, c'est comme comparer une drag queen à un cheval…

La place de l'export et l'idéologie mondialiste, phénomènes propres à la techno, proviennent peut-être du fait que les artistes n'ont pas le choix de courir le monde pour vivre et que cette techno est pacifiste. Cela a peut-être favorisé la découverte de nos stars à l'étranger. Ainsi les Daft Punk, The Micronauts, Dimitri From Paris, Erik Rug, Laurent Garnier ont été révélé autant par des Anglais, des Américains que des Japonais.

Quant au blocage de la langue, c'est plus simple. L'emploi du français priverait l'export aux artistes français. Imaginons Air faisant chanter Zazie au lieu de Beth Hirsch avec son psaume folk ! Est-ce que cela marcherait assez bien pour vendre près de deux millions d'exemplaires dans le monde, même aux États-Unis ? Inversement, l'emploi du français

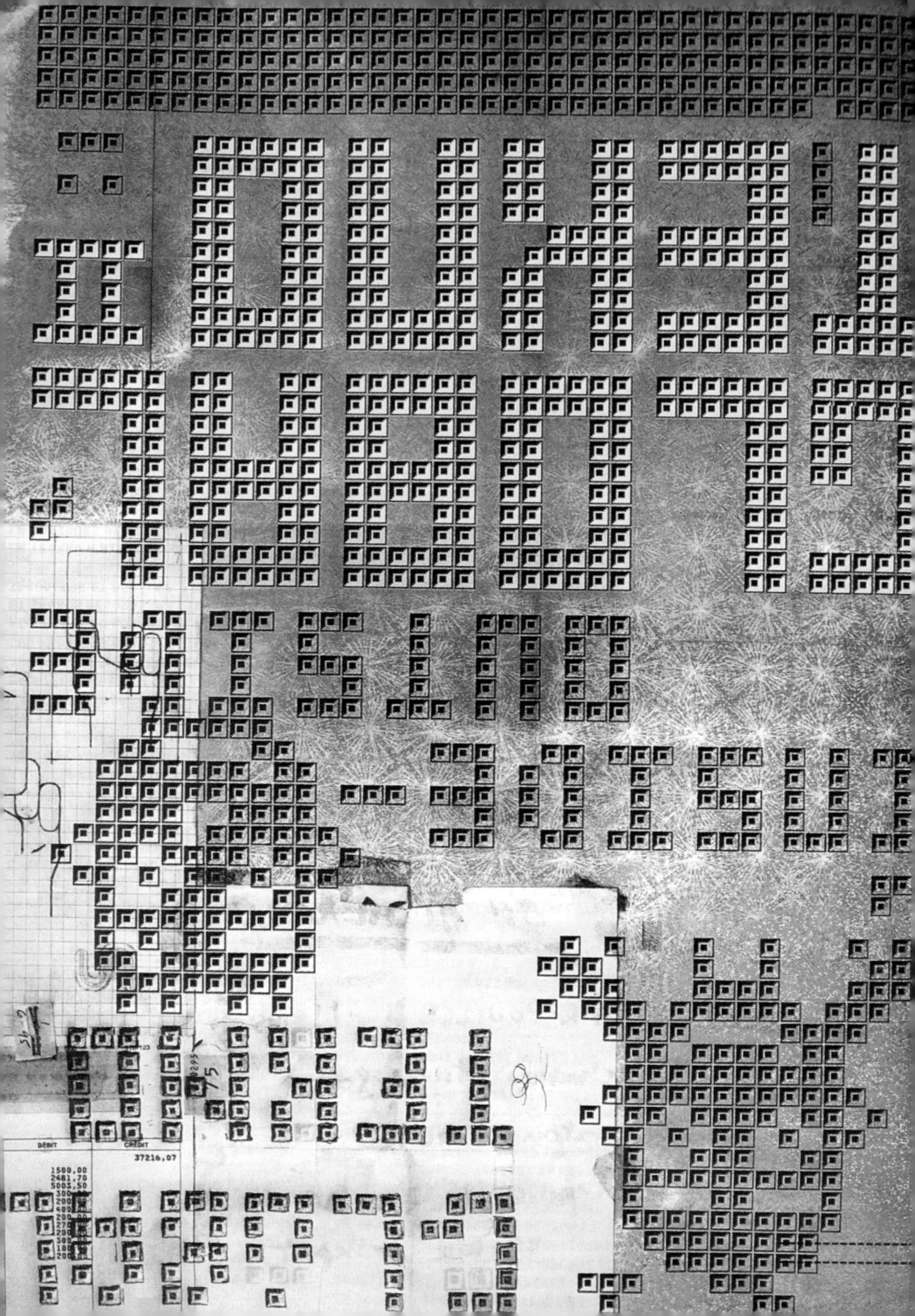
DEBIT
CREDIT
37216,07
1500,00
2481,70
5003,50

en France serait possible. Mais la mutation bloque. Les gens ne sont pas prêts à retrouver les troubadours d'antan. On peut penser au hip-hop qui est devenu la deuxième musique la plus populaire en France mais la fusion avec l'électronique commence à faire son chemin ici. Le garage et le 2step (version speedée et drum'n'bass du garage US) commencent à peine à se faire savoir.

Les tribus et leurs contraires

Comment présenter la scène électronique française sans parler des tribus ? Les *frenchies* électros ne se distinguent guère de leurs congénères européens. Toutes les tribus existent sur le territoire national même si elles manquent de lieu d'expression. Le hardcore est souvent la musique techno par laquelle le plus grand nombre de gens découvrent les musiques électroniques. Les *free parties*, avant les *raves*, sont le lieu de découverte du *dance-floor*. Le hardcore ressemble à ce que les « gens » entendent par techno : de la musique bruyante, du bruit, le martèlement industriel qui rappelle l'ère industrielle. C'est aussi une musique trépidante et exutoire.

Il y a beaucoup de choses à dire sur le hardcore, genre techno apparu sur les cendres de l'indus et du punk avec Lenny Dee (Industrial Strenght), PCP en Allemagne, les Spiral Tribe en Angleterre, etc. En France, les principaux représentants sont Liza N'Eliaz (décédée précocement en 2000 des suites d'un cancer), Manu le Malin et Laurent Hô. Quoi qu'il en soit, les *frees parties* font leur chou gras du hardcore, renouvelant par la même occasion la scène et marquant au fer rouge une toute nouvelle génération de technoïdes fêtards-hagards. Cette musique a au final généré un ensemble de signes et de codes de reconnaissance relativement stricts, à savoir des vêtements militaires associés à des basiques de

street-wear. Les « teufeurs » sont aussi « dress-codés » que les pouffes du samedi soir !

La techno est le genre obligé. C'est le genre musical présenté par les médias lorsqu'ils parlent de la scène électronique. Quand on dit techno, il faut entendre une musique instrumentale, abstraite, dansante, frôlant parfois le jazz dans son écriture (Derrick May et Carl Craig à Detroit) et provenant d'une tripotée de pionniers américains de Detroit et de Chicago, les « pères » de la musique électronique à proprement parler. Juan Atkins, avec Cibotron dès 1983, Derrick May avec Rhythm Is Rhythm, Kevin Sanderson, Carl Craig, Jeff Mills, Lil'Louis, Robert Armani, Steve Poindexter, Blake Baxter (aujourd'hui installé à Berlin), Mad Mike du collectif Underground Resistance, etc., constituent une clique mémorable que les technoïdes écoutent encore, même s'il faut un peu de culture pour les approcher et de bouteille pour les apprécier.

C'est aussi la musique du « père » de la techno française qui est dans la droite ligne des artistes noirs nord-américains que les médias affectionnent, l'inévitable Laurent Garnier. La techno existe toujours, elle reste encore une musique produite par de jeunes musiciens, même si les expériences de fusion la poussent parfois vers d'autres horizons, la techno fait danser et rêver. Les nouvelles têtes sont The Youngster, John Thomas (qui travaille avec Robert Hood), et Kobayashi Records.

Venu des confins du rock progressif et des expériences des années 70 sur les synthétiseurs, agrémenté parfois de chamanisme et d'esprit hippie, la trance produit encore pas mal de fêtes autant chez nous qu'en Inde. C'est en Angleterre et en Allemagne que tout a commencé. Peu d'artistes français sont hyper connus, à part Thierry XDR ou Total Eclipse, mais la trance intéresse jeunes babas et déçus du rock, comme Patrick Rognant qui est une des figures tutélaires de la trance en France.

Les amateurs de house sont peu nombreux, alors que la musique a contaminé charts et oreilles du grand public. La house a été la première forme de la techno en 1986 et n'a pas été acceptée par les autres amateurs de musique avant le milieu des années 90. Cela ne veut pas dire qu'il existait une lutte entre les « pour » et les « antis ». C'était le mépris. La pierre angulaire est le travail des Daft Punk pour s'imposer comme des enfants de la pop et les pères de la house. Il y a derrière eux une légion d'artistes, d'organisateurs de fêtes, de médias et d'individus. Comme dans les autres tribus électros. Dimitri From Paris, Bob Sinclar, Gilb'r, DJ Grégory, Julien Jabre, Patrick Vidal, Erik Rug, etc., sont quelques noms à retenir. La house concerne aussi la deep, le garage, le 2step, et les traits distincts des « house music lovers » sont très vagues. Disons que c'est urbain, 15/30 ans, bigarré… Pas très original en somme. Reste la face expérimentale, pop, voire jungle de la planète électronique française. On peut se gargariser des ritournelles de Björk, des *beats* d'Aphex Twin, des *scratches* de DJ Food et de la fougue de Goldie, mais on ne peut guère se rouler par terre sur de telles productions de chez nous. Cela va venir. M83, Anne Laplantine, The Micronauts, Bosco, Bertrand Burgalat et Air y travaillent. Vu l'attrait de l'image et du style, la starisation, de nouvelles figures vont émerger. La pop et ses dérivés utilisent la voix, comme le hip-hop en France.

La France en 2001 est un réservoir de tubes pour le monde. Daft Punk, Air, Stardust et Modjo l'ont déjà prouvé, d'autres le referont encore. Aujourd'hui en France, il y a des DJs partout, même chez les coiffeurs! Mais l'emploi de DJ appartient encore plus

à de la décoration qu'à une véritable démarche d'identité musicale. Les clubs fleurissent difficilement sur le territoire Français, les festivals électroniques se comptent sur les doigts de la main. Les grands maux de telles entreprises s'appellent lourdeur administrative (pas de vraie législation sur les lieux de la nuit), difficulté commerciale et manque de public. Les Français ne bougent pas assez leurs fesses! Les *free parties* sont devenues la nouvelle frontière du citoyen contestataire. Elles attirent 25 000 personnes dans la campagne lors des teknivals et ne poussent guère à l'exercice du commerce… Ce n'est pas une critique mais un constat. La « teuf » est libertaire, le club reste une pratique jugée conformiste, bourgeoise alors qu'il en est autrement dans bien d'autres pays. Au même moment, la techno est pourtant une des bande-sons du quotidien de millions de gens à travers la publicité grand-public et les radios. Au niveau médiatique, économique et artistique, les musiques électroniques sont installées, sans pour autant apporter des valeurs novatrices ou révolutionnaires.

Que trouve-t-on dans le style de vie « techno »? Les DJs, les *raves*, les *free parties*, les clubs, les *before*, la fête, la sociabilité, l'utilisation de l'électronique, la sensualité, la fraternité enfin l'insouciance sont peut-être les fondements de cette musique et de cette culture. Les musiques électroniques incarnent plus une musique populaire et actuelle qui garde une part d'expérimentation en lien avec d'autres pratiques artistiques. Les musiques électroniques restent une musique populaire de danse produite au moyen de l'ordinateur avec des sons et parfois des échantillons réalisés en home-studio. Leur avenir en France sera constitué de futures fusions et de surprises. Beaucoup de gens n'aiment pas les surprises.

Christophe Vix (discographie page 190)

NÉBULEUSE NUMÉRIQUE

La techno peut être aujourd'hui considérée comme le laboratoire idéal et avant-gardiste des mutations culturelles à venir. Elle semble même annoncer l'avènement d'une véritable culture digitale. Lorsque l'on parle ici de techno, c'est pour désigner toute une nébuleuse, une galaxie même, de pratiques diverses, aux esthétiques parfois divergentes, empruntant autant à l'univers des musiques afro-américaines, qu'à celui des avant-gardes du début du siècle ou encore de la culture pop de ces vingt dernières années. Un flux ininterrompu de courants et de contre-courants donc, qu'il serait bien hâtif de labelliser sous le sceau d'une unique vague musicale. Un univers bouillonnant et créatif, où le spectacle le dispute à la performance, le festif à l'expérimentation. Faut-il pour autant parler d'une culture, ou d'une contre-culture techno ? Ce qui se joue actuellement dans la galaxie des musiques techno n'est qu'un symptôme de signes esthétiques avant-coureurs qui ne tarderont pas à envahir l'ensemble de notre culture, si ce n'est pas déjà fait. Le symptôme d'un culture digitale, si l'on veut lui trouver un nom. En effet, vu l'effervescence artistique actuelle, la rapidité d'action des musiciens, la démocratisation des machines, l'accélération des échanges et des flux entre les chapelles, les métropoles et les capitales, la techno est le terrain rêvé pour observer les mutations esthétiques en cours. Première d'entre elles, le mix et l'échantillonnage. À l'aide d'une simple paire de platines et d'une table de mixage, un DJ est capable de faire fusionner les extrêmes, de marier l'orient et l'occident, l'ancestral et le futuriste, avec une aisance déconcertante. Il crée même à l'aide d'œuvres préexistantes une méta œuvre globale et fusionnelle, où se court-circuitent et se fondent en un même ensemble une multitude de sons glanés ici et là. De même le musicien à l'aide de son *sampler* ou de son ordinateur branché sur le réseau, peut avoir accès à tous les sons. Libre à lui par la suite de les

synthétiser et de les recycler, la frontière entre le génie et le plagiat étant parfois très mince. Artistes, musiciens et DJs participent ainsi d'un vaste réseau d'échanges, de recyclages et de réappropriations. Chaque œuvre peut être considérée comme inachevée, libre de droit, offerte à tous les piratages et à tous les détournements. La techno et ses dérivés constituent aujourd'hui une vaste entreprise de *work-in-progress* où l'artiste relâche son emprise au profit de la communauté. On comprend alors que beaucoup pratiquent l'anonymat préférant les pseudonymes ou les dénominations de projets, à la mise en avant de leur identité. La techno ayant d'ailleurs connu son essor en tant que musique instrumentale, on comprend pourquoi l'égotisme de l'auteur est une figure désormais éculée. Mise en retrait de l'artiste, esthétique du réseau et de la participation, recyclage des éléments, ces données propres à la techno ont souvent été expérimentées par les avant-gardes mêmes. Du côté des arts plastiques, ce que l'on nomme l'« Esthétique relationnelle » n'en est guère éloigné, les plasticiens actuels ont en effet inventé une autre forme de sociabilité, que cela soit dans leur fonctionnement en réseau, mais aussi dans la manière de présenter leurs œuvres. Avec la mise en retrait de l'artiste, le refus des DJs de figurer sur scène ou de jouer à la pop star (et même s'il existe des contre-exemples), et l'utopie fédératrice et égalitaire des *raves* et des *free parties*, la nouvelle génération cherche d'autres modes de consommation de sa propre culture. Le mot est d'ailleurs mal choisi, puisque l'on ambitionne plutôt la participation active que la simple consommation. La participation, mais aussi l'immersion dans un univers lumineux, sonore et éphémère, celui de la transe, de la fête, de l'union et du mix. L'immersion dans un univers de sensations partagées et d'expériences ludiques, psychédéliques ou sensorielles.

Jean-Yves Leloup

Saas Fee
Cocooning digital

Réunissant des musiciens, des programmateurs et des plasticiens proches de l'univers des musiques électroniques, les Saas Fee [1] conçoivent d'imposants environnements interactifs de sons et de lumières, à la fois accueillants et ludiques. Ils sont notamment les auteurs de La Biosphère (The Electronic Dreamplant) présentée à l'exposition Global Tekno 2000 en Avignon.

Votre travail insiste particulièrement sur la relation entre son, image 3D et projections. Y a-t-il un lien naturel entre ces formes d'art ?

Qu'il y ait dans nos expositions un lien entre image, projections et musique électronique, n'est pas un hasard. Certains d'entre nous travaillent depuis le début des années 90 à l'aide de médias électroniques et expérimentent de nouvelles esthétiques virtuelles. L'étape, qui nous a permis de combiner son et images générées par ordinateur, était donc pour nous logique.

Après, se pose la question de savoir, comment montrer ce travail, comment peut-on réussir à construire une atmosphère, un ensemble. On essaye, en fait, de montrer que l'ordinateur, souvent perçu comme un simple outil de travail, comme faisant partie de l'univers de la bureautique, peut être aussi perçu comme un outil de création.

La technique est, pour nous, un moyen d'exposer l'esthétique, et non pas de la célébrer. Elle doit, par ailleurs, disparaître pour ouvrir l'espace au visiteur de l'exposition.

Avez-vous un lien avec le mouvement techno ?

Nous travaillons, depuis des années, avec des musiciens évoluant dans le domaine des musiques électroniques. Notre collaboration avec Pink Elln remonte par exemple à 1992. Mais je ne suis pas si sûre que nous puissions nous intégrer dans ce que l'on nomme aujourd'hui « la techno ». Sans doute faut-il en donner une définition plus claire, afin qu'il n'y ait aucun malentendu. Pour nous, la techno n'est plus qu'un reliquat des années 90. Cela ne correspond plus à une musique véritablement novatrice ou expérimentale. Les artistes novateurs de l'époque, qui ont largement initié le mouvement, se dirigent aujourd'hui vers d'autres domaines, d'autres univers, et ont totalement abandonné la revendication de l'appellation « techno ». En Allemagne, « la techno » ne désigne plus qu'une simple catégorie du marketing, quelque chose de très populaire et grand public.

La musique à laquelle nous nous identifions est tout simplement électronique.

Parlez-nous de la Biosphère telle que vous l'avez imaginée pour l'expo Global Tekno 2000.

Le projet s'est construit de manière très progressive. L'évidence, dans ce genre de projet, c'est qu'il faut réussir une parfaite symbiose avec le lieu d'exposition. Le Transfo, la nef où nous avons travaillé en Avignon est un immense bâtiment. Nous nous sommes tout de suite posé la question de savoir comment notre art pouvait s'y intégrer et y être « validé ». Nous devions parvenir à créer une atmosphère très spécifique, au sein d'une architecture industrielle. Une atmosphère qui devait parfaitement s'inscrire, et même soutenir, cette architecture. Il a donc fallu composer, avec les murs, les parois, les dimensions, la structure entière du bâtiment. Le défi était notamment d'épurer son espace, de créer un lieu communicatif, accueillant, où le visiteur puisse s'étonner, s'émerveiller mais également être actif. Un lieu, où l'on se sente bien et qui puisse aiguiser la curiosité du spectateur. À l'entrée, le bar et les fauteuils, servaient d'introduction. L'ensemble était illuminé par trois bulles de lumière conçues par Jörg Obenauer, qui accueillaient le visiteur de manière très

Discographie spéculative par Christophe Vix

Sélection de travaux d'artistes représentant l'actualité des musiques électroniques françaises :
Collection 1+2 (F Com) avec Laurent Garnier, St-Germain, Shazz, Llorca, Ready Made, Aqua ; Bassino,
etc. 1992-1999 ; Mini-album The Micronauts (Science/Virgin) « Baby wants to bleep » 2000 ; Albums Daft
Punk « Homeworks » + « Discovery » 1995-2000 ; Superdiscount alias Étienne de Crécy ; (Solid) : compilation
1997 ; Versatile Family Album (Versatile Records) : compilation 2000 ; Album Air « Moon Safari » (Record
Maker/Source) 1998 ; Album The Hacker & Miss Kiitin « The First Album » 2001 ; Album A Reminescent
Drive « Ambrosia » (F Com.) 1998 ; Album Sutra (Patrick Vidal + Thomas Bourdeau) ; « Suicide » (Other
Records) 1998 ; Album Mirwais « Production » (Naïve) 2000 ; Compilation Cerrone by Bob Sinclar (Barclay)
2001 ; Album Zend Avesta « Organique » Barclay 2000 ; Compilation « Biomechanic » de Manu le Malin (Pias)
1999 ; M83 « M83 » (Goom/Chronowax) 2001

chaleureuse. La lumière joue d'ailleurs un rôle primordial dans cette installation. Dans la deuxième partie de la Biosphère, nous avions suspendu au plafond toute une série d'objets lumineux, sortes de sculptures proches de la forme d'un abat-jour et de très grandes dimensions, qui conféraient au lieu une atmosphère particulière, une sorte d'état serein. L'un des défis principaux, avec ce genre de pièce, c'est la première impression du spectateur, dès ses premiers pas à l'intérieur de l'installation. Dès son entrée, il va rapidement juger l'ensemble, appréhender les différentes notions de couleur, de proportion, de volume. Il faut donc qu'il puisse tout de suite se faire une première idée, apprécier l'atmosphère et l'ensemble.

Vous produisez des CDs, des CD Rom, des cartes postales, des tee-shirts… Chez vous, le *merchandising* est-il aussi une forme d'art ?
La magie des produits du *merchandising* réside dans leur apparence parfaite et dans le fait qu'ils soient accessibles à tous et produits par tous. Mais, chez nous, ce n'est pas vraiment une démarche commerciale. Il faut voir ces objets comme une extension de nos œuvres qui concourent à une certaine interactivité avec le public. Les produits de Saas Fee peuvent être conçus comme de simples souvenirs, ramenés chez soi après un long voyage. La beauté d'un tel objet ne réside pas dans sa valeur matérielle, mais dans l'idée de prolongement de l'exposition.

Vous sentez-vous proche de la notion de *chill-out*, telle qu'elle a été conçue dans les espaces technos ?
Le *chill-out* est un concept qui a, bien sûr, été pensé par le mouvement techno et qui a largement contribué à le faire connaître. Mais c'est sans doute une notion trop connotée, trop lourde, pour pouvoir s'adapter à nos pièces, bien qu'il y ait des liens apparents et superficiels. Les visiteurs de la Biosphère s'assoient sur des poufs très confortables, observent des images et se laissent bercer par la musique. On pousse le spectateur à une certaine activité de découverte, de délassement, il peut s'allonger, arpenter différentes zones, apprécier la moquette, la lumière. Ils sont donc loin d'êtres passifs. Notre offre permet à chacun de retrouver une certaine intimité au sein d'une atmosphère ouverte, de recréer un espace privé au sein d'un espace public. Si l'on parvient à ce but, alors on peut dire que nous aurons réussi notre pièce.

Propos recueillis par Anaïd Demir

[1] Alex Opperman : modélisation en 3D, animations, programmations, graphisme, conceptions, site web, etc. Axel Rossler : spécialisé dans le domaine de l'animation, l'Internet et musicien à ses heures perdues. Al Dhanab : programmateur et membre du collectif Stardax. Moni Friebe : modélisation en 3D, animations, conception, graphisme et communication. Superpop (Valentin Beinroth et Malte Tinnus) : musiciens. www.saasfee.de

Portraits de créateurs

mise en perspective

des pratiques et attitudes

Portraits d'architectes

Anne Lacaton et Jean-Philippe Vassal, agence Périphériques, Marc Barani

Annette Nève

A travaillé pour Arc en rêve, centre d'architecture à Bordeaux, collabore à parpaings

La scène architecturale française est actuellement extrêmement active, ses architectes expérimentent des alternatives surprenantes dans leurs mises en œuvre des matériaux et leurs innovations conceptuelles.

L'histoire raconte que le travail de Anne Lacaton et Jean-Philippe Vassal commence avec une paillote, une maison sur une dune avec une vue magnifique, à Niamey, en 1984. Aujourd'hui, une dizaine de réalisations et autant de concours – le rêve et la réalité étant ici quasi indissociables – forment l'œuvre et la renommée internationale des deux architectes. Leurs projets créent des situations exceptionnelles en architecture, et les maisons du Sud-ouest en particulier peuvent en témoigner. Maison de banlieue, maison de bord de mer, maison de campagne, elles proposent de nouvelles façons d'habiter, de vivre. Maisons ordinaires ou maisons extraordinaires ?

La démarche est expérimentale. Pas de référence, pas de modèle, pas de solution toute faite. Un contexte, un usage, un coût. « Une certaine rage à organiser, caler, calculer, compresser, coter, recommencer, lire et relire le programme, économiser, simplifier. Et puis, moment magique où les images reviennent… » Et c'est peut-être toute l'alchimie de ces architectures. Une grande rationalité, et puis une légèreté, une poésie de la situation, unique, qui fait sens. Un étonnant croisement de modernité, de technicité, d'authenticité, d'invention et de liberté. « Travailler avec une certaine légèreté, c'est faire de l'architecture avec presque rien et procurer des conditions de spatialité et de vie maximales. C'est utiliser ce qui existe et l'adapter. » Les architectes exploitent les techniques modernes pour développer des structures, des peaux, des enveloppes qui permettent de construire de grands espaces, des maisons « luxueuses ».

1993 est l'année repère de la réalisation de la maison Latapie à Floirac. Une maison en périphérie de Bordeaux, pour une famille, avec un petit budget. De ce programme courant d'architecture est né un volume simple sur base carrée avec une structure en charpente métallique. La moitié, côté rue, est recouverte d'une peau opaque, en fibro-ciment, et l'autre moitié, côté jardin, d'une peau translucide. Elles s'ouvrent et se ferment à volonté. À l'intérieur l'efficacité de l'organisation dans la combinaison d'une boîte de logement en bois, et d'un espace non isolé et libre d'occupation, la serre, offre 200 m² d'habitation modulable.

Loin de tout modèle stéréotypé, cette maison économique suggère l'auto-construction : hangar, « cabanon », dans une esthétique libre de toute tradition d'apparence et de représentation. Une grande ossature simple, des matériaux empruntés à l'industrie et aux constructions agricoles, des façades qui jouent avec la transparence. Elle révèle une grande habileté à mettre la technologie au service du projet, sans prétention, à inventer avec le nécessaire, le suffisant, dans l'économie de moyens, à faire du sur mesure avec du standard. Mais cette ingéniosité dans la simplicité sous-entend aussi un grand travail de mise au point, de mise en œuvre sur le chantier avec les entreprises.

Le même principe, plus archétypal dans la maison de Saint-Pardoux, en Dordogne (1997), devient l'année suivante véritablement contextuel dans la maison du Cap-Ferret. Précisément implantée et construite de l'intérieur, la maison est toute vouée à son site. Son terrain, exceptionnel et préservé – grands pins de 30 mètres de hauteur, dune vallonnée vers le bassin – est laissé intact. L'acte est de le rendre habitable. Perchée sur pilotis à 4 mètres au-dessus de la dune, au niveau de la meilleure vue, laissant la lumière du bassin se refléter sur sa sous-face, la maison s'est glissée dans le paysage. Telle une grande boîte à visionner, en tôle d'aluminium et polycarbonate, cette cabane traversée par les arbres est un rêve et une évidence à la fois.

Deux ans plus tard, à Coutras, en Gironde, deux serres construites à partir de simples éléments de série destinés aux exploitations horticoles, dressées en pleins champs, constituent l'enveloppe des 300 m² d'une nouvelle maison. Le projet transforme un élément standard, très peu cher, en une maison. Comme à Bordeaux, l'enveloppe globale fonctionne avec le climat. Ventilation naturelle, boîte, systèmes coulissants, complètent le dispositif. Ces maisons dont on oublie les fondations, mobiles et nomades, sont extraordinaires.

Une poétique du lieu qu'ils réinventent à chaque fois, dans chaque projet, appelés parfois loin de leur région pour construire dans des contextes forts, naturels, urbains ou historiques. Grenoble, l'exotisme des bougainvilliers et des bambous des serres de la Faculté arts et sciences humaines (1995-2000) ; Saintes, le Musée archéologique (1995) ; Floirac, de grands plateaux de logements ouverts (en cours) ; Lugano, un hôtel palace qui ne s'est pas construit (1999) ; Morsiglia à la pointe du cap Corse, une villa (2001) ; Vienne, un ciel d'Orient pour le café de l'Architektur Zentrum (2000) ; Paris, la rénovation du Palais de Tokyo pour un Centre de création contemporaine (2001).

Si les maisons d'architectes contribuent à alimenter nos rêves pour la maison individuelle, et qu'elles peuvent aussi être économiques, pourquoi ne feraient-elles pas l'objet d'un catalogue comme les pavillons de constructeurs ? L'association Périphériques l'a fait.

Ce groupe, créé en 1996 par trois agences d'architectes, et animé depuis 1998 par David Trottin & Emmanuelle Marin-Trottin et Louis Paillard & Anne-Françoise Jumeau, est un centre de production. Avec une énergie démultipliée, ils construisent, médiatisent, organisent, critiquent, proposent. À moins de quarante ans, ils sont devenus les figures emblématiques d'une nouvelle génération d'architectes. Leur volonté affichée est de promouvoir l'architecture au-delà des habitudes du métier. Créateurs et médiateurs, ils bousculent la profession, en redéfinissant les notions d'auteur, de pratique et de méthode. Se saisissant de tous les moyens, et en véritable entreprise, ils multiplient les champs d'intervention, d'émulation : concours, réalisations, événements, expositions, publications, rencontres. Acteurs engagés et stratèges, ils prônent la communication pour une plus grande lisibilité du travail de l'architecte auprès du public.

C'est avec la construction d'habitations (maison à Franconville, cinq logements sociaux à Montreuil) que les deux agences engagent leur réflexion sur l'échelle du logement et l'échelle de la ville (la parcelle, le lotissement) au milieu des années 90. La difficulté de la conjoncture les pousse à se positionner dans le débat et à mettre en place des plate-formes de dialogue pour une génération d'architectes qui n'a pas accès à la commande. Réinvestir la commande privée est une de leurs préoccupations. L'appel d'idées « À la recherche de la maison modèle » lancé en 1996, l'exposition *36 modèles pour une maison* et son catalogue, initient un travail d'échange avec d'autres jeunes architectes européens.

L'écho médiatique est extraordinaire et la somme de réflexion produite stimule la recherche de partenaires en vue de la conception d'un quartier prototype. Bordeaux est aujourd'hui un site d'expérience pour la mise en chantier de maisons individuelles construites par de jeunes équipes d'architectes pour un promoteur de logements sociaux. Et à Rezé-les-Nantes, un quartier d'habitat de 18 hectares est en cours d'élaboration avec la construction de trente maisons issues de l'appel d'idées. Expérimentant

Agence Lacaton & Vassal, image de synthèse du projet pour le Centre de création contemporaine, Palais de Tokyo, 2002, Paris. © Agence Lacaton & Vassal

de nouveaux modes de production, les Périphériques travaillent en association pour participer à des concours. Questionner la fabrication du projet d'architecture à plusieurs est une façon d'interroger le statut de l'œuvre individuelle, de réfuter la prédétermination esthétique des bâtiments et la notion de style et d'être plus proche de la réalité urbaine.

Le Café-Musiques à Savigny-le-Temple réalisé en 1999, est un collage de trois bâtiments distincts, chacun confié à une équipe (Trottin-Marin-Trottin, Paillard-Jumeau, Jacob-MacFarlane). Le hall-billboard est une enseigne sur la ville, tandis que côté nature, le restaurant en béton joue le camouflage et la salle de concert en inox, le reflet. L'image de synthèse a opéré le collage. La forme est la traduction littérale des programmes, les textures dématérialisent les volumes, donnant une unité à l'ensemble. Bien en phase avec la société de leur temps, ils utilisent les outils informatiques (images de synthèse, modélisation par exemple) et leur vocabulaire comme outils conceptuels (sampler, mixer, couper-coller). L'hyper réalité de l'image de synthèse, jusque dans ses vibrations de lumière, ses ambiances, est aussi l'instrument d'une mise en œuvre détaillée, à l'origine d'une expression radicalisée. Les volumes construits traduisent précisément les images de synthèse où l'usager est toujours présent.

La bibliothèque de Macon, concours remporté en 1998 et dont les études sont actuellement en cours, est aussi un projet mené collectivement par les Périphériques. Le temps de réalisation du projet d'architecture étant long, ils investissent différents espaces-temps dans leurs activités afin de garder une capacité d'action et de réaction spontanée auprès du grand public, tout en continuant à développer en parallèle divers projets de scénographies, d'expositions et d'éditions.

La publication d'IN-EX, revue d'architecture annuelle thématique, dont le premier numéro « Extra-ordinary » paraît en 1999, est une nouvelle forme de production que Périphériques édite et diffuse en partenariat avec l'éditeur Birkhäuser. Revendiquant des goûts, des filiations, elle propose un regard subjectif sur l'architecture et l'environnement culturel. Visuelle, graphique et colorée, elle montre sous forme de séquences vidéo l'architecture dans ses prises de vues les plus réelles.

Traduisant le souhait de s'exporter et d'élargir leurs commandes, les Périphériques étendent aujourd'hui leurs projets et leurs recherches à l'échelle internationale : participation au concours pour le musée des Arts premiers, quai Branly à Paris, avec l'équipe MVRDV de Rotterdam, scénographies et expositions à Séoul et à Tokyo.

En France, à l'heure où le « Café Charbon » (appelé aussi « Nouveau Casino »), lieu dédié à la musique et à la nuit, ouvre ses portes et son décor numérique, dans le XIe arrondissement de Paris (Paillard + Jumeau), le chantier de la maison MR à Pompone (Marin + Trottin) prolonge les recherches menées sur la maison individuelle. D'autres projets sont en gestation : une nouvelle salle de spectacle à Pantin, l'aménagement d'un plateau de bureaux au Centre Georges Pompidou, un nouveau concept de boutique pour Habitat à Paris, In-Ex 2…

Et tout ce que ces agitateurs de la scène architecturale projettent d'inventer, dans leurs efforts constants à produire de nouveaux dispositifs, continuent à nous surprendre. Avec leur confrère Marc Barani, les Périphériques ont partagé virtuellement un site, le temps d'un concours à Mouans Sartoux. La confrontation de leurs architectures dans le réel n'a cependant pas eu lieu. Mais ce réel qui nous

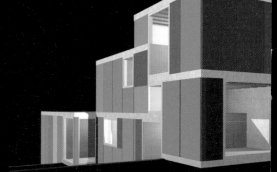

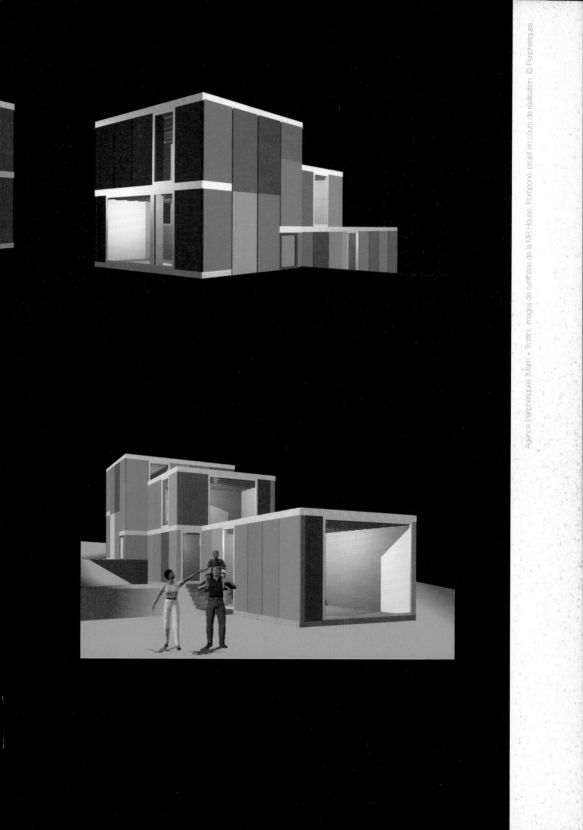

échappe et qui résiste, Marc Barani a décidé d'en faire son compagnon de jeu.

Roquebrune-Cap-Martin, creusé dans la terre face à la mer : le cimetière de Saint-Pancrace. « Capter, seule manière de s'extraire de l'instant pour exister, au-delà, dans le temps. » Cette dimension existentielle du temps est tout entière contenue dans l'œuvre de l'architecte et scénographe Marc Barani. Inextricablement lié à la notion d'espace, le temps est mis en jeu par la succession des sensations spatiales suscitées par le parcours. Le temps est aussi le fil de l'histoire. La « promenade architecturale » de Le Corbusier rappelle que son cabanon est tout proche ; il a été restauré par Marc Barani en 1994.

Revisiter de manière critique les archétypes de la modernité, lui a permis d'établir une nouvelle relation au paysage : « L'ordre ouvert qui accepte de renouveler les relations du corps et de la nature, réintroduit l'immaîtrisable au cœur du projet. » Il ne s'agit ni de se fondre dans la nature, ni d'affirmer une autonomie de l'architecture, mais de tisser des liens, de questionner, dans un rapport formel radical entre l'objet et ses abords, l'équilibre qui peut naître de la fusion et de la tension des contraires. En s'ancrant dans le paysage, ses forces naturelles, en faisant appel à la rigueur géométrique, au volume, au vide, à l'ouverture, et en faisant jouer la lumière, le contraste, le corps, le mouvement, les perceptions, son architecture est « accueil du vivant ».

« La faille en gommant tout élément d'échelle identifiable apparaît plus grande qu'elle n'est. C'est en gravissant les marches de l'escalier que le visiteur va en prendre la mesure. La largeur est celle d'un homme les bras tendus à l'horizontale… Cet horizon qui aspire le regard vers l'infini et qui est aussi dans un mouvement inverse l'origine du lieu, l'origine

de l'architecture du cimetière. » La côte méditerranéenne a ses sites préservés, ses lieux mythiques, qui inspirent l'œuvre de Marc Barani depuis une dizaine d'années. Il prend la mesure du lieu. Tout est construit à partir du point de vue avec une ligne d'horizon, tout se cale précisément à la hauteur de l'œil. Tout est cadrage. Sa démarche n'est jamais formelle. La masse omniprésente est là pour donner une profondeur, un jeu entre ce qui est vu et ce qui est perçu, une suspension, une illusion, pour suggérer une légèreté immatérielle.

Dans les ateliers pédagogiques de l'Espace de l'art concret à Mouans-Sartoux, achevés en 1996, le mouvement du corps se trouve en adéquation avec les volumes. Les formes géométriques « élémentaires », la proportion, notamment les tracés régulateurs basés sur des rectangles harmoniques, et les parcours favorisent l'éveil artistique et spatial des usagers. Éveiller, initier, interpeller, inviter à la découverte et à habiter le lieu, forment les qualités des architectures d'Alvaro Siza que Marc Barani aime à analyser et à citer en référence dans ses écrits.

Depuis le cimetière réalisé en 1992, référence inoubliable, les différents projets confirment les recherches initiées, avec continuité : projet de station d'épuration au Cap-Martin (1995), salle polyvalente de La Gaude (1996), atelier des éditions Grégoire Gardette (1996), cimetière paysager Darbousson à Valbonne (1999), villa Sherwood à Cannes (en cours), aménagement du Studio de création en arts numériques (SCAN) à la Villa Arson à Nice (en cours) et tramway de Nice (en cours). Passionné d'anthropologie et d'art, Marc Barani travaille toujours en équipe pluridisciplinaire. Associé à Brigitte Fryland, scénographe, il réunit dans ses projets designers, paysagistes, philosophes, artistes, afin que l'approche initiale du projet cherche ses distances. Une manière d'identifier

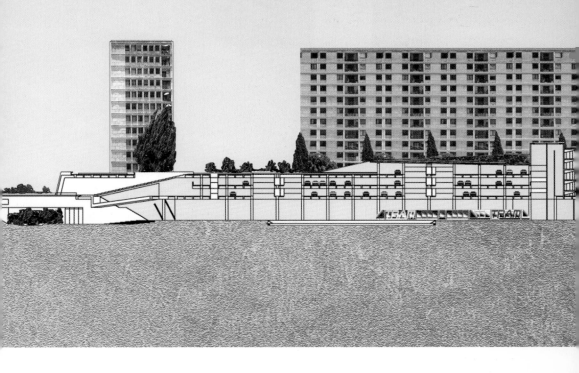

la vraie question posée par le projet. Le choix des programmes, leur relecture à travers le site, les règlements, et cette attention constante au rôle de l'architecte, à ce qu'on attend de lui, guident son travail.

Un travail nourri de temps de réflexion. Avec l'enseignement, Marc Barani évalue la continuité historique de la discipline, avec l'écriture, il réinterroge ses fondements. Sa famille de pensée artistique ? Celle « du réel dans sa complexité, son inertie, son mystère ». Aujourd'hui, Marc Barani explore de nouveaux territoires. Pour le tramway de Nice notamment, il développe la question du paysage à l'échelle urbaine. Articuler une suite d'objets, donner un sens à leur coexistence pour constituer un paysage, sont ici au centre d'un projet fort, une solution inédite qui,

au-delà de la complexité technique, fait du centre de maintenance et du parking de relais une véritable infrastructure urbaine, taillée dans le site avec la création d'une vue spectaculaire sur la ville. « Réfléchir au lieu, capter, et améliorer la vie des gens dans l'impact qu'il peut avoir sur la ville. » Mission réussie pour l'architecte.

Inventer, communiquer, bâtir sont trois modes de création contemporaine en architecture. Trois enjeux aussi. Combinant recherche et démarche expérimentale autour du mode de vie, pour ouvrir le champ sur le débat de société, et la mise en pratique de la confrontation, ces trois attitudes de notre temps liées à leurs modes de production sont interactives et complémentaires.

Portraits de designers

Radi Designers, Matali Crasset, Ronan et Erwan Bouroullec

Élisabeth Arkhipoff

Artiste, critique d'art et de design pour Nova magazine et Le Nouvel Observateur

Fondé en 1994 et élu « Créateurs de l'année 2000 » par le Salon du Meuble de Paris, le groupe Radi Designers se compose de Florence Doléac, Laurent Massaloux, Olivier Sidet et Robert Stadler, tous diplômés de l'ENSCI. Née en 1965, Matali Crasset sort diplômée de l'ENSCI en 1991. Après avoir collaboré avec Denis Santachiara à Milan, puis Philippe Starck pour lequel elle coordonne l'équipe Tim Thom chez Thomson Multimedia, elle fonde son propre atelier à Paris en 1998. Nés respectivement en 1971 et 1976 à Quimper, Ronan et Erwan Bouroullec ont choisi de travailler ensemble au sortir de l'école, ils ont reçu la Mention du Jury de la presse internationale au Salon du Meuble de Paris, 2000.

Outre des scénographies d'expositions et de salons, Radi a travaillé pour Thomson Multimedia sous la direction artistique de Philippe Starck, dessiné un verre pour Schweppes, une fontaine à boire pour la Ville de Paris... Toujours empreintes d'humour, leurs créations les plus radicales sont le porte-documents prothèse « Business-Class », le banc « Whippet Bench » au profil de chien, le tapis « Sleeping Cat » avec cheminée intégrée, ou encore le biscuit « éclaboussant « Coffee drop splash », à poser sur sa tasse à café. Radi « jongle avec les évidences de la vie quotidienne, les gestes et les typologies objets-produits-meubles-gadgets ». Une somme hybride résumée dans le nom même de Radi : Recherche, Autoproduction, Design Industriel.

Quelle est selon vous la pièce la plus représentative de votre travail ?
L'affiche de notre première exposition, à la galerie Emmanuel Perrotin. Ce poster est symbolique de notre façon de travailler dans la continuité et de chercher à aborder différents champs : où l'on ne peut pas isoler un projet des autres, un travail d'une démarche plus générale. Par exemple, le Whippet Bench ne peut pas exister sans le jeu pour chat Icosahedron. C'est l'ensemble qui compte.

Pouvez-vous donner une définition du design ?
Être designers, c'est travailler dans des situations différentes. Créer autant des objets édités en série limitée que des lignes industrielles. Dès le départ, nous avons revendiqué ce droit de travailler pour des domaines distincts, du luminaire à la scénographie, en passant par le mobilier et le design industriel.

Quel est l'état actuel de la profession ?
La difficulté que nous rencontrons le plus souvent c'est de ne pas avoir de « patte », comme peut avoir Starck. Aujourd'hui les gens tiennent à être rassurés

sur le style formel, mais avec nous ils ne savent pas à quoi s'attendre. Nous créons un peu la suprise, et cela peut effrayer, notamment les industriels. On ne correspond pas à la définition du *mass project*, parce qu'un objet qui a une trop grande charge dérangeante ou interrogatoire aura du mal à devenir un best-seller. Dans l'histoire du design, il y en a eu seulement quelques-uns, la Deux Chevaux par exemple, tellement différente des voitures qui existaient auparavant !
Il y a aussi des époques qui sont plus ou moins ouvertes à de nouvelles typologies de l'objet. Ce qui n'est pas le cas aujourd'hui ! Quand on va au Salon du Meuble de Milan par exemple, tout est d'un grand conformisme, très consensuel et homogène. Les formes et les finitions sont belles mais elles correspondent à des critères assez bourgeois. Auparavant, le minimalisme correspondait à une rationalité de production ; aujourd'hui on en a fait une tendance, un bon goût. Le public semble d'ailleurs exprimer une certaine lassitude face à cette situation, mais de là à ce que le marché change, c'est une longue et toute autre histoire.

Quels sont les nouveaux enjeux ?
Depuis les années 80, le design s'est démocratisé. La vitesse de roulement des objets s'est accélérée, leur médiatisation est de plus en plus importante... Cette avancée positive pour la profession a aussi un aspect pernitieux. Si aujourd'hui le design se met à ressembler à la mode, cela peut être intéressant en ce que ça permet de décloisonner les disciplines, mais il faut faire attention à cette cadence, car plus il y a de choses et plus on perd en qualité. Il y a un nombre invraisemblable d'objets qui ne sont pas intéressants, qui servent seulement à faire « rouler la machine ». Et quand on voit des dizaines de fois le même objet dans les magazines, en l'espace de quelques mois, il devient vite *has been*, il lasse.

220

Le jugement des gens sur le design nous semble similaire à celui qu'ils portent à la mode vêtement : ils prennent et jettent les créations avec une grande rapidité. Tout devient accessoire, et c'est nuisible à la profession, car on ne lui laisse plus assez de temps, de souffle. Les gens n'ont plus un regard très clair, mais au contraire complètement influencé par les codes, les valeurs marketing.

Il va forcément y avoir une rupture et ce sera tant mieux. Cela donne envie de faire une révolution, mais c'est difficile, car le problème du design est qu'il fonctionne dans le positif, qu'il est lié à la consommation. C'est sa limite, parce que faire un constat critique à travers un objet, censé être produit et vendu, c'est presque contradictoire : si on achète c'est pour se faire du bien. C'est le concept de Raymond Lowie (NDA : « La Laideur se vend mal ») et on en est resté encore là. Contrairement au designer, l'artiste peut produire de la laideur, créer une pièce qui va nous dégouter. En design, c'est très difficile de faire un objet qui dégoute ! Gaetano Pesce réussit cela, mais c'est une exception. Allez convaincre un industriel qu'un objet « dégoutant » de par son aspect formel vaut la peine d'être produit !

Cette notion du dégoût est très intéressante car elle renvoie à quelque chose de viscéral, profond, et surtout parce qu'elle semble inabsorbable par la société de consommation. La révolution qui pourrait avoir lieu servirait à déstabiliser cette époque du bon goût, c'est à dire à remettre en question ce qu'on a perçu jusqu'à aujourd'hui comme étant de bon goût et de mauvais goût.

Dans un cadre de production qui paraît standardisé, comment défendez-vous votre travail face aux formes et aux tendances que le marketing semble imposer ? Si nous ne sommes pas en posture de nous battre, nous n'avons pas pour autant envie de cautionner. Nous ferons toujours le dessin qui nous plaît, la proposition qui nous intéresse, tout en essayant de marier nos idées avec le cahier des charges. Mais c'est assez limité, car à la base lorsque nous travaillons nous ne pensons pas à la commercialisation de nos objets, on n'intègre pas la stratégie marketing qui cherche à cerner les besoins et les envies de chaque consommateur. Nous, on ne pense pas au marché, au client, au consommateur : on pense à l'Homme.

Matali Crasset conçoit des scénographies (salon Who's Next, Archilab 2001), dessine des objets et du mobilier pour Authentics (maison à oiseaux, plateau-repas pour chiens et chats) Domeau & Pérès (sofa-jeu de construction pour enfants, tapis « Tipi », fauteuil avec porte-revues intégré…). Couronnée du Quality Award et du Grand Prix de la Presse internationale en 1999, Matali Crasset dessine un monde coloré et ludique et invente de nouvelles typologies.

Quelle est selon vous la pièce la plus représentative de votre travail ?
C'est la colonne-lit d'appoint *Quand Jim monte à Paris* qui a été le véritable déclancheur de ma carrière. Elle correspond à mon désir de pousser les limites des objets qui nous entourent tout en faisant en sorte qu'ils restent accessibles. Le *Jim* invente une nouvelle typologie : il remet en cause la structure qui nous entoure, notre cadre de vie, que je trouve trop figé. J'ai l'impression que l'on vit dans des structures en retard de dix ans sur nos mentalités.

Pouvez-vous donner une définition du design ?
Les designers ont l'énorme avantage d'appartenir à une profession aux contours flous, et par conséquent assez libre. C'est à chacun de nous de définir ces contours. Si j'ai choisi ce métier, c'est parce qu'il

Matali Crasset, *Bird House*, éd. Authentics, 1999. © Matali Crasset

n'y a pas de savoir prédéfini, tout y est remis en cause et en constante évolution. Il faut une grande curiosité, être sur le qui-vive. C'est un état d'esprit qui correspond tout à fait à ma vision d'exercer un métier : faire corps avec lui, un peu comme un artiste, où vie professionnelle et vie privée s'entremêlent. Mes projets ont des échelles complètement différentes : du très technologique à l'artisanal, et c'est de cette confrontation que les projets se nourissent les uns et les autres.

Quel est l'état actuel de la profession ?

Dans les années 60, il y avait une transversalité qui se faisait dans la rencontre de groupes divers, les artistes cotoyaient les designers, etc. Maintenant, j'ai l'impresion que la transversalité se fait au quotidien, au sein même de l'exercice de notre profession. Il n'y a pas d'impossible, pas de limite, de nouveaux profils de designers commencent à se générer : ils se spécialisent dans des créneaux émergents, comme les designers sonores. À chacun de trouver par rapport à ses passions, à ses goûts, une espèce d'ancrage sur lequel il pourra développer ses compétences. Dans les années 80, les créateurs faisaient souvent des projets au design assez peu démocratique et, malheureusement, les gens semblent s'être arrêtés à ce stade. Il est difficile de leur expliquer que la situation a évolué, que tout ce qui nous entoure est « design », même s'il n'y a pas toujours un designer derrière l'objet. Notre génération a pris pour parti d'agir dans le système même : pas à côté, c'est-à-dire pas en détruisant ou en faisant des utopies. Même s'il nous arrive quelquefois de pousser un peu plus les revendications ou à faire des projets manifestes, on ne base pas notre pratique là-dessus, car elle consiste à être en relation avec le système, c'est-à-dire dans les entreprises, et à le faire avancer de l'intérieur. Nous faisons des micro-évolutions, nous procédons par

touches homéopathiques, mais c'est une implication quand même.

Quels sont les nouveaux enjeux ?

La remise en cause de la consommation même est un point essentiel : plus le consommateur sera mature, plus il pourra créer une culture de l'objet, en s'intéressant aux matériaux, à leur fabrication, etc., et plus notre travail sera valorisé et compris. On est sur le bon chemin : récemment encore, nous étions dans une période où il y avait une surenchère de produits. Il était compliqué de faire passer des messages, il n'y a avait pas d'enjeux dans la consommation. C'était l'idée de posséder toujours plus qui primait. Maintenant, les notions d'avoir et de paraître sont en train de changer complètement. Cela a été accéléré par le phénomène de la crise alimentaire : consommer un aliment, c'est quelque part pareil que consommer du mobilier. Même si, bien sûr, les implications ne sont pas les mêmes, c'est en tout cas le même processus. Maintenant on peut penser des projets qui parlent d'économie de matière, de domestication de la technologie, et on est compris. On était jusqu'à peu dans une espèce de fascination de la technologie : la nouveauté semblait tout justifier. Les gens adoptaient des objets aux modes de fonctionnements complètement abérrants. À l'époque où je travaillais chez Thomson, 72 % des gens ne savaient pas utiliser leur magnétoscope, pour autant ils ne remettaient pas en question leur achat.

Dans un cadre de production qui paraît standardisé, comment défendez-vous votre travail face aux formes et aux tendances que le marketing semble imposer ?

Je ne défends pas mon travail : ceux qui font l'effort de venir me chercher ont envie de travailler avec moi, ils savent quel type de proposition je suis susceptible de leur faire. Je n'ai pas de problème avec les

gens du marketing, car je pense que plus on a des savoirs-faire différents, plus on est intégré dans un *process* commun, et plus le projet a de chance d'être fort, d'aller plus loin. Je propose un projet ouvert dans lequel j'ai cherché à retraduire visuellement, à travers des objets, le cahier des charges. Dans ce domaine, la France souffre d'un retard culturel. Le rôle des designers consiste notamment à expliquer à quoi sert notre profession, quelle est la valeur ajoutée qu'on apporte à un projet, afin que cela devienne une habitude de travailler avec un designer.

Ronan Bouroullec est diplomé de l'École nationale supérieure des Arts décoratifs de Paris et Erwan Bouroullec de l'École nationale d'Arts de Cergy-Pontoise. En usant de formes simples qui jouent autour de l'idée de modulation, ils conçoivent des scénographies (Salon Métropole de Paris), des objets et du mobilier pour Habitat, Boffi, Sommer, Capellini ou littala ainsi que des aménagements intérieurs comme celui qu'ils sont signé pour Issey Miyake (Boutique A-POC, Paris). Leur travail a été couronné du Grand Prix du design de la Ville de Paris, du Best New Designer Award à l'ICFF de New-York, et de la Mention du Jury de la presse internationale au Salon du Meuble de Paris en 2000.

Quelle est selon vous la pièce la plus représentative de votre travail ?
Plusieurs pieces jalonent l'« histoire » de notre travail : les *Vases combinatoires*, un ensemble de huit pièces permettant de réaliser plusieurs milliers de combinaisons, synthétisent bien notre manière de considérer le design non pas comme apportant des solutions définitives, arrêtées, mais des solutions progressives, des objets qui évoluent en termes de formes et de fonctions. À l'opposé des vases, il y a le *Lit clos* qui correspond à une phase de notre travail située à la lisière de l'objet et de l'architecture.

C'est un travail sur la micro-architecture, une réflexion sur les modes de vie et le construit dans l'habitat. Plutôt que de construire des parois, est-ce qu'on ne pourrait pas générer des objets plus hybrides, entre la construction et le mobilier ?

Pouvez-vous donner une définition du design ?
Jusqu'à il y a quelques années encore, la profession était partagée en secteurs spécifiques : le mobilier, le design industriel… Aujourd'hui, elle dépasse le cadre d'une définition car le champ d'action du designer s'est élargi à des secteurs vraiment très divers. Par opposition aux arts plastiques, le design est une réflexion qui a lieu autour de contraintes, d'un cahier des charges. C'est un métier de dialogue qui fait appel à de nombreux paramètres (marketing, techniques, fonctionnels, commerciaux, sensibles, etc.), et qui se doit de réaliser une bonne alchimie entre les différents composants du projet.

Quel est l'état actuel de la profession ?
Ce qui caractérise notre demarche, comme d'ailleurs l'ensemble des designers de notre génération, c'est d'avoir des supports d'interventions très différents : des productions industrielles, des séries limitées, des scénographies…
Dans l'évolution de notre profession, on peut percevoir trois phases distinctes. Les années 80, pour notre génération, ont été une révélation : cette décennie a permis d'abolir la pensée moderniste qui avait structuré la façon de penser le design en termes de dogmes. Les années 80 ont fait exploser cela. Le travail de designers comme Sottsass ou Starck démontre qu'on est passé à une phase supérieure où la réussite d'un objet résulte d'une alchimie complexe : ce n'est pas seulement une problématique technique, fonctionnelle ou les avancées technologiques qui font qu'un projet est bon, c'est beaucoup plus complexe.

Erwan et Ronan Bouroullec, *Safe rest*, éd. Domeau & Pérès, 1999.
Drap de laine, mousse et fermerture éclair, coton et acier, 240 × 80 × 45 cm. © Morgane Le Gall/galerie Kreo

On a vu surgir, au cours de cette décennie des choses complètement hallucinantes, mais il y avait une volonté expressive tellement forte qu'on perdait un peu pied, qu'on a perdu le fondement du design qui est pour moi la fonction. Par réaction, les années 90 ont généré une opposition fonctionnaliste à cette épanouissement total. On est entré dans l'ère du minimalisme. Enfin, la décennie qui s'amorce sera à notre avis plus de l'ordre de la synthèse. En termes de supports d'intervention, les choses sont plus ouvertes : on fait confiance aux jeunes designers dans des domaines très différents, on a en mains des perspectives de travail plus importantes et riches. Starck a permis que le design soit mieux compris du grand public, l'image du designer a changé et les industries ont enfin intégré le fait que le design avait un intérêt pour elles.

Quels sont les nouveaux enjeux ?
Le design, c'est faire se rencontrer diverses problématiques et surtout faire en sorte qu'elles fonctionnent ensemble, de manière cohérente, au sein d'un même projet. Aujourd'hui, l'écologie est l'un des composants des projets. Mais nous ne sommes pas des fabricants, et notre rôle se limite juste à privilégier l'utilisation de certains matériaux. Comme le design progresse en même temps que les découvertes « sociales » liées aux changements de comportements, le designer intervient, lui, avec les mouvements de société, il est intégré à cette évolution, par conséquent il ne peut pas la précéder.

On fait parfois le reproche aux designers d'aujourd'hui de ne plus s'engager, comme pouvaient le faire certains groupes italiens des années 60 et 70. Mais le radicalisme aujourd'hui, ce n'est plus faire « table rase ». Faire exister des objets, c'est peut-être plus radical que proposer des solutions « théoriques ». Ce qui nous paraît intéressant dans cette décennie,

c'est que c'est peut-être l'une des premières fois où des designers d'origines très diverses, pas trop « formatés », peuvent avoir une influence sur l'économie réelle et non pas uniquement sur une économie de pièces uniques. En quelque sorte, le designer accède aujourd'hui au pouvoir : ses objets peuvent exister en grand nombre et modifier les comportements. Avoir réussi cela, c'est peut-être plus radical que le fait de crier haut et fort dans son coin. De notre côté, on intègre le système, mais c'est au centre de ce système qu'on dissémine nos idées. C'est peut-être moins glamour comme manière de faire mais c'est en fin de compte plus efficace.

Dans un cadre de production qui paraît standardisé, comment défendez-vous votre travail face aux formes et aux tendances que le marketing semble imposer ?
Le marketing, on connait son existence, on ne nie pas son pouvoir, mais en même temps il n'est pas du tout l'une de nos préoccupations, car nous nous reposons beaucoup sur le projet. Le marketing permet de construire un cahier des charges, mais son pouvoir ne va pas beaucoup plus loin. Quand on conçoit un projet, on essait d'y intégrer les dimensions qui nous ont été demandées à travers le cahier des charges, mais seulement quand elles nous paraissent intéressantes et justes. Quand elles ne le sont pas, on s'attache justement à le démonter à travers le projet.

À l'inverse, dans certains secteurs qui brassent énormément d'argent comme la grosse industrie par exemple, le marketing génère toute une économie interne. Il existe de très nombreux décisionnaires autour d'un même projet, et cela aboutit parfois à la cacophonie, à des revirements de situation permanents. Dans ce cas, qui est fort heureusement relativement rare, il nous arrive alors de refuser, voire d'interrompre un projet.

Portraits de plasticiens

Michel Blazy, Marie-Ange Guilleminot, Philippe Parreno

Annie Claustres

Historienne de l'art et critique, enseigne l'histoire de l'art du XXe siècle à la Sorbonne-Paris IV

Pour un art éphémère.

En rupture avec la conception platonicienne du Beau qui prône autonomie et pérennité de l'œuvre d'art,
l'art éphémère instaure une révolution dans le champ esthétique.

Les avant-gardes historiques au début du XXe siècle donnent l'impulsion première à un art éphémère ; une première vague se déroule après la Seconde Guerre mondiale jusqu'à la fin des années 70 – happenings, Fluxus, art corporel, Land Art… ou autant de mouvements s'inscrivant dans une temporalité linéaire ; puis, une seconde vague apparue à la fin des années 80 se déploie encore aujourd'hui à échelle internationale. Désintérêt pour la réalisation d'un objet clos sur lui-même, ouverture à d'autres modes de réception de l'œuvre d'art, approche de la temporalité sans que cela soit un manifeste en soi, défi aux structures muséales trop conventionnelles, ou autant d'attitudes spécifiques soustendant de nombreuses créations actuelles. Trois artistes seront ici évoqués, français, peu ou prou de la même génération [1], choisis non pas pour établir une quelconque spécificité nationale, mais pour leur spécificité et leur singularité respectives qui soulignent la diversité de l'art éphémère aujourd'hui.

Papier aluminium, spaghettis, galets de purée surgelés aux couleurs *trash* verte ou orange, croquettes pour chiens et chats, papier-toilettes rose et blanc, plantes de jardin, coton hydrophile… ou autant de matériaux ordinaires présents dans l'environnement quotidien de tout un chacun. Des rayons de la grande surface, nous les acheminons vers nos espaces d'habitation – cuisine, jardin, sanitaires – afin d'organiser au plus simple les basiques contingences relatives à notre vie de tous les jours. Assurer gain de temps, efficacité et satisfaction liée à nos besoins premiers, c'est la fonction que nous leur attribuons. Vouées à une existence banale, choses du presque rien, pourquoi leur accorderions-nous une autre attention que celle de la presque indifférence ?

Michel Blazy se dit sculpteur, en effet pour lui « sculpter, c'est être dans l'expérience du matériau » [2].

Observant ces matériaux du quotidien, une question se pose à lui dès la fin des années 80 : pourquoi ne seraient-ils pas porteurs de riches potentialités artistiques ? Il convient dans un premier temps de les déplacer des lieux du quotidien à l'atelier. Soumis ensuite à de multiples expérimentations, ceux-ci se trouvent déconditionnés de leur premier état, celui de leur adaptation aux systèmes économiques de la consommation courante. Matériaux organiques ou manufacturés, matériaux dérisoires et fragiles, ils deviennent alors le lieu de tous les possibles. Compte tenu de leurs qualités intrinsèques, ces matériaux engendrent toujours la disparition du premier état d'existence de toutes les œuvres conçues et réalisées par Blazy. Mais cette dimension éphémère n'est pas une fin en soi, enjeu esthétique en tant que tel. Il s'agit pour cet artiste de s'approcher du seuil-limite où un état d'existence peut basculer vers un autre état d'existence. Générer un contexte favorable, susciter des tensions limites, provoquer un changement : le temps doit pouvoir s'infiltrer dans une forme afin de la modeler de l'intérieur pour laisser advenir ses propres potentialités déployées dans l'espace. Arrive le moment où l'artiste peut se mettre en retrait pour observer ce qui le questionne : « comment les choses se passent sans nous ? »

Ainsi, en 1997, lors de son exposition au musée d'Art moderne de la Ville de Paris, Blazy transforme l'« Aquarium » en une vaste serre, microcosme où il détermine les conditions propices à un devenir imprévisible de formes végétales. Des rhizomes envahissent l'espace, des insectes, venus d'on ne sait où, viennent habiter ce lieu si merveilleux, des moisissures douces au regard par leur surface ouatée mais incommodante pour l'odorat… ou comment l'ordinaire bascule dans un foisonnement de vies. Une copieuse portion de spaghettis placée dans une passoire, puis basculée à l'envers avant de la déposer sur le sol de la galerie Art : Concept en octobre 2000, devient soleil, pourriture et habitat pour de petits animaux du dit bas-monde des insectes. C'est une autre expérience du quotidien qui est proposée au spectateur : un déplacement des certitudes, un questionnement à partir de l'infiniment petit et du presque rien de notre quotidien qui bouscule les conventions établies de la pensée. On songe à Philippe Delerm [3] en appréhendant les sculptures de Blazy mais l'expérience esthétique n'est pas la même. Chez Blazy, la perception du spectateur se situe entre attraction et répulsion, espace inconfortable et déstabilisateur, loin de la quiétude des joies proposées par l'écrivain.

Les œuvres de Blazy sont offertes à l'appréhension de tout un chacun. Confronté à ces disparitions et apparitions incessantes, à ces objets qui nous fascinent et nous répugnent, aux formes multiples de la vie, comment se comporter ? Agir, non agir, détruire, protéger, préserver, prendre soin, fuir ? La responsabilité de l'intervention qui incombe à tous, donne au spectateur un rôle à part entière dans la saisie globale de chaque sculpture. Une pensée politique, économique et écologique liée à notre environnement est donc au cœur du projet artistique de Blazy. Difficile en ce sens de ne pas penser aux premières œuvres de Hans Haacke, et plus particulièrement à *Grass Grows* (1967), simple masse d'herbe déposée sur un cube de plexiglass, écosystème, premier état d'une réflexion sur les enjeux politiques liés à l'écologie. Qui plus est, la création de Blazy est un défi à l'organisation des structures artistiques établies – musées, centres d'art, galeries. Acquérir une œuvre de Blazy, c'est accepter le devenir improbable d'un premier état artistique, c'est s'engager à lui donner chaque jour les conditions de ses existences multiples.

Au regard de la dimension éphémère portée par chacune de ses œuvres, la stratégie mise en place par

Blazy s'avère pertinente et originale. À chaque acquisition, il réalise en effet un certificat, modeste dans sa réalisation et déroutant par sa non sacralisation de l'œuvre d'art – dessins aux crayon de couleur des différentes étapes à suivre pour faire exister l'œuvre en question : choix des matériaux, mise en place du contexte propice au développement, organisation spatiale –, qui ne peut exister antérieurement à l'achat. Œuvre à l'état potentiel, ce certificat est remis à l'acquéreur, qui peut ainsi faire exister concrètement l'œuvre quand il le souhaite. À un certificat correspond ainsi plusieurs possibles. Blazy aime évoquer la musique [4] comme l'art qui lui semble le plus proche de sa création. Ces certificats sont à ses sculptures ce qu'étaient les partitions Fluxus aux performances de Georges Brecht.

L'œuvre d'art, libérée du poids de la pérennité, s'ouvre à plusieurs existences suivant les conditions de son apparition. Après le ready-made : *do it yourself*. L'œuvre d'art acquiert ainsi une dimension ludique. Ces certificats n'ont par ailleurs jamais été exposés : ils déterminent *une* des modalités de vie de l'œuvre, à l'instar d'une graine. L'engagement de l'acquéreur doit donc être entier face à ces œuvres si singulières. On saluera l'initiative du FRAC Nord-Pas-de-Calais qui, en 2001, par l'acquisition de *La Maison de Mucor* (1998-2000), a le premier permis à la création de Blazy d'intégrer les « collections permanentes » du domaine public dans toute son ampleur. La dimension éphémère présente dans ses œuvres génère la conjonction de plusieurs instances temporelles – passé, présent, futur – dans chacun de ses projets artistiques. Pour lui, « leur caractère éphémère dépend uniquement de nos repères de la durée de l'exposition. À Marseille, j'ai réalisé une installation intitulée *La Maison de Mucor*. Le Mucor est en fait une moisissure qui peut survivre plus de vingt-cinq millions d'années. De plus, mes pièces sont

Pour obtenir le nombre de kilos nécessaires
multiplier la surface à enduire par 3 :
l (en mètres) × L × 3.
Pour 60 m² de mur, il faudra 180 kilos
de purée de brocolis.

Faites décongeler la purée
de brocolis 24 heures à l'avance.

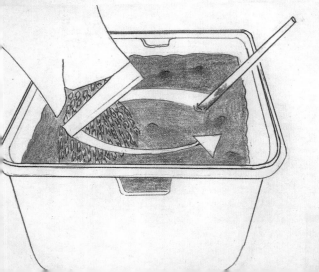

Remplissez un grand bac (30 l) et ajoutez
300 g de pomme de terre en flocons.
La quantité d'eau contenue dans chaque paquet
varie selon les marques.
Pour obtenir le grain de matière idéal prêt à enduire,
n'hésitez pas à ajouter des flocons.

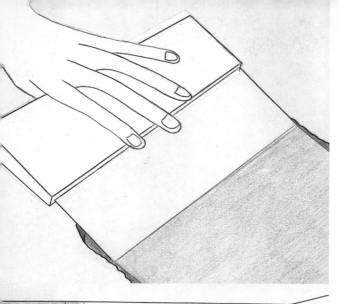

Utilisez le mélange et les spatules
comme pour un enduit traditionnel.

Enduisez par zones discontinues.

Tendez une bâche à 15 cm
de la surface enduite.
La bâche doit être placée
dès que les murs sont enduits.
Surveillez le développement
des moisissures. Attendez 8 jours
et enlevez la bâche.

Michel Blazy, La Maison de Mucor, 1998-2001. « Les murs de brocolis », certificat. Collection FRAC Nord-Pas-de-Calais.

renouvelables à l'infini » [5]. Il en résulte par consé-quent un déplacement des certitudes, une récep-tion psychique et perceptive des œuvres entre sens et non-sens, qui pourrait engendrer le rire si les dites œuvres ne nous questionnaient pas aussi profon-dément. Les œuvres de Michel Blazy s'inscrivent hors de toute temporalité linéaire.

Par ailleurs, la richesse de l'inscription formelle des sculptures de Blazy face à l'histoire de l'art place déjà sa création dans une dimension temporelle rela-tive au passé. *Wall drawings* de purée de brocolis, ou de purée de carottes (présentés au CAPC à Bordeaux en 2001), *Mur qui pèle* (1999) engendrent des surfaces d'une beauté informelle qui ne sont pas sans évoquées certaines fresques ou peintures européennes de l'après-guerre. Le cercle est une forme récurrente dans sa création (*Méduse,* 2000 ; *Oursin invisible*, 2001). Certains se souviendront des sculptures de Richard Long, d'autres des formes ancestrales des tumulus antiques. Mais le cercle, c'est aussi le schéma correspondant à une concep-tion cyclique de la temporalité.

Dans son ouvrage, *L'Instant éternel* [6], Michel Maffesoli, pose le postulat d'un changement relatif à la temporalité dans nos sociétés contemporaines. Pour Maffesoli, l'instant, la présence à la vie, pré-dominent dans l'appréhension de l'existence – une rupture avec la modernité qui inscrit les destinées dans une temporalité linéaire : « D'où l'importance du festif, la puissance de la nature et de l'environ-nement, le jeu des apparences, le retour du cyclique accentuant le destin, toutes choses faisant de l'exis-tence une suite d'*instants éternels*. » [7] Toutefois, si l'essai du philosophe laisse entrevoir une issue favo-rable aux bouleversements actuels des sociétés, l'œuvre de Blazy existe davantage sous un mode réservé et sceptique.

En résonance avec les préoccupations contempo-raines à son émergence, celle-ci nous offre cepen-dant un enrichissement des conditions de notre vie quotidienne au présent, tout en posant la question du futur. Chacune de ces œuvres donne en effet accès à un espace réel et fictionnel où l'imaginaire s'ouvre à tous les possibles. *Les Animaux de fari-neland* (2001), *Les Animaux en voie de disparition* (2000), *Univers en expansion* (1999) ou autant de titres qui anticipent les devenirs potentiels de notre présent. Un autre monde se dessine dans nos pen-sées. Quelles formes de vie pourraient bien un jour se développer ? Quand la dimension éphémère ins-crit sa trace dans des œuvres, elle peut les libérer des contingences ordinaires.

C'est un coquillage, un porte bonheur, une main ten-due, un support pour lire l'avenir, qui pendant long-temps, en Afrique et en Asie, fut utilisé comme monnaie d'échange, à même de se glisser dans les flux économiques. Fragile et délicat d'apparence, érotique de par sa proximité formelle avec le sexe féminin, il symbolise encore aujourd'hui la fertilité – message d'espoir. On le nomme cauris, ce terme est l'appellation-emblématique de la création de Marie-Ange Guilleminot.

En 1994, elle conçoit pour elle-même un sac-à-dos, objet nomade, parfait pour tous les voyages, à par-tir d'une paire de collant en lycra, découpée puis nouée. Replié sur lui-même, le sac a adopté la forme du cauris, sans que cela soit recherché par l'artiste, mais s'imposant comme soumis à un heureux déter-minisme. Guilleminot fit dans un deuxième temps un brevet de cette création, lui donnant le nom du coquillage, afin de l'insérer dans les flux économiques tout en lui garantissant la protection de son identité première, le don, une main tendue, d'elle à nous, hors des lieux conventionnels du marché de l'art.

Marie-Ange Guilleminot, *Les Vêtements blancs*, 1998. Suspendus dans l'armoire dessinée
par Alexandre Calder pour sa maison de Saché. Atelier Calder, mars 2001. Photographie : Marie Clérin.

235

Comment ne pas penser à Robert Filliou : « Bien fait, vite fait, mal fait. » Voilà d'ailleurs ce qu'il vous reste à faire. Procurez-vous un *Cauris*, un schéma de fabrication vous sera remis, à vous d'acheter le collant de votre choix, et de trouver les gestes justes pour le faire vôtre, inventer si besoin est, mais si l'idée vous vient de le transformer vers un autre état, prière de ne pas hésiter. Objet nomade, donc, et non pas objet, – car il n'y a jamais de volonté chez cette artiste de « faire » [8] un objet – comme le *Chapeau-vie* (1993), la *Robe de mariée* (1994) (ne pas oublier les célibataires), *Le Paravent* (1997), les mouchoirs de Marie-Ange. Objets sans identité déterminée, objets transitionnels, objets d'un statut artistique nouveau auxquels seule la temporalité de l'instant confère une existence. Ou l'histoire du coquillage devenu objet éphémère dans le monde de la création artistique.

Depuis, sa création a gardé cette légèreté, cette délicatesse, mais d'apparence seulement, car une condensation très tendue habite maintenant ses objets qui sont tous, aussi, au demeurant, enveloppes, membranes, lieux d'échange pour nous toucher au plus près, de peau à peau, rencontre troublante qui dans l'ordinaire ne relève que de la sphère intime. Ceux qui ont fait l'expérience du *Paravent* le savent bien, cette structure en bois que l'artiste place ici et là, dans différents lieux aux détours de ses déplacements (Tokyo, 1997 ; Münster, 1997 ; Bordeaux, 1998 ; Paris, 2000). Asseyez-vous, glissez vos pieds dans le *Chapeau-vie* placé dans les interstices de la structure fermée, et laissez-vous aller aux joies du contact tactile, que de l'autre côté, quelqu'un dont jamais vous ne verrez le visage, vous offrira. Cette rencontre inédite nous remet en relation avec ce que Didier Anzieu nomme le « Moi-peau » [9], ce rapport à soi au stade du pré-langage, état de l'être encore dans l'indétermination sexuelle, à la recherche de sa limite corporelle et psychique entre intérieur et extérieur.

C'est déjà ce qu'explorait l'artiste en 1993 avec ses troublantes *Poupées*. La peau comme surface réceptrice est le lieu idéal de l'échange, mais aussi de la mémoire, du souvenir. On ne s'étonnera pas de voir partir Guilleminot sur les lieux de mémoire. En 1998, elle est à Hiroshima, peu de temps après avoir conçu *L'Oursin*, structure membranaire, réalisée dans un tissu tout à la fois résistant et fragile, le tyvek, qui, après avoir été recouvert d'un spray blanc nacré, garde les traces lorsqu'on le froisse, le plie, le déplie. Cette structure circulaire de 4 mètres de diamètre peut adopter plusieurs états. Repliée dans un acte de redoublement, elle devient cape protectrice à l'occasion, ou bien coussin comme concentré sur sa densité, il suffit de tendre et détendre le lien inséré dans ses bordures, de trouver le geste juste de nouveau qui accompagnera l'objet transitionnel dans le déploiement de ses multiples existences.

De la rencontre de Guilleminot avec Hiroshima, vont naître les vêtements qu'elle y réalise, répliques blanches – couleur du deuil et de l'éblouissement radioactif – de ceux portés par les victimes de l'explosion atomique le 6 août 1945, confiés par les familles au Hiroshima Peace Memorial Museum, ceux qui sont aussi à l'origine de la série photographique conçue par l'artiste Hiromi Tsuchida. De cette rencontre naîtra aussi l'origami de l'oiseau tsuru, nom donné au pliage réalisé par une victime avec le mode d'emploi de ses médicaments alors qu'elle mourait à l'hôpital. Redoubler dans l'acte créateur, c'est déjà se placer dans la mémoire et offrir un droit de vivre pour d'autres expériences. Qu'en est-il de cette mémoire collective ? Lors de la journée porte ouverte organisée en avril 2001 dans l'atelier Calder, à Saché, au terme de la résidence de Guilleminot,

Marie-Ange Guilleminot, *Marche*, 2001. Report à la craie du Labyrinthe de la cathédrale de Chartres. Atelier Calder, Saché. Photographies : Céline Duval.

le public pouvait découvrir ses objets transitionnels, placés ici et là dans la maison et l'atelier.

Ainsi, sur le billard : *L'Oursin*. Le saisir – la délicatesse s'impose d'elle-même – se laisser surprendre en ce qu'il va vous transmettre le geste juste pour lui permettre de prendre son amplitude, de s'emplir d'air grâce au geste du bras de bas en haut que vous vous surprenez à accomplir. Fait troublant : la forme qu'il adopte laisse apparaître l'image du champignon atomique, juste un instant. Dans le salon, en suivant sur l'écran de l'ordinateur le pliage et dépliage de l'origami de l'oiseau Tsuru, il sera donné à tout un chacun de retrouver les gestes accomplis antérieurement par celle qui est aujourd'hui disparue.

Dehors, un simple tracé à la craie au sol, voué à disparaître immanquablement, et vous voilà entré dans le *Labyrinthe*, redoublement précis du labyrinthe au centre de la nef de la cathédrale de Chartres, les uns les autres à la queue leu leu, dans la solitude car concentré sur le parcours, et si surpris de la rencontre au centre du dédale. C'est un parcours qui s'inscrit, en soi, par le corps, dans l'instant. Rien de grave ici, tout est léger, voire ludique mais si vibrant. Dans l'atelier, une immense structure membraneuse réalisée avec une couverture de survie, réversible, dorée d'un côté, argentée de l'autre – offrant la sensation du chaud ou du froid, suivant la nécessité – tout à la fois fragile et résistante, repose au sol. Il s'agit d'un immense *Oursin* d'un diamètre de 12 mètres, diamètre du labyrinthe. En l'approchant d'une bouche de chaleur, Guilleminot va le laisser se gonfler d'air chaud, prendre son amplitude jusqu'à se déployer tant que le public viendra spontanément se regrouper sous cette immense structure, lieu de rencontre, protecteur et émouvant, enchanteur de par les jeux de lumière qui vibrent sur la surface réceptrice.

Les objets transitionnels de l'artiste témoignent de sa sensibilité à savoir saisir la prise de mesure juste pour qu'advienne la rencontre autour d'une mémoire collective. Ils en permettent la ré-activation. Ce qu'engendre l'œuvre est l'œuvre, ce qui lui est périphérique la constitue comme œuvre. La saisie de la mémoire se fait dans l'instant, éphémère inévitablement. Dans *Note sur le « Bloc magique »*, Freud évoque le mode de fonctionnement du système mnésique qu'il nomme Pc-Ps : « Ce serait comme si l'inconscient, par le moyen du système *Pc-Cs*, tendait en direction du monde extérieur des antennes qui, après qu'elles ont dégusté les excitations, sont rapidement retirées. [10] » Chaque œuvre de Guilleminot, membrane réceptrice, est en quelque sorte cette structure mnésique passée de l'intérieur à l'extérieur, comme renversée et déployée dans l'espace. Artiste, elle se souhaite « anonyme » pour mieux être à même de capter, ici et là, les charges mnésiques et de trouver la juste forme à partir de laquelle s'assurera la transmission.

L'objet appelle le juste geste qui devient le vecteur opératoire à partir duquel la perception phénoménologique permet d'en capter la juste réception à même d'en laisser une trace dans la mémoire. L'art de Guilleminot est passeur de mémoire, une mémoire si dense, si chargée, qu'elle ne peut exister que dans l'oubli. Comme elle le note, « l'identité de mes œuvres se situe dans leur oubli ». C'est une condition indispensable à la survie. L'expérience du trauma oblige au dépassement afin que la guérison advienne, que la charge des souvenirs ne devienne pas poids, pathos, mais bien au contraire mémoire ou force de vie garantissant la survie, force de vie empreinte d'une légèreté vive qui accompagne partout celui qui a su la faire advenir. C'est en cela que l'œuvre de Guilleminot témoigne d'une permanence de l'humanisme aujourd'hui. Faut-il donc aller jusqu'aux

238

situations extrêmes pour garantir cette permanence? Comment penser cela? Aujourd'hui, ce sont les premières images d'*Hiroshima mon amour*, film d'Alain Resnais sur un scénario de Marguerite Duras, qui semblent emblématiques de la création de Marie-Ange Guilleminot. Peau contre peau, caresses, contact intime et sensuel: rencontre anonyme et sans visage qui ne sait pas encore ce qui la fonde, la puissance de la mémoire jusqu'à l'oubli.

En quoi *Snow Dancing* (1995) semble être à l'œuvre protéiforme de Philippe Parreno ce qu'est *Le Vide* (1958) à l'œuvre protéiforme d'Yves Klein? Ou deux œuvres éphémères comme les pendants d'un même diptyque trans-historique. Au départ, *Snow Dancing*, c'est une narration, un récit fictionnel transmis oralement de Parreno à Liam Gillick et Jack Wendler – acte de langage, échange, communication – avant que cette histoire ne devienne un livre [11]. Puis, une exposition, rare, puissante par la densité de sa syntaxe et son pouvoir d'attraction, rendue possible par l'accueil du Consortium, centre d'art à Dijon. La fiction va alors pouvoir s'inscrire dans le réel, dont le support en sera la narration première, suivie scrupuleusement presque mot à mot.

Dans un premier temps, l'espace d'exposition sera bouleversé du tout au tout: revêtu entièrement d'une immense toile-jean dès l'entrée, repeint en blanc à l'intérieur, restructuré par des cloisons, pose de plaques de mousse ici et là, installations de spots dont la lumière est filtrée par des chevelures d'ange, des boules de Noël en guise de poignée de porte… L'ordinaire du quotidien n'est plus de mise. Différents lieux sont ensuite organisés, comme autant d'activités potentiellement offertes: un salon de coiffure où des perruques permettront une transformation style «Hooligan»; ici sont mis à disposition des objets de plage divers et variés; dans cette salle recouverte

de plaques de mousse de verre, des chaussures, dont les semelles donnent à lire des mots gravés en creux, sont regroupées, comme en attente; un bar; un espace pour la musique où plusieurs chaînes stéréo sont rassemblées sur des étagères [12]… Des espaces, sans finalité en tant que telle.

Dans un second temps: une fête, à laquelle seront conviés étudiants des Écoles d'art, participants à l'organisation du réceptacle, artistes… sans jamais pour certains savoir ce qu'il convient de fêter, le terme d'exposition n'étant pas prononcé lors des invitations transmises de bouches à oreilles. C'est ici qu'intervient le «Facteur Temps» [13]. Cette fête durera deux heures, de 20 à 22 heures; elle aura lieu le jeudi 19 janvier, veille du vernissage. Comme le note Éric Troncy, il s'agit «de comprendre ce qui est au cœur de l'activité de Parreno: l'exposition» [14]. Qu'est-ce qu'une exposition? Un lieu à occuper, dans lequel sont présentés des objets dits artistiques? Un lieu où le spectateur peut consommer des émotions, des images, du plaisir? Un produit de l'industrie culturelle offert aux loisirs de masse? L'occupation d'une fraction de temps, d'une durée déterminée au préalable? Quelle expérience perceptive vivons-nous en tant que spectateurs dans cet espace-temps spécifique qu'est l'exposition?

Questionner la nature même de l'exposition, questionner ses enjeux, ses modalités d'existence, ses répercussions dans une appréhension globale du réel, sous-tend la création de Parreno depuis la fin des années 80. Le «Facteur Temps» en est le vecteur actif. Une fête, donc, une activité d'échange, de plaisir. Temps des loisirs, temps libre. Le jour J, les invités, ouvriront eux-mêmes les lieux fermés au préalable – des clés sont remises à qui le désire; il suffit pour cela de se rendre à l'espace cordonnerie. Ce qui appartient encore au fictionnel dans le livre, sera produit alors réellement par les participants d'une aventure qui, probablement, les dépasse : ici, certains enfileront les chaussures avant de s'élancer sur le sol dans lequel ils inscriront des empreintes langagières ; ici, certains danseront, seuls, ou rassemblés dans d'immenses tee-shirts qu'ils ont su trouver, au son émis par la stéréo, chaîne productive de musiques dont les quarante appareils sont organisés pour rythmer d'une scansion régulière une temporalité de deux heures, précisément ; d'autres s'interrogeront sur le pourquoi de cette fête : un événement promotionnel peut-être, organisé par une chaîne de télévision, comme semble l'indiquer l'affiche placée à l'entrée tel un sas d'accueil ? S'agit-il de participer à un happening ? Serait-ce une fête en manque d'objet ? D'autres, ici, se déchaînent avec les planches à voile, les parasols… : ils ignorent probablement qu'ils ré-activent le temps, qu'ils donnent vie à l'archéologie du lieu. Le Consortium, avant de devenir un centre d'art, était en effet un bain turc, puis, bains douches à l'enseigne des Bains du Nord comme on le signale à l'extérieur. 22 heures : comme dans les contes, l'heure a sonné, une féerie s'achève. De cette fête, selon le désir de l'artiste, il ne restera aucune trace. Pas de photographies, pas de vidéo, mais un enregistrement, cependant, du son produit par ce temps de convivialité.

Vendredi 20 janvier, à partir de 18 heures, d'autres invités arrivent, pour le vernissage cette fois-ci, jour où les officiels du monde de l'art contemporain et autres politiques, viennent jouir du privilège de la première fois. Temps social. Oui, mais, la fête ne bat plus son plein. Comment pourraient-ils d'ailleurs savoir ce qui, hier, s'est passé ? Rien n'indique sur le carton d'invitation reçu cet événement. Pas le moindre vestige, verres, mégots… tout a été soigneusement ôté [15]. Aucune trace, ou, si peu. Ainsi, les traces de pas dans la mousse, mais ce sont des

signes indiciels, dans l'acception de Ch. S. Peirce – présence d'une absence, à l'image en ce sens de tout « l'environnement ». Demeure l'expérience à vivre d'un lieu déserté – une vaste coquille vide [16], chargée en plein. Le « Facteur Temps » a pu agir.

Il en résulte que dans *Snow Dancing*, le vernissage, et la veille du vernissage, deviennent éléments syntaxiques de l'œuvre à part entière – le langage plastique prend donc en charge la structure temporelle de l'exposition comme donnée opérante du dispositif global. Mais ce dernier est bien plus complexe encore. On peut cependant repérer dans cette œuvre deux modalités d'intervention artistique, récurrentes par ailleurs dans toute la création de l'artiste – la mise en place d'un espace en creux et la perturbation de la linéarité du temps ordinaire –, qui structurent la totalité du dispositif, et qui font de *Snow Dancing* une œuvre emblématique de tout son travail depuis la fin des années 80 et ce, encore jusqu'à aujourd'hui.

Un espace en creux, une coquille vide. Dès la fin des années 80, Parreno intervient par des actions, dans lesquelles il se met parfois en scène ou pour lesquelles il fait appel à d'autres participants. Des vidéos en résulte ; c'est une modalité artistique parmi d'autres. La figure de l'acteur demeure au centre de ces œuvres, figure par excellence de la coquille vide. En effet, l'acteur de qualité n'endosse pas un rôle comme on endosse un vêtement, il ne joue pas un rôle, mais, s'ouvre à un espace intérieur lacunaire, qu'il laisse être habité par un langage et des modalités d'être qui s'incarnent à travers sa propre présence. Dans *No More Reality I* (1991), Parreno, conférencier bègue d'une impossible conférence sur l'art, a chargé ce vide en lui au maximum, démultipliant tant les langues et les informations qu'il peine à communiquer, déchargeant ainsi l'acte de parole de son existence usuelle. Dans *L'Imitateur* (1992), la voix de Godard adoptée par Parreno porte le commentaire d'une exposition. Lors de l'inauguration du MAC de Marseille (1994), c'est l'acteur-imitateur Yves Lecoq à qui incombe de neutraliser les identités sociales des hommes publics afin de générer un espace en creux (*Un homme public*, 1994-1995). Entre sens et non-sens, le langage parfois impose ses lois : Yves Le*coque*, ou le héros idéal pour Parreno artiste.

Créer un espace en creux, c'est ce que parvient à faire aussi Parreno quand il réalise des objets en verre au CIRVA de Marseille, présence d'un réel absent. Ou encore quand il multiplie les interventions avec d'autres artistes, neutralisant ainsi le trop plein du «je» dans l'acte créateur pour laisser advenir la rencontre. Les exemples pourraient encore se multiplier. Cette modalité d'intervention lui permet de désactiver le réel et ses conventions ordinaires en le vidant, ce réel sursaturé aujourd'hui d'images au quotidien, production souvent mensongère avec lequel nous parvenons difficilement à entrer en contact. La création artistique en permet la juste réappropriation. Ainsi, dans *Snow Dancing*, le spectateur, en allant d'un espace à l'autre, ne peut que ressentir la présence envahissante du vide, qui le renvoie inévitablement à un vide intérieur. Le vide, dans lequel tout centre est absent. L'être ne semble plus au cœur du savoir dans l'appropriation du réel. Cette œuvre pourrait témoigner en ce sens du posthumanisme annoncé par Michel Foucault.

Comment se réapproprier le réel ? Par le langage, fonction structurante de l'être au monde. Vient donc le temps du récit. Que ce soit, pendant le vernissage, ou pendant toute la durée de l'exposition, tout un chacun en viendra à élaborer une fiction. Des mots, naîtront des images. La boucle est ainsi

bouclée, puisqu'à l'origine de l'œuvre est le langage. Aujourd'hui, rien n'est inscrit de cet événement éphémère : il appartient à l'inconscient collectif. Pour savoir ce qui s'est passé, vous qui n'avez pas «vu» cette exposition, vous irez questionner l'un, vous irez questionner l'autre, ensemble vous reconstituerez une trame narrative, production périphérique à l'œuvre, mais qui lui appartient cependant, absolument. Insaisissable, demeure *Snow Dancing*. L'efficacité du dispositif garantit à l'œuvre une destinée légendaire, qui est le propre de certaines œuvres éphémères. Ainsi, depuis le 9 mars 1995, *Snow Dancing* et *Le Vide* de Klein gravitent probablement sur la même orbite, hors temps.

D'une manière conventionnelle, une exposition dure de telle date à telle date. Cette temporalité linéaire se trouve déjouée dans *Snow Dancing* puisque le vernissage ne relève plus d'un temps originel. Perturber la linéarité du temps, c'est aussi ce qu'aurait fait Parreno en inscrivant la fête au milieu de la durée du temps d'exposition imparti, un projet non réalisé, mais auquel il songeait alors que lui avait été proposé d'intervenir dans une structure culturelle en Allemagne [17]. Par ailleurs, aller d'un espace à un autre dans *Snow Dancing*, c'est faire l'expérience du futur d'un passé dont le présent ne nous a pas concerné. Expérience déstabilisatrice par excellence, mais qui permet à chacun de prendre conscience d'une relation à construire au temps afin de se le réapproprier. Le «Facteur Temps» modèle aussi la réception de l'œuvre sous un mode perceptif et analytique. Si cette perturbation est manifeste dans *Snow Dancing*, elle demeure valable dans l'exposition personnelle de l'artiste, au MAMCO à Genève (2000), qui ne relève cependant pas d'une approche éphémère de l'art. Là encore, l'artiste met en place des espaces en creux : haut-parleur en cristal ; AnnLee, émouvant manga en manque d'identité ;

snow dancing
philippe parreno

20 janvier – 8 mars 1995

le consortium 16 rue quentin 21000 dijon
tél. 80 30 75 23
fax 80 30 59 74

du mardi au samedi
14h30 – 18h30

vernissage
le vendredi 20 janvier
à partir de 18h

avec l'aide de la Ville de Dijon, Philips,
affichage Dauphin O.T.A, UCO Sportswear,
Atout cuir, Bruant optique, J.C. Decaux,
Le Nouveau Théâtre de Bourgogne

démultiplication de la même affiche qui en annule l'unicité ; ombre portée d'une fenêtre dont le réel est absent ; récit fictionnel d'un personnage en creux (Anna Sanders)…

Au regard de la temporalité, une moquette se déroule aux pieds du spectateur pendant toute la durée de l'exposition, alors que celui-ci chemine à travers les salles en enfilade. Mais cette linéarité est perturbée par les œuvres qui en ponctuent le parcours : temps en boucle (vidéo), futur dans le présent (temps fictionnel), temps gelé (arrêt sur image), passé dans le présent (appel aux souvenirs)… Une couleur bleue enveloppe par ailleurs la totalité de l'espace, couleur froide qui saisit au plus profond, couleur d'espace pour « une autre approche perceptive du réel »,

pour un autre espace-temps. Il en résulte une stridence et une troublante beauté.

Perturber la linéarité du temps, c'est aussi tenter de défier la borne ultime de l'être. Kusanagi, héroïne manga du film d'animation *Ghost in the Shell*, qui a inspiré le projet collectif initié par Parreno et Pierre Huyghe, *No Ghost : Just a Shell* (1999), s'étonne : « Je doute réellement d'être moi. C'est comme si j'étais morte il y a longtemps. » Coquille vide : absence à soi, absence à l'Autre. Non inscription dans la linéarité du temps réel. Appel à d'autres modalités du vécu. Ou l'expérience douloureuse, vibrante et hyper-sensible de l'être au monde dont parle Bruno Bettelheim dans *La Forteresse vide*. Mais quels temps sont les nôtres ?

[1] Michel Blazy, né en 1966 ; Marie-Ange Guilleminot, née en 1960 ; Philippe Parreno, né en 1964 [2] Entretien entre l'auteur et Michel Blazy, le 26 janvier 2001. Dans la suite du corps de texte, les guillemets se référeront à cet entretien [3] Philippe Delerm, *La Première Gorgée de bière et autre plaisirs minuscules*, Paris, Gallimard, coll. L'Arpenteur, 1997 [4] Entretien avec Michel Blazy, le 26 janvier 2001 [5] Entretien avec Olivier Michelon, « Entre le jardin, l'atelier et la cuisine », *Journal des Arts*, n° 110, du 8 au 21 septembre 2000, p. 10 [6] Michel Maffesoli, *L'Instant éternel. Le retour du tragique dans les sociétés postmodernes*, Denoël, Paris, 2000 [7] *Ibid.* p. 16 [8] Entretien entre l'auteur et l'artiste, le 15 février 2001. Dans la suite du corps de texte, les guillemets se référeront à cet entretien [9] Didier Anzieu, *Le Moi-peau* (1985), Dunod, Paris, 1995 [10] Sigmund Freud, « Note sur le Bloc magique », *Œuvres complètes. Psychanalyse. XVII* (1922), Paris, Presses Universitaires de France, 1992, p. 143 [11] Philippe Parreno, *Snow Dancing*, GW Press LTD, Londres, 1995 [12] Pour plus de précision sur l'ensemble du dispositif dont je ne relève ici que certains éléments, lire : Philippe Parreno, « Notes pour *Snow Dancing* », cat. *dijon/le consortium*, Centre Georges Pompidou, Paris, 1998, p. 550-551, et Éric Troncy, « Puissance de la parole », cat. *dijon/le consortium*, op. cit., p. 554-555 [13] Je reprends ici le titre d'un texte de l'artiste : Philippe Parreno, « Facteur temps », *Documents sur l'Art*, n° 6, automne 1994, p. 22-23 [14] Éric Troncy, « Hors Champ », *Les Inrockuptibles*, n° 256, 14-20 novembre 2000, p. 65 [15] Entretien entre Xavier Douroux, Éric Troncy et l'auteur, le 21 février 2001 [16] Voir à ce sujet : Philippe Parreno, *Snow Dancing*, op. cit., p. 10 : « People coming together to engage in various activities in a large empty shell » [17] « L'exposition *Snow Dancing* que Philippe Parreno a réalisée à Dijon me semble être à ce jour le seul exemple abouti d'une volontaire prise en considération des trois étapes temporelles (avant, pendant et après), qui en est par ailleurs le sujet, et en détermine la forme. […] Parreno entend par ailleurs répéter ce projet, en déplaçant à nouveau cette fête *au milieu* de la période de son exposition. » Éric Troncy « Discours de la méthode », cat. *Surfaces de réparation*, FRAC Bourgogne, Dijon, 1994-1995

Portraits de chorégraphes

Xavier Le Roy, Claudia Triozzi, Marco Berrettini

Yvane Chapuis

Critique d'art, collabore aux revues *ArtPress* et *Mouvement*, commissaire pour la danse à la Biennale d'art contemporain de Lyon 2001

Dresser le portrait de jeunes chorégraphes pour un ouvrage qui entend faire le point sur la création artistique en France est risqué parce que les artistes cités deviendront nécessairement à l'intérieur de cet ouvrage les symboles d'une scène chorégraphique dont la richesse est aussi le résultat du travail des autres. Le choix de présenter Xavier Le Roy, Claudia Triozzi et Marco Berrettini est d'une certaine manière arbitraire, ces portraits auraient tout autant pu être ceux de Jérôme Bel, Alain Buffard ou Jennifer Lacey. Car tous participent de l'immense intérêt de ce qui se joue aujourd'hui dans le domaine de la danse.

Le choix de présenter Xavier Le Roy, Claudia Triozzi et Marco Berrettini est subjectif, mais il a le mérite de mettre d'emblée sous tension le parti pris de circonscrire la création artistique à un territoire, en l'occurence la France. Claudia Triozzi et Marco Berrettini sont Italiens, Xavier Le Roy vit en Allemagne depuis plusieurs années. Si la recherche de la première est soutenue par des institutions françaises, les producteurs du second sont tout autant Français, Suisses, Allemands et Espagnols. Quant au dernier, il est en résidence au Podewil à Berlin. Leurs œuvres sont visibles en Europe comme à New York, voir même au Brésil et à Tokyo. Si elles trouvent un point d'ancrage en France, c'est que l'histoire de leurs auteurs a traversé et traverse encore ce pays. Ce qui importe sans doute davantage c'est que ces œuvres se construisent à partir d'une réflexion sur les enjeux que le corps véhicule aujourd'hui dans la culture occidentale, sans rien omettre de son histoire. Mais tenter de définir une esthétique commune à ces trois artistes comme à l'ensemble de ceux que nous avons évoqué serait une erreur, car il s'agit à chaque fois de projet spécifique.

Xavier Le Roy est né en 1963, à Juvisy-sur-Orge. Diplômé d'une thèse de doctorat en biologie moléculaire et cellulaire, il mène depuis 1995 un travail personnel en danse contemporaine dont les fondements sont le corps et sa représentation. Ce changement d'orientation a motivé, en 1999, une pièce intitulée *Produits de circonstances* où l'artiste met en scène les circonstances autobiographiques qui l'on conduit à mettre un terme à ses recherches scientifiques pour se consacrer à la danse. Debout derrière un pupitre, schémas et statistiques à l'appui, Xavier Le Roy commence un exposé sur certaines cellules cancéreuses du sein. Ses propos, plutôt complexes parce que recourant à un vocabulaire spécifique, sont régulièrement interrompus par des démonstrations physiques : exercices d'étirement connu de tous ceux qui fréquentent les studios de danse, phrases chorégraphiques qu'on lui a enseigné lors de sa formation de danseur et certaines séquences de ses propres pièces. La conférence se transforme alors en performance au cours de laquelle l'artiste procède à une critique en règle des modèles de corps qui dominent dans la danse contemporaine et de l'approche fragmentée du corps sur laquelle se fonde la science.

Sans aucun doute fortement marquée par une formation universitaire, sa démarche artistique se confond davantage avec celle d'un chercheur que d'un producteur de mouvement, introduisant d'emblée un écart critique avec les idées encore très largement répandues quant aux enjeux de l'art chorégraphique. Cependant, à la différence du scientifique, Xavier Le Roy ne livre pas des résultats dont il faudrait s'accommoder, il nous propose d'éprouver ses propres interrogations. Ainsi, dans nombres de ses pièces, par le truchement de positions et de mouvements particuliers dans un rapport de frontalité, le spectateur est convié à un va-et-vient entre l'image du corps qui lui est présentée et la connaissance qu'il a a priori du corps humain, le sien.

Dans *Narcisse flip* créé en 1997, les bras et les pieds qui accompagnent l'artiste semblent ne pas lui appartenir. Tout se passe comme si nous assistions au spectacle d'un homme en prise avec son double. Ce processus de mise en boucle de nos perceptions (la vision du spectacle) et de nos propres représentations (les images mentales que cette vision convoque pour chacun) intéresse tout particulièrement Xavier Le Roy. Comment regarde-t-on ? Quels éléments informent notre regard ? Des questions animent une pièce telle que *Self unfinished* (1998), devant laquelle le spectateur assiste en un peu moins d'une heure

à la métamorphose du corps d'un homme qui va de son plus haut degré de civilisation – un homme robotisé ou peut-être l'inverse – à son état le plus régressif – un genre d'amibe. Entre les deux, un homme domestiqué (éduqué) qui se confronte à l'architecture et au mobilier qui l'environne. La pièce fonctionne comme une révolution (dans les deux sens du terme) dont on sort courbattu sans avoir bougé.

Plus récemment, l'artiste a mis en œuvre un projet-laboratoire itinérant intitulé E.X.T.E.N.S.I.O.N.S. qui se développe au long cours dans différentes villes d'Europe, en collaboration avec plusieurs artistes venus de champs de pratiques divers. Ce projet d'envergure financé par la ville de Berlin constitue une opportunité pour développer à plusieurs les questions qui traversent son propre travail et se confronter à la composition pour un groupe. Mais E.X.T.E.N.S.I.O.N.S. est aussi l'occasion de créer une plate-forme d'échanges et de débats, ainsi qu'un circuit de production parallèle à celui des institutions. Certaines pièces de très jeunes artistes ont ainsi vu le jour, parmi lesquels Eszter Salomon et Tino Sehgal.

Lors de la première cession d'E.X.T.E.N.S.I.O.N.S., en septembre 1999 à Berlin, Claudia Triozzi, désireuse de se confronter à nouveau à une dynamique de groupe, était présente. Née en 1962 à Vimercate (Milan), elle vit à Paris depuis 1985. Danseuse de formation, elle a travaillé en tant qu'interprète pour Odile Duboc, Charles Cré-Ange, Georges Appaix, Michèle Rust et François Verret. Elle crée son premier solo, *La Vague*, en 1991 au 18-Théâtre à Paris, et se consacre à un travail personnel à partir de 1995. Ses premières pièces, qu'elle nomme alors *tableaux vivants*, mettent en scène un personnage de femme dans des dispositifs qui se présentent chaque fois comme un assemblage complexe et poétique d'objets hétéroclites et domestiques. *Adina*

est cette fiction à travers laquelle les spectateurs se déplacent en suivant l'artiste d'une scène à l'autre au rythme de la banalité d'un temps d'action : à savoir essuyer une table (*Open please*), découper un gâteau (*Chez elle*), remplir des coupes (*Adina passe à l'acte*), etc.

Mais si le temps des tableaux vivants de Claudia Triozzi n'est pas théâtralisé, *Adina* n'en demeure pas moins un jeu. Elle est là, occupant sur un mode délirant une portion de l'espace, deux à trois mètres carrés. Un espace volontairement restreint qui contraste avec la liberté de circulation offerte aux spectateurs. Ils perçoivent alors directement l'empêchement spatial auquel l'artiste se confronte. En l'occurrence, le corps exposé par Claudia Triozzi est figé parce que privé de libre arbitre. « Assignée à résidence », son rapport à l'espace est conditionné, elle ne peut choisir ses attitudes ni même ses gestes. Elle reproduit des figures imposées par une série d'activités. Ce conditionnement annexe jusqu'à l'usage de la parole, quasi inexistante dans les premiers tableaux. Une parole retenue, comme impossible à intégrer au sein d'activités dont le mutisme est une composante fondamentale.

La libération de la femme n'aurait-elle pas eu lieu, son émancipation ne serait-elle effective, pour qu'une artiste continue d'interroger la dimension de rituel, quotidien et ordinaire, correspondant au contrôle social qui s'exerce sur des corps de femmes ? On peut estimer à juste titre qu'il existe suffisamment de situations inacceptables pour en produire la critique, et par là même pointer les dysfonctionnements des formes de vécu au cœur des sociétés démocratiques. Pourtant, le travail de Claudia Triozzi ne participe d'aucune forme de revendication, et se distingue en cela de l'art performance féministe tel qu'il s'est déployé dans les années 70 et auquel la

critique a vite fait de rattacher l'œuvre de cette chorégraphe italienne. Aucune provocation, aucune violence non plus, si ce n'est celle d'une tension interne (intérieure) à chacun des tableaux. L'artiste ne questionne pas tant les effets du contrôle social qui s'exercent sur des corps de femmes, que ceux qui s'y sont inscrits.

Sous couvert d'un imaginaire délirant, chacune de ses pièces est le lieu d'une tragi-comédie du corps, le lieu où se cotoient effectivement chronique sociologique et histoire politique du corps. Derrière l'esthétique archaïque de ses dispositifs (des mécaniques domestiques), une problématique des plus actuelles se fait jour. Le corps ne s'anime qu'à la condition de faire système avec un corpus technique. Le corps n'est envisagé qu'augmenté de ses extensions, simples (par les objets) ou complexes (par les machines). On comprend alors que le mouvement abstrait et virtuose, le mouvement pour le mouvement, qui caractérise un certain type de danse n'intéresse en rien Claudia Triozzi.

Dans sa dernière pièce intitulée *Dolled up*, l'utilisation de l'image diffracte l'espace de la performance et opère une brèche dans l'univers que l'artiste avait élaboré dans ses premiers tableaux vivants. La sphère domestique sur laquelle elle s'était concentrée se trouve confrontée à la réalité du monde du travail. Une vidéo et un diaporama présentent l'artiste en situation réelle d'apprentissage de divers métiers. Une expérience à laquelle Claudia Triozzi s'est livrée lors d'une résidence à La Châtre en collaboration avec des commerçants de la ville, quittant volontairement un temps l'espace de la représentation. Comme dans l'ensemble de son travail, cette sortie des lieux de l'art est très intimement liée à la vie de l'artiste même, elle correspond à une interrogation sur son choix d'être artiste. Vendeuse,

pâtissière, mercière, couturière, bijoutière… ce jeu des métiers vire à l'emploi impossible. L'artiste a procédé à une forme d'anthropologie du quotidien qu'elle vit à l'intérieur du spectacle sous l'angle de multiples aliénations. L'étrange machine qu'elle anime lors de la performance pourrait bien être cette mécanique de l'esprit en prise avec une inquiétude. *Dolled up* met ainsi en scène l'incapacité de l'individu à se fondre dans le moule des figures sociales telles qu'elles lui sont proposées, mais toujours avec cette distance ironique qui caratérise les œuvres de Claudia Triozzi.

L'ironie serait-elle une caractéristique de la culture italienne ? Elle traverse au demeurant toute l'œuvre de Marco Berrettini. Né en 1963 de parents italiens, en Allemagne, il devient champion de danse disco de son pays d'adoption à l'âge de quinze ans. Il recevra une formation plus traditionnelle à la London School of Contemporary Dance auprès de Martha Graham (1980-1981) puis à la Folwangschulen de Essen avec Hans Zülig et Pina Bausch (1982-1984). C'est comme danseur classique au Staatstheater de Wiesbaden qu'il commence à travailler avant de créer sa propre compagnie la Tanzplantation, en 1989 à Paris, devenue depuis Melk Production. Parallèlement à son activité de chorégraphe, il collaborera en tant qu'interprète auprès de Georges Appaix pendant près de neuf ans, notamment aux côtés de Claudia Triozzi.

Baroque, critique, fleurtant avec le burlesque, la forme de son travail surprend, dérange même, ne cessant de perturber les horizons d'attente du public. Dans une pièce telle que *Multi(s)me*, créée en 2000 en collaboration avec huit danseurs, Marco Berrettini convoque tout autant l'histoire de la danse moderne et contemporaine (Balanchine, le Tanztheater, Jérôme Bel entre autres) que populaire (disco, techno et

autres), le cinéma d'art et d'essais (Godard) et grand public (Dark Vador), le petit écran (la série B), l'actualité des médias (la vache folle) et la philosophie (Peter Sloterdijk) pour mettre en scène une saga du monde de la danse qui n'épargne personne – du chorégraphe aux interprètes en passant par l'institution.

De même, les spectateurs sont mis à l'épreuve d'un étirement presque insupportable du temps comme pour faire l'expérience d'un malaise qui fait partie de l'œuvre : les acteurs sont mal à l'aise, les relations sont mauvaises, les désirs n'aboutissent pas. Dans nombre de ses pièces, Marco Berrettini travaille ainsi sur l'échec, au risque de mettre en péril sa relation avec le public, parce qu'il y a « rupture du contrat ». Cette rupture repose sur la mise en scène de ce que l'on ne voit pas habituellement. Dans Multi(s)me, les transitions entre les scènes du spectacle apparaissent et produisent ce relachement qui fait qu'on a le sentiment que les choses se délitent, que l'on est en train d'assister à un rattage. Si l'artiste procède ici à une mise à plat de l'écriture chorégraphique et théâtrale – la composition – rencontrant certaines préoccupations d'un chorégraphe tel que Jérôme Bel, les processus de déconstruction du spectacle de danse que les deux artistes déploient divergent fondamentalement.

Là où le chorégraphe français procède par réduction, Marco Berrettini en rajoute. En effet, en réduisant les éléments constitutifs du spectacle à leur plus petit dénominateur commun, Jérôme Bel s'est engagé dans un « dégré zéro de l'écriture » chorégraphique et théâtrale tandis que le chorégraphe italien avance par accumulation et superposition de registres de significations. Son amour de la langue et du texte, quelle que soit leur origine (littéraire, cinématographique, télévisuel, radiophonique ou personnel), comme son goût pour la notion de

personnage, sont caractéristiques d'une approche théâtrale de la danse qui le distingue radicalement d'une esthétique abstraite ou minimale. Pour donner quelques exemples, Buy art make free Salomé, créée en 1996, s'est construite à partir de l'opéra de Strauss, Salomé, de l'émission radiophonique de Crosley Bendix Negative Land, et du Traité de l'idiotie de Clément Rosset. Pour que chaque référent textuel de la pièce dispose de son espace propre, celui de la représentation théâtrale se voyait diffracté et déployé au-delà de la scène, dans le public et les coulisses. Marco Berrettini est ainsi un adepte du sujet. Il part d'un livre, d'une phrase, d'un disque, et/ou d'un état d'âme à partir duquel, ou desquels, tout évolue. La forme de la pièce dépend du sujet.

Autre exemple : Freeze-défreeze créée en 2000. La parole n'occupe qu'une place réduite dans ce duo, sans doute parce que la source d'inspiration de la pièce est un homme atteint d'un cancer de la gorge : « Marlboro Man », en procès avec l'entreprise qui l'a employé pendant plus de trente longues années et responsable de son malheur. La rencontre entre cette icône de l'aventure du Far West et la médiatisation du cas de cet acteur de publicité a fait naître cette danse en continuelle rupture, « freezée », qui ne cesse de nous interroger sur ce que signifie danser. Dans son travail avec ses interprètes, le chorégraphe privilégie la dimension de rôle. Il donne des indications de caractère, peut nombreuses, pour laisser libre cours à l'imagination du danseur qui doit s'approprier un personnage et le faire danser. Non pas tel qu'un danseur le danserait, mais tel que ce personnage danserait dans la vie, en guinguette ou en discothèque par exemple. Ce travail implique de se défaire d'un savoir-faire technique pour découvrir une nouvelle manière de danser, Une danse pour tous [1] peut-être. Ce titre est celui d'un texte de 1997, où l'artiste dévoile son ambition d'élargir le champ chorégraphique aux divers domaines de l'activité humaine, ceci en plaçant le Sujet au cœur de sa réflexion.

S'il crée volontiers pour la scène en rappelant que « […] c'est vraiment rassurant de se dire que depuis des siècles il y a toujours eu ces trois murs ouverts vers le public. C'est du même ordre que la famille, l'Église, l'école, l'armée, le gouvernement, une voiture […] », Marco Berrettini n'hésite toutefois pas à se jeter dans le vide, se saisissant de situations inattendues, investissant des lieux insolites, telle une station service en 1999 à l'occasion du festival de Montrouge, ne perdant jamais de vue le réel. Il se plaît d'ailleurs à utiliser le terme de PCSC (Produit Culturel Spectaculaire Commercial) pour qualifier ses créations, comme pour ne pas oublier que si l'art est une affaire sérieuse elle n'est pas nécessairement grave. Ce pouvoir du rire qui tisse chacune de ses pièces met chaque fois notre époque sous tension, la conduisant aux limites de l'absurde.

Du théâtre à la performance, le chorégraphe laisse toujours place à l'improvisation. Il sait à ce titre s'entourer d'interprètes étonnants. Mais l'improvisation n'est pas synonyme de laxisme, elle offre à cette dimension du rattage qui le fascine la possibilité de se révéler. N'en déplaise à ses détracteurs. Les jeux langagiers qui charpentent systématiquement son travail ne sauraient d'ailleurs se passer d'une très grande précision. Quand ils sont multilingues de surcroit. Marco Berrettini est bel et bien Européen, il intervient selon la géographie en français, anglais, allemand ou italien.

[1] Ce texte a été publié dans le numéro 8 de la revue *Mouvement* à l'occasion de la sixième édition du festival Studio Vidéo Danse de la ville d'Ajaccio en mai 2000

lors je ne pus
ction de l'oiseau
Isabelle ?
Mais ma mère ouv
dain furieuse, el
umeur égale, con
nt :
Veux-tu te sau
uerpis !
'oiseau s'envola

Marie NDiaye, extrait de *La Sorcière*, éditions de Minuit.

Portraits d'écrivains

Michel Houellebecq, Bernard Lamarche-Vadel, Marie NDiaye

Bertrand Leclair

Rédacteur à *La Quinzaine littéraire*, collabore à France Culture

Michel Houellebecq est l'auteur de recueils de poèmes *Rester vivant, La Poursuite du bonheur*, *Le Sens du combat*, *Interventions*, *Renaisssance* et de romans *Extension du domaine de la lutte*, *Les Particules élémentaires*, *Lanzarote*, *Plateforme*. Critique d'art, poète et romancier, Bertrand Lamarche-Vadel a publié *Du chien les bonbonnes*, *Vétérinaires* (Prix Goncourt 1994), *Tout casse*, *Sa Vie son Œuvre*. Prix Femina, 2001 avec son roman *Rosie Carpe* Marie NDiaye est également l'auteur de *Quant au riche avenir*, *Comédie classique*, *La Femme changée en bûche*, *En famille*, *Un temps de saison*, *La Sorcière*.

Il n'y a pas si longtemps, Michel Houellebecq passait régulièrement en voisin dans un pressing du XVᵉ arrondissement de Paris où il avait placé de son propre chef quelques exemplaires de son premier livre, *Rester vivant*, pour considérer avec désespoir que la pile laissée en dépôt-vente n'avait pas diminué d'un seul volume. C'était en 1991 ; le livre, tiré à quelques centaines d'exemplaires, mal diffusé, n'avait eu aucun succès, et les médias, à de rares exceptions près, n'avaient pas même daigné le signaler à leurs lecteurs. Avec sa façon très particulière de mâcher ses phrases obligeant l'interlocuteur à tendre l'oreille pour en saisir quelques bribes, avec sa façon plus spectaculaire encore d'allumer cigarette sur cigarette dans un geste imprécis faisant craindre à chaque fois pour ses cheveux déjà rares, Michel Houellebecq s'en retournait alors hanter quelques maisons d'édition dans la posture du poète maudit, mais pas trop. « Le poète est un parasite sacré ; semblable aux scarabées de l'ancienne Égypte, il peut prospérer sur le corps des sociétés riches et en décomposition », écrivait-il dans *Rester vivant*, bien décidé à le démontrer.

« Projectile » compact et ramassé, *Rester vivant*, trente pages de préceptes à un jeune poète habité par la tentation du suicide, génialement sous-titrées « méthode », contenait pourtant les lignes de force du constat implacable qui allait quelques années plus tard faire des romans de Michel Houellebecq de véritables phénomènes de société. Handicapé social, ce qui est assez banal, mais refusant obstinément de s'en cacher, ce qui l'est moins, le poète selon Houellebecq devait ouvertement susciter « chez les autres un mélange de pitié effrayée et de mépris », car alors, affirmait-il, « vous saurez que vous êtes sur la bonne voie. Vous pourrez commencer à écrire ». Campant sur la négative avec la folle impudeur d'un puritain défroqué, Houellebecq

posait en intouchable du libéralisme, volontairement radié de la course au bonheur.

La Poursuite du bonheur, paru en 1992, cultivait cette stratégie dans une poésie des HLM et des supermarchés qui travaillait déjà ce que le premier roman de Houellebecq allait faire accéder à la représentation romanesque pour la première fois : les nouvelles formes de frustration et de souffrance sociales engendrées par le triomphe du libéralisme. À travers un narrateur dépressif, ingénieur agronome égaré dans les méandres informatiques de la bureaucratie contemporaine, *Extension du domaine de la lutte* proposait l'exploration inédite d'une société où triomphait la culture d'entreprise et qui enfermait les individus dans une fiction généralisée, leur imposant de se montrer performant, « équilibré », bref, séduisant et « positif » jusque sur le « marché » de la sexualité prétendument « libérée », et d'autant plus impitoyable aux vaincus.

Discrètement publié en 1996 chez un éditeur de petite taille mais de grande réputation, Maurice Nadeau, *Extension du domaine de la lutte* devait s'affirmer au fil des mois un roman incontournable, de ceux que l'on évoque comme un signe de ralliement. C'est qu'il avait d'évidence quelque chose d'électrique : surgissait un pôle résolument négatif au cœur même d'un univers voué au positif. L'influence considérable qu'il a rapidement exercé auprès de jeunes écrivains adoptant jusqu'à son rythme de phrase, provenait aussi de la parfaite adéquation entre la résistance larvaire qu'il prônait et un style particulier, qui tend à générer un étrange sentiment de platitude que viennent trouer en fin de phrase des fulgurances insolites usant du grotesque. Prenant ainsi le contre-pied de la littérature et surtout de la poésie des décennies précédentes, il leur reprochait, dans ses essais, d'avoir renoncé aux

« moyens intacts » de leur puissance en se vouant à une interrogation stérile sur le langage. Ce qui est éminemment discutable, mais obéit aussi à une logique qui assurément participe de son succès et qui passe, au-delà de la description des tares de l'époque, par la mise en accusation des générations précédentes, et de la nouvelle forme de bêtise à laquelle la période qui a suivi Mai 68 a donné naissance sur les ruines de la bêtise bourgeoise.

On touche pourtant là, très précisément, au cœur des polémiques qu'a soulevé la parution des *Particules élémentaires*, en 1998, virulentes polémiques qui opposèrent le romancier à quelques-uns de ses premiers et plus fervents lecteurs, parmi lesquels les animateurs de la revue *Perpendiculaire*, dont il était jusqu'alors membre du comité de rédaction. Ce roman ambitieux, qui se trame dans l'entremêlement des biographies croisées de deux frères quadragénaires voués à la solitude et au malheur, quitte en effet le terrain du constat pour se risquer à renouveler le genre du roman à thèse. Mais il en vient très vite, pour imposer cette thèse sur la perfectibilité de l'humanité (qui passe par une condamnation du désir, et frise l'eugénisme), à nier, au-delà de l'idée de liberté, l'idée de libre arbitre.

Le déterminisme sans faille qu'il installe au long de son roman enferme plus encore ses personnages dans le constat qu'il dresse par le fait même qu'il ne leur octroie aucune forme d'autonomie dans la langue : aucune capacité à s'approprier l'histoire qui est la leur. La tendresse qu'éprouve l'auteur vis-à-vis de ses personnages, son affection mouillée de larmes pour ce qu'ils sont, l'incitent au contraire à justifier leurs déboires par des causes qui les dépassent, à expliquer sans cesse le particulier par le général. C'est sans doute là que réside la clé du succès populaire de ce roman pourtant très sombre :

en appuyant sur un constat juste de la misère affective contemporaine une explication réduite à la sociobiologie, *Les Particules élémentaires* soulage ses lecteurs autant que ses personnages de toute responsabilité dans la souffrance qu'il décrit, et par là-même d'une part de cette souffrance.

Il n'en reste pas moins que Michel Houellebecq, qui incarne aux yeux des médias un renouvellement de la littérature française, a certainement drainé dans les librairies un public qui se tournait plus volontiers, jusqu'alors, vers le cinéma ou la musique. À en juger par sa capacité à demeurer « provocateur » et surtout en multipliant les propos animés dans la presse – son dernier roman, *Plateforme*, s'attaquant au monde de la « culture » par le biais d'un sujet de société particulièrement sensible, le tourisme sexuel, provoque beaucoup mais sans jamais surprendre –, il devrait prospérer quelques temps encore sur le corps d'une société riche qu'il aime décrire en état de décomposition avancé, fidèle en cela à sa « méthode ». On se souvient pourtant que la dite méthode, pour *Rester vivant,* préconisait au poète de « rater sa vie, mais la rater *de peu* », ce peu étant l'espace même de l'écriture. S'il a effectivement raté (de peu ?) la carrière de chanteur entreprise sur la lancée de son triomphe médiatique (le disque enregistré avec le musicien Bertrand Burgalat à partir de ses poèmes n'a pas laissé de souvenirs impérissables), le succès de librairie, lui, ne l'a assurément pas raté. Michel Houellebecq vit aujourd'hui en Irlande.

Longtemps, l'un des jeunes critiques d'art les plus influents de la scène artistique française (ainsi fut-il l'introducteur en France de Joseph Beuys), Bernard Lamarche-Vadel, poète et romancier, s'est donné la mort le 2 mai 2000, dans son château de la Rongère, en Mayenne, où il a passé reclus les dernières années de sa vie, en compagnie d'une meute de chiens qui devait prendre, dans ses derniers livres, une importance considérable. Il avait 52 ans.

Sans vouloir d'aucune façon parer son geste d'une aura romantique, force est de constater que l'œuvre une fois close s'impose, à la relire, comme l'une des plus puissantes de la toute fin du XXe siècle. Certes, le grand public, resté réfractaire à la superbe et à l'humour macabre de Lamarche-Vadel malgré le Prix Goncourt du premier roman qui lui fut attribué en 1994, à la parution de *Vétérinaires*, ignore encore peu ou prou cet écrivain singulier, mais son influence est suffisamment évidente auprès de nombreux écrivains pour que l'on devine sa postérité assurée. Nombre de revues, de *Perpendiculaire* au *Trait* en passant par *Lignes de risque*, en ont fait une figure emblématique de leur exigence. Surtout, et sa trajectoire passée par la critique d'art n'est sans doute pas étrangère à cela, il est assurément l'un de ceux qui ont su continuer à travailler la question des représentations collectives dans une démarche intrinsèquement politique, mais au sens le plus fort (et certainement pas au sens partisan) de ce mot : « Entre l'engagement et l'art, je ne vois qu'une variété de synonymat », précisait-il.

La littérature, en tant qu'elle est un art, et le premier de tous, n'échappe pas à cette mission que le critique assignait à « n'importe quel très grand art, malgré la matière dont il est formé », celle de « répliquer à la réalité objective où il est conçu ». Désespéré d'assister à ce qu'il nommait « l'assaut sans pareil qui tente de réduire la dimension artistique à une vague animation culturelle de masse », il refusait obstinément de répondre aux injonctions des « salariés de l'enthousiasme », prétendant au contraire poursuivre le combat singulier qui est l'utopie de l'art lorsqu'il n'a pas renoncé à atteindre l'impossible « réconciliation juste de la vie avec la représentation

et des représentations avec la vie ». Cette réconciliation, on s'en doute, ne pouvait à ses yeux se jouer qu'à rebours ou à contre-pieds de toute forme de naturalisme ; elle en passait nécessairement par un travail sur le symbole au plus obscur de la forge de la langue et par une confrontation violente au désenchantement contemporain, quand « nul n'est fier sans doute ici, et l'humiliation définitive de faire semblant d'exister jusque dans les yeux de nos enfants est la nuit de la nuit d'un cauchemar qui mesure exactement la vie ».

Écrivain dont on ne saurait dire s'il fut particulièrement précoce (il a publié son premier recueil de poème, *Du chien les bonbonnes*, en 1974) ou particulièrement tardif (ne publiant son premier roman qu'en 1993, après un long détour par la critique d'art), Bernard Lamarche-Vadel a essentiellement publié une trilogie romanesque : *Vétérinaires*, en 1993, *Tout casse*, en 1995, et *Sa Vie son Œuvre* en 1997. Des lignes de force, des noms, des lieux, des thèmes obsessionnels, des références (à la littérature classique d'une part et à l'art contemporain d'autre part) relient ces trois livres. Le premier travaillait explicitement l'animalité et l'imposture, quand ce roman que l'on pourrait dire, non pas de formation, mais de dé-formation, mettait en scène un personnage d'étudiant vétérinaire apprenant les gestes et la rhétorique de sa profession pour montrer, au bout du compte, comment c'est le geste qui s'approprie un individu bien plus que l'inverse. Le second, s'enfonçant dans une fantasmagorie qui se développait sans jamais perdre la logique du monde contemporain (le déluge qui engloutissait la fin du roman était explicitement la métaphore de la « communication de masse »), décrivait un monde où, son titre étant à entendre littéralement, « tout casse » – et l'on ne peut, à le relire six ans après sa publication, qu'être abasourdi par la manière dont il annonçait en ses premières pages un carnage animal et une multiplication de charniers que la réalité devait fidèlement imiter quelques années plus tard, durant l'épidémie de fièvre aphteuse : il annonçait très précisément, en somme (et cette description fut jugée insupportable par beaucoup…) ce que les caméras de télévision, ces derniers mois, ont enregistré dans l'indifférence générale.

Tordant un peu plus encore et l'intrigue et la phrase jusqu'à les rassembler au plus serré dans un très poignant dernier chapitre intitulé «chignon» et racontant d'anciennes blessures d'enfance, *Sa Vie Son Œuvre* fait aujourd'hui figure de testament, quand le personnage principal dont le livre proposait le panégyrique était lui-même l'auteur d'une œuvre toute entière constituée de lettres de condoléances et autres oraisons funèbres : une œuvre élevant au rang d'un art majeur ce geste d'écriture qui prétend répliquer par le verbe à la disparition qu'il enregistre et commente, celle du monde lui-même, ou de la figure humaine en ce monde animal. «De l'insistance de Giacometti ou de Bacon à dire que le visage n'apparaissait plus, le premier précisant qu'entre l'aile du nez et le contour de l'œil se trouvait l'épicentre de la disparition de la tête humaine, nous n'avons rien compris.» Il voulait, lui, en tirer toutes les conséquences, jusqu'à la révérence.

Chacun de ces trois livres est allé un peu plus loin dans une démarche travaillant la notion même d'imposture, se libérant progressivement de tous les canons esthétiques en vigueur pour tenter de retrouver une véritable capacité à inventer des formes : à donner une forme à l'informe, l'informe auquel semblent condamnées nos vies depuis le milieu du XXᵉ siècle. Au-delà d'une profonde singularité, au-delà du désespoir et de la misanthropie drapés dans la superbe d'une langue cultivant l'emphase et les

méandres, il a su jouer d'une incomparable maîtrise du simulacre pour atteindre dans le retournement incessant de son propre spectacle une forme d'humour confinant à l'étrangeté la plus radicale et grinçante. «Il me semble», disait-il en 1996, «que le seul concept intéressant littérairement ou artistiquement est celui de survivre». Survivre, qui certes n'est pas à entendre au sens trop commun, hélas même dans nos pays riches, de subsister, mais qu'il convient d'entendre au sens de vivre au-dessus ; sur-vivre, c'est aussi vivre après la mort et, à ce titre, réintroduire de la vie dans la mort et de la mort dans la vie. C'est maintenir vivace l'injonction artistique dans un monde qui n'en veut jamais. Et rester, à jamais, une injonction vive.

«Une étoile est née» : l'excellente critique qu'était Michelle Bernstein, qui tenait alors le feuilleton littéraire de *Libération*, ne s'était pas trompée, lorsqu'elle annonça sans lésiner sur les tambours et trompettes la naissance d'un tout jeune écrivain à la parution du premier livre de Marie NDiaye, en 1985, *Quant au riche avenir*.

Marie NDiaye avait 17 ans, elle était lycéenne dans la banlieue parisienne, les journalistes pourtant s'abstinrent d'en appeler au fantôme de Minou Drouet. C'est que le texte lui-même l'interdisait. L'écriture avait la pureté cristalline de la plus belle langue française, puisant sa respiration aux chefs d'œuvres du XVIIᵉ siècle (Mme de Sévigné, Mme de Lafayette) pour installer un imaginaire que, déjà, l'on pouvait deviner d'autant plus singulier qu'il en appelait à la plus grande lucidité. Et ce n'était qu'un début. Seize ans plus tard, au printemps 2001, alors qu'elle n'avait encore que 33 ans mais déjà sept vrais livres derrière elle, un magazine littéraire grand public dérogeait à toutes ses règles : dans la double page qui ouvre systématiquement chacun de ses numéros sur « l'avis des libraires », permettant à cinq d'entre eux d'élire un livre différent et de le commenter, les cinq invités avaient tous élu le même, *Rosie Carpe*, le dernier des romans de Marie NDiaye, situé en Guadeloupe, dans lequel elle creuse de façon plus évidente que jamais la question de l'identité. Quatre mois plus tard le jury du Prix Femina devait sauver l'honneur des prix d'automne, partout ridiculisés, en élisant *Rosie Carpe*.

Le parcours, entre temps, est impressionnant. Le second livre qu'elle ait publié, et le seul qui ne l'ait pas été chez Minuit mais chez POL, qui est tout d'une traite et d'une seul phrase de cent pages, *Comédie classique*, aurait pu passer pour un exercice de style, mais il était beaucoup plus que cela. Déjà, à travers cette histoire de cousins qui se retrouvaient pour s'y perdre à Paris, la phrase rythmée de l'écrivain avançant droit devant résonnait comme des talons claquent avec témérité sur le macadam dans la nuit obscure et terrifiante des grandes villes, tandis que s'imposaient des thématiques qui seraient désormais les siennes, celles de l'incertitude identitaire et du flou familial. Contre toute attente – et l'on devrait peut-être mieux dire : suffisamment forte pour résister à l'attente des lecteurs ordinaires –, elle allait ainsi s'enfoncer de livre en livre, à partir de *La Femme changée en bûche* (1989), dans de nouveaux territoires très éloignés des modes du moment, cultivant l'étrangeté dans une démarche extrêmement volontariste qui visait à atteindre un fantastique confondant de naturel : une forme de fantastique qui permette de travailler au plus près des questions sociales qui enferrent tant d'auteurs dans un réalisme ou un naturalisme étriqués. On peut d'ailleurs dire que toute la littérature de Marie NDiaye est d'expérience, au double sens du terme : elle n'a cessé de livre en livre de pousser l'expérimentation de techniques narratives singulières, mais cette recherche

de nouveaux modes narratifs ne l'a jamais coupée de l'expérience concrète dont elle nourrit ses livres, aussi fantasmagoriques peuvent-ils parfois se révéler.

De façon plus explicite à chacun de ses derniers titres, elle travaille en toutes ses pages les questions de l'identité et de l'appartenance auxquels le monde ne cesse de la renvoyer, jusque dans la critique littéraire capable dans ses pires moments de la comparer (et cela se voulait un éloge…) aux fondateurs du blues. Élevée par sa mère dans un environnement banal et une culture on ne peut plus française, comme elle l'explique volontiers, elle n'a pas connu son père avant de partir à sa recherche, des années plus tard, au Sénégal. Que signifierait alors, son rattachement à une « culture noire » ? Pour la défense des journalistes pressés, il faut sans doute préciser que l'écrivain, après avoir vécu les quelques années qui suivirent le lycée sur les routes d'Europe avec son compagnon, vit aujourd'hui résolument à l'écart des médias et du milieu journalistico-littéraire, dans un petit village normand, où elle habite avec ses enfants et leur père une charmante maison toute en escaliers. La parole rare, difficile, elle semble d'ailleurs éviter les médias non pas par conviction ou par attitude, mais parce qu'elle a résolument autre chose à faire : écrire, parvenir enfin à sortir sur la page ce qu'il est partout interdit de dire. Cette force – car d'évidence c'en est une – repose sur une conviction qu'on pourrait penser banale, mais qui se révèle extrêmement rare : ce qu'elle écrit est plus important que tout ce qu'elle pourrait en dire.

La Sorcière, ouvrage paru en 1996, qui travaillait sous couvert de dons surnaturels la question de la transmission entre une mère et ses filles arrivées à l'adolescence, a décidément confirmé que Marie NDiaye est l'un des écrivains français les plus singuliers et novateurs dans sa façon de conter sans en avoir l'air, de toucher le nerf de l'époque sans en jamais parler. En chacun de ses romans, non sans mystère, elle sait comme personne mettre à nu la barbarie intrinsèque à la société de la communication, dans laquelle les « handicaps » sont devenus des « différences » – et autant dire que les différences sont devenus des handicaps.

Revenant petit à petit des rives du fantastique qu'elle a longtemps arpentées, elle se révèle capable d'aborder le terrain de la folie la plus ordinaire à travers ses personnages de rien – ainsi de la Rosie Carpe qui donne son titre à son dernier roman, Rosie Carpe qui « elle-même se débattait dans la confusion et l'éternelle tentation de l'hébétude face aux ébranlements de l'existence ». Il faut lire les premières pages de ce roman, la description de l'arrivée en Guadeloupe, lorsque Rosie Carpe se demande, l'attendant à l'aéroport, si elle saura seulement reconnaître son frère Lazare sensé venir la chercher, tandis que la honte peu à peu l'envahit de comparer son

enfant, le malingre Titi déguisé de vêtements hors de propos pour ce voyage dans les Îles, aux enfants sains, solides, concrets qui les entourent. Par petites touches, et grâce à la liberté inouïe que lui donne son affranchissement du réalisme, elle parvient ainsi, comme sans y toucher, à faire surgir sur la page des sentiments littéralement inadmissibles. De ceux que l'on en peut pas dire – quand c'est justement la définition de l'écriture, que de parvenir à dire ce qu'il est interdit de dire. C'est aussi le principe même de la fable. Dans le monde désenchanté qui est le nôtre, Marie NDiaye est l'un des rares écrivains à parvenir à maintenir vivant ce principe.

Cela tient du plus grand mystère. Et cela pourrait presque faire peur, peur de ce qu'elle pourrait mettre à jour de notre univers désincarné, à poursuivre ainsi longtemps encore son chemin avec la même obstination, sans qu'on puisse seulement imaginer ce qu'elle va y croiser dans les souterrains des représentations communes.

Portraits de scénographes

Olivier Py, Didier-Georges Gabily, Jean-Luc Lagarce, Stanislas Nordey,
François Tanguy, Xavier Durringer

Bruno Tackels

Collabore à la revue *Mouvement*, enseigne la dramaturgie à l'Université de Rennes

Les artisans de la scène.

Que s'est-t-il donc passé depuis que Bernard Dort, fidèle observateur de quarante années de théâtre, a pronostiqué, dans les années 80, la fin de l'hégémonie du metteur en scène ? Il pressentait une situation qu'il n'a pas eu le temps de voir venir : que voit-on apparaître quand disparaît le grand orchestrateur du sens ? Et que font les artisans de la scène quand la tendance s'inverse, quand le sens ne vient plus d'une vision démiurgique unifiante qui prend le nom de mise en scène, quand le sens (re)vient du plateau, et de ceux qui le peuplent ? Que se passe-t-il quand le sens provient des acteurs et des langues qu'ils portent sur la scène ?

Toutes ces questions appartiennent à une génération d'artistes qui naissent quand meurent les utopies. Au début des années 80, ils commencent leur travail quand l'œuvre de Brecht entame sa « traversée du désert ». Leurs premiers spectacles se montent dans l'ombre des grandes maisons dont leurs pères viennent de prendre les commandes. Ils travaillent « en compagnie » (indépendante), quand leurs aînés renoncent à l'idée de troupe et consacrent avec éclat la figure du directeur artiste – alliance improbable de la création et de la bourgeoisie. Étrange logique, pour cette génération de 68, poussée à tous les renoncements politiques et artistiques. Pour s'en tenir à la scène, la situation est des plus cruelles : les grandes figures de la mise en scène engagée (Jean-Pierre Vincent, Bernard Sobel, Patrice Chéreau, Antoine Vitez ou Daniel Mesguich) s'emparent des grands théâtres au moment précis où la mise en scène s'épuise et où la machinerie brechtienne s'enraie. Ce processus, par essence, n'était pas forcément très visible, et n'a pas empêché ces metteurs en scène de réaliser des spectacles importants pour l'histoire du théâtre contemporain.

Mais l'essentiel de ce qui arrive au théâtre, pendant ces vingt dernières années, n'est pas d'abord dans la mise en scène. L'essentiel vient se loger dans le parcours de jeunes artistes, que l'on peut qualifier d'artisans de la scène, en ce qu'ils décident, chacun à leur manière, de reprendre en main tous les paramètres de la fabrication d'un spectacle : le jeu de l'acteur, sa formation et sa direction, l'écriture dramatique et sa traduction scénique. Il s'agissait pour eux de lutter contre le courant majoritaire d'un théâtre très largement tourné vers le répertoire des siècles passés.

Faisant advenir des langues nouvelles, il leur fallait naturellement de nouveaux acteurs. On ne dit pas la langue de Molière comme on parle les textes de Valère Novarina. Un poète de la scène a besoin d'acteurs qui prennent le temps d'« apprendre sa langue ». Toutes les écritures importantes de cette fin du XXe siècle ont produit simultanément ceux qui pouvaient les dire. Valère Novarina, justement, nous en donne la meilleure démonstration avec André Marcon, qui a littéralement « donné sa voix » aux flots bouillonnants de l'écriture novarinienne. Pour que des acteurs soient formés à une langue, et par une langue, il faut du temps, cela semble aller de soi. Or, la sociologie du théâtre public repose sur la transmission par « Conservatoires ». Comme leur nom l'indique massivement, et quelle que soit la (bonne) volonté de leur directeur, ces lieux existent pour reproduire, intelligemment, un savoir-faire d'acteurs et un corpus de textes (répertoire). Malgré la fulgurance des éclats de pensée d'Artaud, force est de constater que le théâtre n'a pas su, au fil du XXe siècle, inventer des espaces propices à l'éclosion de ses forces vives.

Les compagnies théâtrales qui marquent la fin de ce siècle partagent au moins ce souci de préserver les justes conditions de l'exercice de la création. Jean-Luc Lagarce, Didier Gabily, Olivier Py, Stanislas Nordey ou François Tanguy, avant d'inscrire une œuvre individuelle, ont tout mis en œuvre pour rassembler les conditions d'un travail libéré des fausses contraintes. En privilégiant l'existence de troupes véritables, ils affirment, chacun leur manière, la nécessité d'un travail dans la durée pour inventer une langue commune.

L'exemple d'Olivier Py est éclairant. Depuis plus de quinze ans, il écrit les pièces qu'il met en scène pour ses propres acteurs. Immanquablement, ce qu'il écrit l'est pour eux, et d'une certaine façon par eux. Et quand ils s'emparent de textes, on sent nettement à quel point ils ne sont pas étrangers au processus de l'écriture. En retour, les pièces d'Olivier Py ont fini par s'inventer une fidèle panoplie d'allégories vivantes, un monde peuplé de figures féeriques qui traduisent des archétypes nés des acteurs : le fou cosmogonique, le père qui va à la mort, l'étranger, le Don Quichotte, la jeune fille sacrifiée, la femme de tous les excès, l'ami désespéré. L'écriture prend donc forme pour des acteurs, elle les nourrit autant qu'elle existe par eux.

Dans sa pièce *La Servante*, une servante, c'est une lampe sur pied qui reste allumée toute la nuit près du plateau du théâtre, quand les chimères de la scène se sont évanouies. Le spectacle d'Olivier Py part de cette présence, la suivant au pied de la lettre pour en faire une sorte de défi enfantin : et si la servante devenait théâtre, et s'il était possible de transgresser les limites du théâtre, en faisant un spectacle qui dure tout le temps de la vie, le jour et la nuit, et encore le jour, et encore la nuit, *Un spectacle qui ne s'arrête jamais ?* C'est ce qui s'est passé à Avignon pendant sept jours et sept nuit. Olivier Py a écrit quatre pièces ainsi que quatre dramaticules tissées ensemble, encadrées par une ouverture et un retour.

Ving-quatre heures de voyage dans le théâtre, vingt-quatre heures pour suivre la quête de quatre messagers qui cherchent le lieu magique de la rencontre, dans l'ombre d'une servante, l'autre, Marthe – celle de la Bible. Sept fois de suite, vingt-quatre heures d'un théâtre qui ne s'arrête jamais, nouées par la longue chaîne d'un secret à transmettre, à défaut d'être transmis. Chacun des « élus » va vivre son histoire, et pourtant l'histoire de *La Servante* tient dans son ensemble, invisible d'un seul tenant pour le spectacteur *humain*. C'est sans doute là le mystère insurmontable du théâtre : ce moment étrange qui nous fait passer pour des dieux. À moins que ce ne soient

les monstres de notre enfance. Demain ils recommenceront à nous captiver. À contre-courant des spectacles jetables qui pullulent en ces temps de libéralisation des services publics, chez Olivier Py l'univers de la scène vient traduire la durée d'une longue route commune.

Cet axiome a été le fondement du travail de Didier Gabily. Essentiellement formateur d'acteurs, hors de tous les cadres et écoles de l'Institution théâtrale, son travail reposait sur un échange. Dans son « atelier » itinérant, il faisait apparaître de jeunes acteurs, qui lui proposaient en retour la matière d'une écriture entièrement fondée sur ce qu'ils étaient. Ce sont les acteurs de son atelier qui lui ont, les premiers, demandé d'écrire *pour eux*. La réponse de Gabily s'appelle *Violences*, un diptyque créé au Théâtre de la Cité internationale en 1991. À partir de ce choc théâtral, le romancier Didier Gabily ne quittera plus les voix de ses acteurs sur le plateau. Ce sont elles, les voix, qui lui font voir et penser ce qui doit s'écrire. L'écriture devient entièrement geste de plateau, son origine et ultime étalon. Elle est fondamentalement pensée par des corps, et chargée de ce qu'ils peuvent lui apprendre. Rien d'étonnant à ce qu'elle passe par le chant, le rythme et ses débordements. Ce qui a fait dire à certains que l'écriture de Gabily est profondément « lyrique » – un mot qui porte en lui son immédiate condamnation, en un temps postbrechtien qui prétend en avoir fini avec toute forme de profération fortement incarnée.

Or l'écriture de Gabily rejette radicalement l'intention individuelle, elle appelle forcément la mise à distance de celui qui porte cette langue. On peut même dire que « c'est la langue qui porte et révèle ceux qui la disent ». C'est elle qui conduit les acteurs, et c'est le plateau qui les fait naître. Une telle éthique marche à rebrousse-poil de la très grande majorité du théâtre qui se fait aujourd'hui. Paradoxalement, la prétendue liquidation du réalisme dans le théâtre du XXᵉ siècle se heurte à des résistances omniprésentes, et les réelles tentatives d'en finir avec l'intention réaliste sont en fait extrêmement minoritaires. Dans *Gibiers du temps* les mythes ont la peau dure. Ils ont l'air d'avoir vieilli, et pourtant leur langue et leur histoire nous porte encore.

C'est ce qu'avait saisi Gabily quand il revisitait *L'Orestie*, *Don Juan* ou *Phèdre*. Pas de théâtre actuel sans un regard avisé sur l'histoire dont nous héritons. Les *Gibiers du temps* partent de cette hypothèse simple et réaliste : Phèdre n'est pas morte. Non, chaque année elle attire et dévore incestueusement son fils bien-aimé. Chaque année, depuis deux mille ans, elle sacrifie une chair nouvelle que rabattent pour elle ses deux fils chasseurs officiels. *Gibiers du temps* est une tragédie moderne, une symphonie chorale pour acteurs, un cri traversé du souffle de l'épopée. Dix heures de spectacle au long cours pour vivre l'implosion du mythe fondateur, parce qu'il faut en finir avec ces vieilles dépouilles dévoreuses – donner à voir la scène de leur ultime carnage. Quand le chasseur devient gibier, on se plaît à rêver la transfiguration de tous les sans-grades, victimes « coupées » d'un monde qui n'a cessé de se nourrir de leur sang. Petite révolution de théâtre.

Parmi les écrivains metteurs en scène acteurs, Jean-Luc Lagarce est sans doute l'un de ceux qui ont mené le plus loin cette exigence d'un théâtre étranger à l'illusion, et pourtant entièrement fondé sur le rêve et les ressources magiques du théâtre. Des pièces telles que *Music-hall*, *Nous, les héros* ou *Le Voyage à La Haye* retraversent le paysage un peu désuet d'un monde théâtral qui n'existe plus. Toute son écriture est travaillée par ce rêve : faire vivre une situation qui ne devrait pas exister. Ses personnages se retrouvent, souvent après une longue absence, pour se dire ce qu'ils ne se diront jamais. Renouant avec tous les artifices anciens du théâtre, Lagarce fait vivre les morts, les absents, ceux qui hantent, et dont le deuil est impossible.

On trouve dans l'univers de la Roulotte (le nom de sa compagnie) une réelle parenté avec celui d'Olivier Py. Même si chacun tenait son cap, leurs chemins se sont souvent croisés : Py a joué sur le plateau de Lagarce, qui s'est trouvé mis en scène par Py (*Nous, les héros*). Et puis une autre maison les réunit, la maison d'édition fondée au début des années 90 par Lagarce et ses compagnons de route, Mireille Herbstmeyer et François Berreur. Cette maison, Les Solitaires intempestifs, est née d'une colère, celle de voir qu'aucune des maisons existantes ne voyait l'intérêt de publier Olivier Py ou Pascal Rambert, un autre artisan de la scène, lui aussi caractérisé par son travail rigoureux et sans concessions (à tel point que ses pas, un temps, l'ont mené en d'autres cieux, États-Unis, Moyen-Orient, pour se soustraire aux compte d'épiciers de directeurs de théâtre sans imagination ni courage). Mais la persévérance paie toujours. Les Solitaires intempestifs existe toujours – c'est la maison théâtrale la plus passionnante du moment, elle a publié plus de cent titres en théâtre contemporain, elle s'ouvre aujourd'hui vers d'autres champs littéraires, et elle continue d'éditer Py et Rambert [1]…

Les parcours que nous décrivons n'ont pas été d'emblée des évidences dans le paysage théâtral. L'intérêt porté au texte et à l'acteur n'était pas de mise en ces années qui misaient encore tout sur l'art de la mise en scène. Mais rares sont les directeurs de scène qui parviennent à donner aux acteurs le retrait essentiel qui leur confère la force et la démesure qui s'impose. Comme par hasard, ceux qui y parviennent sont ceux qui écrivent eux-mêmes, ou

Cahiers du temps, de Didier Georges Gabily © Enguerand

qui s'emparent essentiellement de textes écrits aujourd'hui. Dans la génération des « pères », on retiendra Claude Régy ou Jean-Marie Patte, dans celle qui prend le relais, on retiendra Marc François, malheureusement trop peu présent, Stanislas Nordey ou Frédéric Fischbach.

Chez ces artistes rares, toujours prime la plus grande sobriété : « Il s'agit de faire passer le sens par le corps même des acteurs. » La signification des œuvres ne s'impose pas par des signes visibles et explicites. Elle est en retrait, comme c'est le cas dans la mise en scène de *Porcherie*, la pièce troublante de Pier Paolo Pasolini, récemment proposée par Stanislas Nordey au Théâtre Gérard Philipe. Julian, le « héros » de cette pièce, est amoureusement attiré par la porcherie de son père. Une première lecture peut se contenter de faire apparaître le thème zoophile (comme Pasolini l'a d'ailleurs fait dans sa propre version filmique). Nordey laisse absolument hors champs l'objet du désir de Julian. Des bouches au service du texte, des mains qui font sentir un univers. Chacun invente, achève sa propre histoire dans sa propre porcherie. En dehors de toute réponse paresseuse, ce type de mise en scène offre aux spectateurs la liberté d'imaginer. L'humanité s'accouche dans toute son inconvenante beauté, aux prises avec toutes les saletés de nos passés communs.

D'une manière très différente, c'est aussi l'enjeu du théâtre du Radeau, emmené par François Tanguy. Basée au Mans, dans une ancienne bâtisse industrielle adoucie par le bois, cette troupe travaille inlassablement depuis près de vingt ans sur les limites du théâtre. Là aussi, les êtres en présence sont la matrice du travail dramaturgique. Le texte n'est pas un présupposé qui commanderait au projet et dicterait la construction dramatique. Il est d'emblée pensé par une série de fragments, recueil de formes

« montées », au sens du cinématographe, qui vont prendre vie dans le corps des acteurs.

Réunis depuis des années, même s'ils marquent des temps d'arrêt, les acteurs du Radeau s'emparent des textes non pour en servir les personnages tout faits qu'ils n'auraient qu'à réanimer par leur jeu. Ils se couvrent de phrases arrachées, issues de toute la tradition littéraire mondiale, et ils construisent peu à peu des archétypes originaires qui semblent « se souvenir en avant ». L'intrigue vole en éclats, et dans les bribes qui en restent, naît une autre façon de raconter l'Histoire. Ouvert aux autres formes artistiques, la peinture, la danse ou la musique, le théâtre du Radeau ne cesse de mettre le théâtre en crise. En dehors de toute posture formaliste, il s'agit de le rendre digne et plein d'humanité : capable de rendre compte de notre siècle et de ses interminables catastrophes.

Sur ce plateau nomade, abrité sous une immense tente qui voyage dans toute l'Europe, François Tanguy fragmente les corps et les textes, comme en écho de notre continent démonté par ses guerres. Il invente les espaces d'hier pour abriter les fantômes d'aujourd'hui. Il reprend les textes de nos légendes passées, les presse et les démonte, comme pour en tirer l'inavouable vérité : « documents éclairés de notre culture, les textes de notre répertoire collectif sont aussi les témoignages de notre commune barbarie. » François Tanguy et ceux du Radeau fouillent les textes comme les tranchées de nos utopies embourbées. Ils en reviennent comme d'un rêve inquiétant, et pourtant ce qu'ils en disent est chargé d'une force intensément présente – « comme s'ils écrivaient des phrases avec les phrases des autres… »

Par de tout autres moyens esthétiques, aux antipodes de l'univers du Radeau, Xavier Durringer explore lui aussi les impasses tragiques d'une

époque guerrière qui se fait croire à la paix. En appui sur des fables nettement dessinées, Durringer revendique le droit de raconter des histoires. Son travail est lui aussi étroitement chevillé à ses acteurs – qui se donnent eux-mêmes le droit de jouer de façon directe et engagée, tellement directe qu'on ne peut même plus dire qu'il s'agit de réalisme. C'est que son engagement d'écrivain metteur en scène acteur trouve un contrepoint et une respiration dans la réalisation de films. Le plateau est donc entièrement altéré par cette présence de « corps étrangers ». Quant aux questions qu'il expose, elles ne sont pas loin du Radeau ou de Gabily. Dans sa dernière pièce, *La Promise*, présentée l'été dernier au festival d'Avignon, il dialogue même avec *La Servante* d'Olivier Py. Comment la guerre peut-elle s'arrêter, si nous héritons de notre histoire, de ses langues, et des fautes de nos pères ?

Parlant d'artisans de la scène, on ne peut oublier le parcours singulier d'Hubert Colas, sa quête d'une écriture sans concession, incisive et proche des êtres qu'elle abrite. Implanté à Marseille depuis plus de dix ans, il vient d'ouvrir les portes d'un nouveau lieu, hors des sentiers battus et labellisés par l'Institution. Essentiellement voué aux écritures contemporaines, Montevidéo démontre clairement à ceux (visiblement nombreux) qu'il faut encore convaincre, que les écrivains pour le théâtre sont nombreux, et bien vivants.

Cette tradition minoritaire du théâtre en groupe, ou « en bande », trouve aujourd'hui de nouveaux prolongements, notamment dans le travail d'anciens acteurs ou élèves de Didier Gabily : Jean-François Sivadier ou le collectif des Lucioles. Par la fragmentation, l'écriture elle-même ou par de nouvelles traductions, à chaque fois nous retrouvons cette nécessité de faire entendre une prose du monde, à la hauteur de ce qui lui arrive.

Héritier du siècle, le théâtre contemporain n'est pas forcément tranquille. Derrière les fausses apparences d'un monde satisfait, il fait la traversée des violences de notre temps. Ces aventures singulières, aussi différentes soient-elles, dessinent une constellation qui donne à rêver pour demain. C'est aussi une façon d'engager le théâtre dans la vie, dans la fête et la jouissance d'être ensemble – même si l'épreuve n'est pas toujours confortable ou consensuelle. Avec un peu de recul, on devrait commencer à saisir à quel point ces artisans disent une scène du commun, une scène en proie à tout ce qui ne peut s'énoncer dans ce monde. Une scène primitive et perçante qui voit loin pour les autres.

[1] Notamment le magnifique texte de Pascal Rambert, *Préparation de Gilgamesh jusqu'à la première répétition en Avignon*

Portraits de cinéastes

Lætitia Masson, Laurent Cantet, Jean-Marie et Arnaud Larrieu

Christophe Chauville

Rédacteur en chef adjoint de la revue *Repérages*, collabore à *Bref, magazine du court métrage*

L'expression « jeune cinéma français », pour commode et séduisante qu'elle fut, n'en est pas moins réductrice et erronée. Ainsi tous les « jeunes » cinéastes (selon quels critères ? l'âge ? le nombre de films ?) pourraient être réunis sous la même bannière. Pourtant, les thèmes, les parcours, les personnalités, les sensibilités, les destins publics et critiques sont si multiples qu'il existe plus sûrement *des* jeunes cinémas français, plutôt qu'un seul, unique et homogène.

De cette pluralité n'en émergent certes pas moins des individualités, des chefs de file ou des artistes singuliers. Cela aurait pu être François Ozon, Anne Fontaine et Gaspar Noé, ou bien Jacques Maillot, Laurence Ferreira-Barbosa et Xavier Beauvois, ou encore Bruno Dumont, Pascale Ferran et Laurent Achard. Le trio (qui est plutôt un quatuor) choisi dans ces pages se compose de Lætitia Masson, Laurent Cantet et des frères Larrieu. Un choix subjectif mais que le talent partagé légitime.

Le cinéma français s'est, dans les années 90, enrichi de l'émergence d'une pléthorique génération de jeunes femmes cinéastes. Pascale Ferran, Laurence Ferreira-Barbosa, Anne Fontaine, Christine Carrière, Hélène Angel, Sophie Fillières, Agnès Merlet, Sandrine Veysset, Noémie Lvovsky… La liste est aussi longue qu'éclectique en termes de personnalités, de styles et d'inspiration. Beaucoup d'entre elles ont néanmoins le point commun d'avoir fréquenté la FÉMIS, bon médiateur de l'institution d'une parité dans un milieu encore empesé d'un certain sexisme.

Lætitia Masson, formée par la section « image » de l'établissement et passée par l'école formatrice du court métrage, constitue le parfait exemple de cette nébuleuse de talents venue faire exploser le vieux cliché de « film de femme », complaisamment réducteur et, au final, diablement péjoratif. Arrivée de Nancy pour poursuivre ses études à Paris (Lettres et Cinéma à l'université de Censier, puis FÉMIS), la frêle et discrète jeune femme n'a pas hésité à s'exposer au fil de ses films, crûment parfois, comme à travers l'exercice périlleux d'un journal intime filmé (*Je suis venu te dire*), où elle abordait sans fard sa vie artistique, sentimentale et personnelle (doutes, engagements, pensée politique). À l'opposé de ce registre, avec *La Repentie*, c'est la plus grande vedette du cinéma français, Isabelle Adjani, qu'elle est parvenue à faire sortir de sa réserve, après avoir dirigé Johnny Hallyday, autre superstar, dans *Love me*, son précédent long métrage. Signes d'un changement de statut au sein du microcosme du cinéma français ? Certes, mais en cultivant toujours la même défiance, le même souci d'indépendance. À trente-cinq ans, Lætitia Masson trace son chemin, en n'altérant jamais sa nature rebelle et en conciliant des envies en apparence divergentes.

Témoigner d'une certaine véracité sociale de la France d'aujourd'hui, en recourant au documentaire – comme dans les premières scènes de *En avoir (ou pas)* où de vraies chômeuses sont filmées en situation d'entretien d'embauche –, tout en assumant l'attrait du glamour, nourri de mythologies américaines (voir *Nulle part*, son moyen métrage primé au festival Côté Court de Pantin en 1993, imprégné de *Bonnie and Clyde* à la française). Affirmer sa singularité tout en s'inscrivant dans des familles de cinéma (elle a travaillé avec Cédric Kahn sur *Bar des rails* et *Trop de bonheur*, dont l'actrice fétiche Estelle Perron a interprété son court métrage *Vertiges de l'amour*…), assumer un engagement artistique comprenant des résonances politiques, en se méfiant des effets pervers de l'action collective, revendiquer individuellement tout en réinventant sa présence sur un front interventionniste public.

La filmographie de Lætitia Masson joue les équilibristes sur cette corde raide, quitte parfois à se perdre, comme avec *Love me*, expérimentation tant boudée du public qu'incomprise par la critique. Ce polar fantasmé entrechoquant les époques, démembrant les personnages, bouleversant la narration, éveillait un sentiment de confusion mais témoignait aussi de la volonté de l'artiste de ne pas se laisser enfermer dans un genre – le « vérisme » d'inspiration

Laetitia Masson, *Love me*, 2000.

social – et de pousser au maximum les possibilités de la fiction, au risque assumé d'une certaine «pose» factice. Par la grâce d'une lecture auteuriste, le film entrait pourtant dans le prolongement des films précédents, en grande partie grâce à la prestation toujours lumineuse de Sandrine Kiberlain, véritable alter ego, presque une sœur – affectueusement baptisée «La Girafe» – pour la réalisatrice. Les personnages d'Alice dans *En avoir (ou pas)*, France dans *À vendre* et Gabrielle-Rose de *Love me* ont tous un air de famille, facettes d'un personnage féminin qui doit tant à l'actrice qui les a interprétés qu'à celle qui les a écrits, dans une collaboration que cette dernière compara à un tennis, florissant d'harmonieux renvois de balles. Des êtres en partance, en mouvement, décidant de changer de vie, et à la poursuite de leurs rêves.

Rêves d'amour, de désirs décomplexés, d'ailleurs (les États-Unis à la fin de *À vendre* et dans *Love me*), de bonheur… «On n'aime pas pareil quand on a de l'argent ou si on en a pas», confiait-elle en substance au moment de la sortie d'*En avoir (ou pas)* : Lætitia Masson est avant tout une cinéaste de la quête (voir *Quelle importance*, où elle reprend à son compte les interrogations de Christine Angot sur l'érotisme). Intimiste, son cinéma n'en apparaît pas moins lyrique, engendrant de saisissantes fulgurances visuelles, telle cette scène de *À vendre*, où Stévenin et Sandrine Kiberlain dansent dans une boîte de nuit désertée sur la chanson *L'Envie* de Johnny Hallyday, instant suspendu, muet, jouant sur l'intensité sonore. Prendre à bras le corps le romanesque et le travailler sur un mode totalement personnel et parfois inattendu, en le reliant à la solide tradition socio-réaliste du cinéma français, cela pourrait être une bonne définition du cinéma de Lætitia Masson. Sans doute jusqu'au moment où, insaisissable, elle s'appliquera à prouver le contraire…

C'est à n'en pas douter une fortune artistique aussi riche qui attend Laurent Cantet, qu'il serait bien erroné de cataloguer prématurément comme «cinéaste social» sur la seule (et grande) valeur de *Ressources humaines*, qui l'a révélé avec un succès d'ampleur inattendue tant critique que public, lui rapportant la récompense prisée du César de la «meilleure première œuvre», en 2001. Intitulé discutable dans ce cas comme dans d'autres, puisque le réalisateur s'était déjà brillamment illustré dans le champ du court métrage – avec *Tous à la manif* (1994) et *Jeux de plage* (1995) – avant d'être l'ambassadeur français de la série internationale initiée par Arte, *2000 vu par…*, à travers *Les Sanguinaires* (1999) [1].

Un début de carrière sans fausse note pour ce fils d'enseignants qui ne se sentait pas forcément destiné à une carrière artistique. Né en 1961 à Niort, dans les Deux-Sèvres, il y a effectué sa scolarité jusqu'au baccalauréat et, surtout, y a fait ses premières découvertes de cinéma, dans une salle proche de son lycée où la Fédération des œuvres laïques proposait des programmations «art et essai» hebdomadaires. Après une année universitaire d'anglais à Poitiers et une maîtrise dans un département audiovisuel de sciences et techniques, à l'Université de Marseille, il «monte» à Paris et intègre l'IDHEC [2], dont il fréquente, entre 1983 et 1986, la section «réalisation et prise de vues». Une période charnière pour le cinéaste en herbe, puisqu'il rencontre alors plusieurs des membres de ce qui va bientôt devenir la société Sérénade productions, où voyageront librement et fructueusement, du projet de l'un vers celui de l'autre, Gilles Marchand, Dominik Moll, Thomas Bardinet ou Vincent Dietschy…

S'il hésite, quelques années après sa sortie de l'école, pour se lancer à son tour, Laurent Cantet réussit un coup de maître avec sa première réalisation.

Les mouvements lycéens d'opposition au CIP [3] proposé par le gouvernement Balladur lui inspirent directement une fiction se déroulant précisément durant la préparation de l'une de ces manifestations. *Tous à la manif* semble saisi sur le vif, dans des conditions de reportage (ce qu'il n'est surtout pas, tout étant reconstitué) et témoigne d'une remarquable acuité de regard sur la réalité la plus frontale, dictée par l'actualité politico-sociale. Une telle veine d'inspiration s'avère rare dans le jeune cinéma français, mais Cantet, qui fut également assistant-réalisateur sur la postproduction du long métrage documentaire de Marcel Ophuls, *Veillée d'armes*, et qui a réalisé pour France 3 un documentaire sur les enfants du Liban (*Un été à Beyrouth*), sait montrer le réel en le confrontant à ses propres obsessions, entraînant dans le registre qui l'intéresse principalement, celui de la fiction.

La résonance de *Tous à la manif* résulte de la confrontation des juvéniles manifestants, qui se rassemblent dans un bistrot parisien, avec un serveur de leur âge, déjà impliqué dans la vie active, sous les ordres d'un patron qui n'est autre que son propre père. Tentation de la rébellion, envie d'émancipation, honte du statut social légué et porté comme un fardeau : les thèmes de prédilection de Cantet sont déjà présents et se voient par la suite développés sans le moindre enracinement autobiographique, comme s'attache à le répéter le réalisateur.

Dans l'ensoleillé et sensuel *Jeux de plage*, le cinéaste se situe au plus près de ses deux personnages principaux – un jeune homme qui passe ses vacances dans le midi de la France et son père qui le suit durant toute une nuit de fête, vers un *climax* où éclate le rapport de tension et d'incompréhension qui les sépare… L'ombre du Witold Gombrowicz de *La Pornographie* [4] plane sur cette histoire où un quadragénaire observe la sensualité adolescente dans un mélange de mélancolie, d'envie et de vie par procuration… Avec ce court métrage bardé de prix, Cantet fait surtout travailler pour la première fois un débutant éblouissant, Jalil Lespert. Venu au casting en compagnie de son père, il avait d'emblée convaincu le cinéaste de leur offrir le double rôle… Pari gagnant, le jeune acteur se retrouve alors dans le téléfilm *Les Sanguinaires* puis dans *Ressources humaines*. *Les Sanguinaires* met en scène un groupe d'amis se retirant sur l'île corse afin d'échapper à l'hystérie générale du passage à l'an 2000. Ce huis-clos en plein air sera fatal au collectif, les tensions éclatant au grand jour. Un personnage extérieur, véritable ange maléfique pasolinien, incarné par Jalil Lespert, joue malgré lui le rôle de révélateur, autre motif récurrent chez Cantet…

L'Éric des *Sanguinaires* annonce ainsi indirectement le Frank de *Ressources humaines*. Étudiant d'origine ouvrière, le jeune homme effectue un stage dans l'entreprise où travaille depuis trente ans son père. Chargé d'une étude sur l'application de la loi sur les trente-cinq heures, il perd ses illusions en découvrant que la direction saisit l'occasion pour faire passer un nouveau plan de licenciement… Comme son personnage, Laurent Cantet ne connaissait pas le milieu qu'il projetait de dépeindre et hésitait – ces scrupules l'honorent – à s'en faire un porte-parole. Il n'en reste pas moins que son film, ancré dans l'actualité politico-sociale, où la fiction permet de scruter le réel, observe de façon pénétrante la culture ouvrière française et réinvente, sans l'avoir prémédité, le cinéma politique de l'ère incertaine ouverte par la fin des idéologies.

Parmi les représentants de la nouvelle génération portant un regard singulier et acéré sur le monde actuel, un duo d'iconoclastes frangins a récemment

déboulé dans le paysage du cinéma français. Dans les fratries de cinéastes qui auront marqué l'art cinématographique, les Taviani, Coen et autres Dardenne pourraient ainsi être rejoints dans les années à venir par les Larrieu. Originaires de la région des Hautes-Pyrénnées – de Lourdes, plus précisément –, Arnaud et Jean-Marie Larrieu travaillent en tandem depuis toujours. Leurs films, aussi bien courts et longs métrages, peuvent être signés de l'un, de l'autre ou des deux à la fois, ils résultent invariablement d'un travail à quatre mains.

Déjà, leurs bandes en super 8 supposaient partage des tâches et complicité sans failles entre Arnaud et Jean-Marie, seulement séparés d'un an (le premier est né en 1966, l'autre l'année précédente). Leur passion, ils reconnaissent d'une seule voix l'avoir héritée de leur grand-père, cinéaste amateur féru de 8 et de 9,5 mm, s'étant même vu confier la confection de films institutionnels et touristiques. Une ascendance inoculant le virus du cinéma et léguant surtout une certaine liberté de filmer, une pureté d'approche de l'outil et de ses possibilités. Aucun souci de durée ni de critères institutionnels contraignants [5] : un court long (*Fin d'été*), un moyen métrage (*La Brèche de Roland*), puis un retour au court peuvent se succéder naturellement, même si leur chemin prend ironiquement l'apparence d'un *cursus cinematographicum* : des films en super 8, suivis de documentaires et films de commandes en vidéo, puis le 16 mm – à travers un court muet noir et blanc précédant un autre parlant en couleur… – pour accéder enfin au « format roi » du 35 mm.

Ce côté insaisissable, artisanal au sens noble du terme, longtemps les Larrieu l'ont accepté, sinon revendiqué. Pas de primauté donnée au scénario, le plus souvent à contre-courant des us et coutumes du milieu : la liberté de ce cinéma hédoniste fait

difficilement ménage avec les canons traditionnels des commissions financières et des circuits de productions en place. Pourtant, il n'est jamais question d'improvisation. Dès l'écriture, l'un amène son idée et l'autre aide à son développement, tandis que sur le tournage Jean-Marie s'occupe plutôt des acteurs Arnaud s'attache au cadre et se situe plus près de la caméra. La complicité, désormais éprouvée, permet de gagner du temps, de tournage en tournage, et d'affiner la méthode. Tout en conservant précieusement les bonheurs d'une expérience d'abord collective : on travaille en plein air, au cœur de la nature, on se retrouve avec une bande de techniciens fidèles, on n'hésite ni à embaucher des interprètes non professionnels, ni à embarquer des comédiens reconnus pour dévaler des pistes en ski, plonger dans des lacs de montagne ou partir en randonnée (Mathieu Amalric jubile encore au souvenir de son expérience physique sur *La Brèche de Roland* comme « du Bruce Willis » [6] !). Et cette joyeuse ambiance de souk déborde largement les confins de l'écran pour s'affirmer communicative.

On se rappelle ainsi avec délice la communauté post-hippie de *Fin d'été*, tenue par un soixante-huitard attardé, vivant avec ses filles, une compagne de passage, des chèvres et la désinvolture d'un épicurisme assumé. Ce cinéma du voyage et de la quête initiatique fortuite, jamais provoquée, évite toute dramatisation et surenchère de gravité. Dans *Bernard ou les apparitions*, l'imposant héros (joué par le cinéaste Yves Caumon, un ami de la famille) part, trompé par son amie, à Lourdes, sans nulle conviction religieuse et connaît la révélation… amoureuse ! Roland emmène sa petite famille en randonnée de pèlerinage vers la brèche pyrénéenne où ses parents l'ont conçu – le site authentique du cirque de Gavarnie où le célèbre neveu de Charlemagne est, selon la légende, tombé avec son arrière-garde.

L'expédition tourne court, avec son lot d'engueulades, de révélations et même de *coming out*!

C'est là sans doute la spécificité la plus brillante du cinéma des frères Larrieu, toujours teinté d'humour et portant simultanément un regard acéré sur le monde. Une vision débonnaire où la métaphysique se marie à la célébration très physique de la nature – tous leurs films sont tournés dans leurs Pyrénées natals –, des corps, de l'effort sportif… De cette union naît le beau. Un «beau» volontiers atypique, qui pouvait jadis s'accommoder fort bien d'un contre-jour aveuglant ou d'un éclairage déficient… Car le rapport au réalisme des Larrieu est tout sauf naturaliste et la psychologie y épouse les imprévus de la fiction. Et, derrière une désinvolture apparente, tout est pesé et pensé dans leur style, s'appuyant sur des cadres impeccables, un montage précis et scrutateur. Car la comédie, genre dans lequel ils se sont majoritairement aventurés – ce qui est d'autant plus rare au sein de leur génération qu'il convient de

le souligner – exige une précision extrême et ne tolère aucun dilettantisme. Comme l'œuvre classique de Hawks dont ils aiment à évoquer la référence.

Sans passer sous les fourches caudines d'une production normalisée, les Larrieu bâtissent, pierre après pierre, une œuvre singulière et «accent-uée», séduisant à leur suite des comédiens reconnus (Mathieu Amalric, Hélène Fillières…) et un public de fidèles d'ailleurs toujours plus nombreux à élire domicile dans ce petit cirque pyrénéen où il fait bon profiter de l'existence.

À l'heure du cinéma multiplexe et du pop-corn, où toute une partie de la production française est produite dans un but de pur divertissement (voir la nébuleuse autour de Luc Besson), une jeune garde de cinéastes français propose une sérieuse et fort stimulante alternative, dans la variété et l'inventivité. Puisse-t-elle convaincre le public – c'est le seul vœu que l'on puisse formuler.

[1] Les huit autres volets de la collection étaient réalisés par Miguel Albaladejo (*Mi primera noche*, Espagne), Alain Berliner (*Le Mur*, Belgique), Ildiko Enyedi (*Tamas et Juli*, Hongrie), Hal Hartley (*Book of Life*, États-Unis), Romuald Karmakar (*Chez Walter*, Allemagne), Don McKellar (*Last Night*, Canada), Tsai Ming-liang (*The Hole*, Taiwan), Abderhamane Sissako (*La Vie sur Terre*, Mali) [2] Institut des hautes études cinématographiques, ancêtre de l'actuelle FÉMIS [3] Contrat d'insertion professionnelle, plus communément appelé «smic jeunes» [4] Éd. Gallimard, *Folio* n° 2784, 1995 [5] Selon les textes officiels du Centre national de la cinématographie, un court métrage est un film d'une durée inférieure à 60 minutes. Au-delà, on parle de long métrage [6] *Repérages* #15, novembre-décembre 2000

Filmographie de Lætitia Masson

Films d'école : *Les Petits Bateaux* (1988, 6') ; *Un souvenir de soleil* (1990, 8')
et *Chant de guerre parisien* (1991, 13')
Nulle part (1992, 50')
Vertiges de l'amour (1994, 5', réalisé dans le cadre
de l'opération *3000 scénarios contre un virus*)
En avoir (ou pas) (1995, 90')
Je suis venue te dire... (1997, 23')
À vendre (1998, 107')
Love me (2000, 105')
Quelle importance. L'érotisme vu par...Christine Angot
(2001, 10', court métrage réalisé pour Canal +)
La Repentie (tournage en cours, 2001)

Filmographie de Laurent Cantet

Les Chercheurs d'or (1986, film de fin d'études, 27')
Tous à la manif (1994, 27')
Jeux de plage (1995, 27')
Les Sanguinaires (1999, 68')
Ressources humaines (2000, 100')
L'Emploi du temps (2001)

Filmographie de Jean-Marie et Arnaud Larrieu

Vidéos et documentaires de commande : *Bisness*
et *Les Enfants du désir* pour Arnaud, *Autour
du Père-Lachaise, Belle de jour, une histoire de cinéma,
Caroline* ou *Les Sorcières de Bron* etc. pour Jean-Marie.
Court voyage (Jean-Marie Larrieu, 1987, 22')
Temps couvert (Arnaud Larrieu, 1988, 13')
Les Baigneurs (Jean-Marie Larrieu, 1990, 25')
Ce jour-là (Arnaud et Jean-Marie Larrieu, docu-fiction, 1992, 52')
Bernard ou les apparitions (Arnaud Larrieu, 1992, 25')
Fin d'été (Arnaud et Jean-Marie Larrieu, 1999, 68')
La Brèche de Roland (Arnaud et Jean-Marie Larrieu, 2000, 47')
Madonna de Lourdes (Arnaud et Jean-Marie Larrieu, 2001,
court métrage, en finition)

Portraits de cinéates du court métrage
Marina de Van et Joël Brisse

Arnault Visinet
Travaille à l'Agence du court métrage (CNC), collabore aux revues *Bref, magazine du court métrage* et *ArtPress*

Si l'on considère l'histoire et le développement du Septième art en France, le court métrage a constamment fait figure de parent pauvre. Souvent méconnu, parfois considéré avec désinvolture, il n'a que rarement fait l'objet d'études approfondies ; et d'un point de vue purement matériel, le manque d'espace de diffusion dont il a souffert – et dont il souffre encore – l'a toujours confiné dans un statut d'objet cinématographique irrémédiablement marginal.

Pourtant, depuis quelques années, se dessine de la part des professionnels, et aussi du public, une tendance certes consensuelle mais sincère, visant à revaloriser ce format en tant que mode d'expression autonome face au *vrai* cinéma (sous-entendu le long métrage). Il est de fait opportun d'insister sur ce qualificatif, car le regain d'intérêt qui se fait jour, non dénué d'une certaine complaisance, est tout à fait symptomatique de l'appréhension biaisée dont le court métrage fait encore aujourd'hui l'objet. En effet, on ne cesse d'entendre à son propos des expressions telles que « pépinière de talents », « carte de visite », « film miniature », « coup d'essai », etc. ; autant de clichés ayant malheureusement la vie dure, mais qui trahissent au fond un réel manque de crédibilité du film court face aux schémas traditionnels de l'industrie cinématographique.

Or, il s'agit bien d'une question d'économie, celle du court métrage étant éminemment cruciale et singulière, puisque la réalisation d'un film dit « court » (c'est-à-dire d'une durée inférieure à 60 minutes) engendre nécessairement un budget conséquent – plusieurs centaines de milliers de francs – qui peut paraître exorbitant eu égard à une œuvre qui aura finalement peu de chances d'être rentable, ni véritablement exploitable (si ce n'est par quelques achats des chaînes de télévision qui permettront au mieux à la production de rentrer dans ses frais).

Indépendamment des considérations propres aux circuits et aux règles du système, la relative faiblesse du court métrage est également imputable à une certaine négligence chez les réalisateurs dans leur appréhension de la durée spécifique à ce format. En effet, d'un point de vue formel, si un court métrage ne peut plus être envisagé comme un sketch, il ne peut pas non plus reprendre purement et simplement les caractéristiques d'une narration de long

métrage [1]. Or, ces données particulières à la temporalité dans le film court sont cruciales, et rares sont les réalisateurs qui savent comprendre et exploiter de manière positive cette singularité. Peut-être est-ce dans l'abandon des schémas de narrations linéaires, comprenant une véritable construction dramatique, que réside le formidable potentiel du format court ? Car l'enjeu est justement, au sein de cette durée réduite, de permettre le développement d'un ou plusieurs aspects marginaux d'un sujet qui, dans un long métrage, aurait simplement été inclus dans le continuum d'une histoire plus vaste.

Il s'agit certes d'une notion délicate à cerner, mais que certains réalisateurs sont parvenus à saisir avec beaucoup d'habileté et de talent, lorsqu'ils ont su faire abstraction de toutes les contraintes externes, pour se concentrer sur une approche différente du film. À ce titre, l'œuvre de Marina de Van, et celle de Joël Brisse apparaissent tout à fait exemplaires car elles représentent deux itinéraires et deux univers différents mais qui, chacun à leur manière, ont su révéler à la fois la spécificité et la diversité du format court.

En 1997, le mini-scandale du Festival international du court métrage de Clermont-Ferrand, en tout cas le film dont tout le monde parlait, était *Bien sous tous rapports*, de Marina de Van, une jeune réalisatrice tout juste sortie de la FÉMIS. En effet, au-delà d'une scène particulièrement explicite, le public avait été ému par le sujet même du film : des parents bourgeois et rangés reprochant à leur fille, via une caméra dissimulée dans sa propre chambre, de mal pratiquer la fellation, et de lui expliquer, démonstration à l'appui, la meilleure façon de s'y prendre, comme s'il s'agissait d'un point crucial de son éducation. Bien que le film n'ait obtenu au palmarès que le Prix de la presse, il aura marqué le public, moins par la crudité de ses images, que par sa manière subversive de renverser les codes sociaux en s'attaquant aux schémas établis et sacro-saints de la cellule familiale. Ainsi, bien au-delà d'une volonté de provocation ou de critique, Marina de Van cherchait plutôt à inquiéter le spectateur en bouleversant ses modèles de pensées à travers des figures désincarnées et des décors glacés. C'est cette mise en abîme sans cesse renouvelée et cette construction presque abstraite, que l'on retrouvera tout au long de ses films ultérieurs.

Malgré sa personnalité atypique dans le paysage du court métrage français, le parcours de cette jeune réalisatrice reste cependant relativement classique : après deux années d'hypokhâgne et khâgne suivies d'une maîtrise de philosophie, elle intègre le département réalisation de la FÉMIS en 1993, consciente qu'il s'agit là du plus sûr chemin pour accéder à la réalisation, mais non sans avoir pendant un temps envisagé de se consacrer plutôt à la sculpture. À l'issu de ce cursus de trois années, *Bien sous tous rapports* constituait son film de fin d'études et a pu être produit assez facilement au sein de l'école, malgré son contenu subversif et décalé, qui dénotait quelque peu face aux travaux habituels des étudiants. Marina de Van reconnaît d'ailleurs qu'elle n'aurait sans doute jamais pu réaliser ce film en dehors de la structure particulière de la FÉMIS, eu égard à la frilosité des producteurs indépendants qui hésitent généralement à s'engager dans des projets trop risqués. Ainsi, c'est à nouveau dans le cadre de la FÉMIS qu'elle réalisera son deuxième film, *Rétention*, plus étrange encore que le précédent puisqu'il décrit le basculement vers la folie d'une jeune femme confrontée aux affres de la constipation (et jouée par Marina de Van elle-même).

Bien plus déroutant que véritablement choquant, ce deuxième film a relativement peu convaincu la critique. Trop énigmatique, il est resté pour beaucoup de spectateurs une sorte d'objet incompréhensible et complaisant, alors qu'il affirmait – d'une manière certes excessive – la naissance d'un univers éminemment singulier, dans lequel la réalité se trouvait pervertie par des angoisses et des pulsions imaginaires. Il est cependant remarquable – et dans un sens rassurant – de voir qu'un tel film ait pu exister malgré l'inévitable uniformité de la production habituelle et ce, sans doute, grâce au cadre particulier – puisque institutionnel – de la FÉMIS qui ôte un certain nombre de contraintes aux réalisateurs et leur permet de s'exprimer avec plus de liberté.

D'un point de vue formel, la particularité et la force de ces deux films réside dans l'absence ou presque de développement narratif, au profit de la description méticuleuse d'une situation ou d'un état particuliers. Forte de ce parti pris, Marina de Van peut alors décortiquer, plan après plan, l'envahissement de la réalité par une sorte de dimension parallèle et installer un climat psychologique de plus en plus oppressant, dans lequel le spectateur – à l'instar du personnage principal et « victime » de ce dérèglement – se sent bientôt dépassé. Ainsi, au point de contact de l'analyse psychologique et du fantastique, le cinéma de Marina de Van marque la singularité de son territoire par ce mélange de décalage et d'« inquiétante étrangeté », cette référence freudienne n'étant bien entendu pas fortuite, puisqu'elle ira en s'affirmant dans ses films suivants.

Définitivement sortie du cadre de la FÉMIS elle retrouvera Laurence Farenc, issue de la même promotion – mais dans la filière Production – qui avait alors rejoint l'équipe de Lazennec Tout Court. Ainsi, grâce à la confiance et à la détermination de sa productrice, Marina de Van réalisera *Alias* en 1998 puis *Psy-Show* en 1999, qui viendront confirmer sa singularité, tout en attestant du chemin parcouru – en peu de temps – vers une plus grande maturité et une véritable maîtrise de son langage cinématographique. En effet, si son dispositif de perversion des modèles sociaux pouvait sembler encore maladroit dans ses deux premiers films (un peu trop évident dans *Bien sous tous rapports*, ou au contraire trop hermétique dans *Rétention*), elle le développe d'une manière de plus en plus fine et abstraite dans ses deux films suivants, en faisant appel à des situations mentales et des angoisses beaucoup plus diffuses et innomées, comme la perte d'identité dans *Alias*, ou la manipulation psychologique dans *Psy-Show*. Ainsi, en approfondissant la dimension freudienne de son écriture, elle développe plus que jamais un univers fait d'ambiguïté, de mystère et d'oppression psychologique, qui laisse le spectateur sans réponses.

Alias met en scène la disparition progressive d'une jeune femme, dont l'existence semble dans un premier temps niée par son entourage familial – ses parents parlant d'elle en sa présence comme si elle était invisible – puis finalement usurpée par une femme mystérieuse, qui la supprime purement et simplement afin d'endosser son identité, sans que personne ne s'en soit aperçu. Par une mise en scène extrêmement rigoureuse, froide et abstraite, Marina de Van parvient à installer progressivement un climat de malaise et d'étrangeté. Tirant parti des effets d'ombres et de reflets, mais aussi du jeu volontairement artificiel des comédiens, elle entretient ce sentiment oppressant d'insécurité par une multitude d'indices énigmatiques qui annoncent le basculement final vers une dimension surréaliste.

Poursuivant dans cette veine, d'une manière encore plus épurée, *Psy-Show* est un face-à-face insolite dans le cabinet d'un psychanalyste, qui prend un malin plaisir à déplacer son fauteuil dans le dos de son patient. Ce dernier se trouve alors totalement déstabilisé par ce jeu de manipulation, persuadé qu'il est réellement fou et la séance se termine sur le regard satisfait du thérapeute ayant convaincu son patient de poursuivre son analyse. Dans une parfaite unité de temps et d'espace, la mise en scène de Marina de Van va plus loin qu'une simple description factuelle, pour confronter le spectateur à un climat insaisissable et menaçant, mais surtout pour lui permettre d'accéder à l'état psychologique et physique de son personnage. Or, c'est cette démarche particulière qui marque la continuité de ses films, car au-delà de ses impénétrables névroses, le cinéma de Marina de Van s'exprime avant tout par un regard particulier sur le corps et sur des états de corps ; exhibé dans *Bien sous tous rapports*, déchiré dans *Rétention*, transparent dans *Alias* ou manipulé dans *Psy-Show*, il demeure un élément essentiel dans son univers – alors même qu'il représente sans doute ce qui manque le plus au court métrage français – signant ainsi la singularité et la richesse de cette œuvre passionnante.

Cette attention portée au corps et aux sensations est encore plus affirmée et perceptible – quoique d'une manière différente – dans le cinéma de Joël Brisse. En effet, alors que bon nombre de courts métrages semblent totalement ignorer l'idée même de chair et de sensualité – dans le sens d'une perception sensorielle – les films de Joël Brisse s'attachent au contraire à saisir au-delà du phénomène de la vision, tout ce qui peut stimuler les sens du spectateur (bruits, odeurs, toucher, etc.) avec une acuité et une évidence encore inédites.

Né en 1953, diplômé de l'École des Beaux-Arts de Clermont-Ferrand, Joël Brisse est avant tout peintre mais aussi sculpteur – activités qu'il exerce encore aujourd'hui – et c'est à travers l'écriture qu'il est venu au cinéma (il a en effet co-écrit plusieurs films avec la réalisatrice Marie Vermillard). Ainsi, parallèlement à son activité de plasticien, il décide de réaliser sa vocation tardive avec *Les Pinces à linge*, en 1997, qui remportera un succès considérable et de nombreux prix dans les festivals. Sur fond d'éducation sentimentale, le film brosse le portrait d'un jeune adolescent aveugle qui, par l'ironie du sort, gagne un appareil photo et insiste pour le garder afin de photographier le ciel.

D'une manière très métaphorique, Joël Brisse nous apprend aussi comment ce jeune garçon parvient à voir au-delà de nos apparences et relevant le défi de filmer la cécité, il souligne le paradoxe dont sont victimes tous ceux qui, comme son personnage, sont condamnés à l'obscurité. Surtout, délaissant une trame narrative très définie, il décrit avec beaucoup de sensibilité le sur-développement des autres sens – plus spécifiquement l'ouie ainsi que le toucher – pour tenter de pallier la vision déficiente de cet adolescent. Or, c'est justement dans cette manière presque contemplative de *regarder* les sens au travail, en marge de toute description dramatique, que se situe la densité et la singularité propres au cinéma de Joël Brisse.

Poursuivant sa démarche dans la voie du sensoriel, qui s'explique sans doute – même si cela peut paraître simpliste – par sa formation de peintre et donc son rapport particulièrement sensible à la matière, il réalisera ensuite *Le Songe de Constantin* puis *La Pomme, la figue et l'amande*, deux films qui, s'ils furent moins bien accueillis que le premier, font déjà preuve d'une grande maturité de la part du réalisateur, et affirment également un certain détachement de la narration au profit d'une image de plus en plus sensuelle et contemplative.

Le Songe de Constantin, tiré d'une fresque de Piero della Francesca, constitue un titre étrange pour un film racontant l'histoire d'un laveur de carreaux vivant dans un garage et collectant toutes sortes d'objets qu'il conserve dans un étrange liquide saumâtre. Il aperçoit un jour derrière une vitrine une femme qu'il a vraisemblablement connue et se met à l'épier à la dérobée. Le film n'explique rien de plus, ni à propos de Constantin, le personnage principal, ni à propos de cette femme qu'il observe, obligeant le spectateur à trouver lui-même des clés. Évoquer sans expliquer, tel est sans doute la plus grande qualité du cinéma de Joël Brisse, dans lequel rien n'est donné, établi ou imposé, car le film regarde le spectateur autant que celui-ci le regarde et son climat, à la lisière du mystère, pose plus de questions qu'il n'en résout. Ainsi, dans cette relation entre le film et le spectateur, Joël Brisse sait merveilleusement bien tirer parti du format court, en inscrivant dans la durée des épi-phénomènes qui sont généralement ignorés ou du moins rejetés en marge de la progression dramatique.

La Pomme, la figue et l'amande s'inscrit d'une manière encore plus évidente dans ce registre du sensoriel et du contemplatif, mêlés à une histoire délivrée par bribes et nimbée d'un mystère refusant tout éclaircissement. En pleine campagne, une femme visiblement traquée et en fuite, rencontre un ouvrier agricole travaillant dans un champ de vigne. Ces deux êtres qui paraissent un peu hors du monde vont apprendre à se connaître à travers des histoires de fruits, de couleurs, de lumière, pour finalement accéder à des sentiments insoupçonnables et confus, enfouis en eux par la rigueur des relations humaines. Plus que jamais, Joël Brisse laisse s'exprimer le silence et le non-dit au profit de la sensualité, en laissant son regard s'attarder sur le cœur rouge et luisant d'une figue fraîche, sur les lignes ondulante d'un paysage champêtre ou encore sur

Filmographie de Marina de Van

Bien sous tous rapports (1996, 35 mm, couleur, 11'20)
Rétention (1997, 35 mm, couleur, 14')
Alias (1998, 35 mm, couleur, 13')
Psy-Show (1999, 35 mm, couleur, 20')

Filmographie de Joël Brisse

Les Pinces à linge (1997, 35 mm, couleur, 23')
Le Songe de Constantin (1999, 35 mm, couleur, 23')
La Pomme, la figue et l'amande (1999, 35 mm, couleur, 35')
La Gardienne du B (2000, 35 mm, couleur, 42')
Joël Brisse a également réalisé quatre courts métrages
commandés par l'ADAMI, dans le cadre de l'opération
« Talents Cannes 2001 ».

la lumière déclinante d'un soir d'été. Sans un mot, il explique par l'image – qui est au fond la vocation première du cinéma – la contamination et le glissement progressif de ses personnages vers une plénitude, une harmonie et une affection bientôt charnelle, qui constitue le seul et unique propos du film. Ainsi, grâce à une grande économie de moyens, il parvient à remplir l'écran d'image et de sens avec une force dont les mots sembleraient incapables. Mais surtout, il ouvre au spectateur un champ infini d'interprétations et de perceptions, que chacun peut appréhender en puisant dans sa propre sensibilité, c'est pourquoi ses films peuvent paraître obscurs aux esprits secs, alors qu'ils font au contraire preuve d'une incroyable générosité dans leur façon de donner à voir les sens en action.

Fort aujourd'hui d'une filmographie importante et cohérente, Joël Brisse vient de terminer un nouvel opus intitulé *La Gardienne du B*, dont le synopsis laisse présager une certaine forme d'accomplissement dans la mise en scène des sens, puisqu'il décrit le quotidien d'une jeune fille qui remplace ses parents concierges pendant les vacances, et qui perçoit le monde de son HLM à travers son propre corps. Une fois encore, cet argument n'est pas sans rappeler les théories de l'art corporel des années 70, qui visaient à unir l'art et la vie à travers justement le médium du corps – ce qui nous renvoie toujours à l'activité artistique de Joël Brisse.

Marina de Van, quant à elle, prépare actuellement un long métrage dont elle a achevé l'écriture. Elle semble donc perdue pour le court, bien que ce format semblât lui convenir parfaitement puisqu'il lui permettait de centrer chaque film sur un personnage particulier et d'en approfondir l'analyse. Quoi qu'il en soit, et quels que soient les itinéraires divergents de chacun, l'originalité et la pertinence du regard de ces deux réalisateurs auront à la fois enrichi le champ de création du court métrage, et auront participé d'un mouvement souvent marginal, mais d'autant plus pugnace et convaincant, qu'il atteste de la vigueur et de la nécessité des films courts.

[1] On pourrait à ce sujet s'interroger sur la pertinence d'une narration dans le court métrage, venant souvent pallier une « peur » du contenu, mais ce serait un autre débat

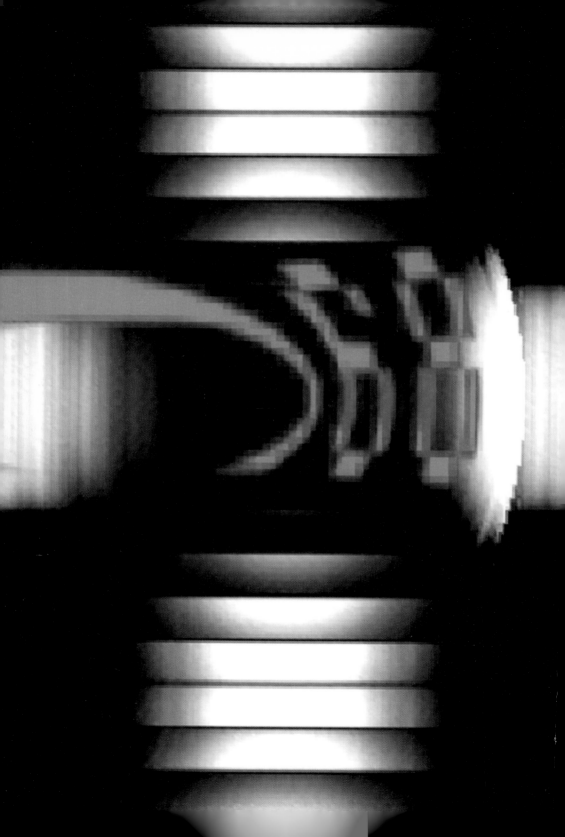

Portraits de musiciens électroniques

Laurent Hô, Kojak, The Hacker

Cendrine Gady

Spécialiste de musique électronique

Aujourd'hui, plus personne n'est choqué d'entendre une publicité rythmée par une musique électronique à 140 BPM (battements par minute), le mot *rave* fait encore peur mais la chasse aux *ravers* a cessé d'être une obsession nationale, les cheveux en pétard et les visages percés sont monnaie courante, il n'en a pourtant pas toujours été ainsi, loin de là…

À la fin des années 80, naissaient un peu partout dans le monde des foyers de courants musicaux distincts, anecdotiques et novateurs. Certaines villes, dont Goa, Détroit, Chicago, New York, Ibiza, Berlin, Bristol, Londres et Paris sont rapidement devenues le berceau de ces nouvelles familles musicales. Ceux qui ont assisté à l'émergence de ce mouvement se rappellent d'une formidable effervescence, d'une liberté débridée, de grands cérémonials démesurés aux allures mystiques, de fêtes inquiétantes. Les DJs n'étaient pas encore des stars mais des prophètes d'un tout nouveau millénaire. Une sorte de nouveau Woodstock, une nouvelle révolution sous le signe de la technologie. Ceux qui ont assisté à cette naissance se rappellent de la solidarité des débuts et ont la sensation d'avoir participé à quelque chose qui marquerait leur temps, ce qui fut en définitive le cas. Revendicatrices, ces musiques l'ont été dès le départ, comme autant de portes-parole de minorités communautaires. Les premières années du mouvement furent baignées d'euphorie, rassemblant dans une liesse commune toutes les couleurs de peau, toutes les nationalités, toutes les religions, les percés, les tatoués, les jeunes, les moins jeunes, les homosexuels, les hétérosexuels, les bisexuels, autour d'une liberté qui paraissait illimitée, reconquérie et triomphante.

Puis, très vite, les critiques, la répression, les arrestations, les interdictions, les restrictions, la réglementation, ont supplanté l'émerveillement des débuts et justifié la peur de cette nouvelle inconnue sur la planète musique, dénoncée comme un nouveau fléau venu faucher la jeunesse mondiale. Le sceau de l'infamie est apposé systématiquement sur cette musique et ses adeptes. Les *raves* sont jugées dangereuses à cause des drogues qui y circulent, la presse, tantôt frileuse, tantôt hostile les dénigre, faute de les comprendre, et les grandes majors boudent

les nouvelles idoles inconnues. Pourtant, rien n'a réussi à atténuer l'impact de cette déferlante mondiale. Force est de constater que de longues années plus tard, ce qu'on baptise souvent, à tort, du terme générique de techno et de manière plus juste les musiques électroniques, sont devenues plus qu'un mouvement, une culture à part entière, avec ses codes vestimentaires et esthétiques, son état d'esprit, une nouvelle façon de vivre la musique, de la danser, de l'écouter et une histoire qui lui est propre.

Il y a une manière de vivre cette musique et une de vivre avec. Aujourd'hui, tout le monde a récupéré ce courant : la télévision s'en est emparé pour habiller ses programmes et être dans la tendance, certaines radios en ont fait leur unique thème de programmation et tous les plus grands clubs parisiens et provinciaux ont compris son impact commercial. Elle a ses stars depuis longtemps déjà : Laurent Garnier passe au journal de vingt heures et a reçu un prix aux Victoires de la musique, Manu le Malin est demandé de part le monde. Un ancien ministre de la Culture défend cette génération qui défile dans les rues de Paris, à grands renforts de chars, de couleurs et de sons distordus à l'occasion de la Techno Parade, emboîtant ainsi le pas à Berlin ou à San Francisco. Le commerce est florissant et personne ne s'en plaint, du moment qu'il s'agit de récupérer une part du gâteau.

Sur le plan de la créativité même, on est passé de quelques courants génériques à des dizaines de familles qui se subdivisent désormais en sous-générations, allant du trip-hop au hardcore en passant par l'acid house ou la techno, autant de méandres où les non-initiés peuvent se perdre à loisir. Dans ce dédale de domaines, les contours restent flous et insaisissables, pour preuve, un DJ peut être également compositeur, producteur, posséder plusieurs labels, avoir signé des morceaux auprès de labels différents, sous divers pseudonymes, faire des *live* de façon occasionnelle, fréquenter le milieu undergroud ou le milieu branché le temps d'une soirée. Les règles ont changé, la musique aussi, autre siècle, autres mœurs… Le culte de l'image est moindre, il existe pas ou peu de place pour les majors campées sur leurs positions, déstabilisées par ces nouveaux venus ne respectant aucune règle. Les artistes préfèrent garder le contrôle total d'une production souvent à tirage limité et brouiller les pistes au profit de la créativité.

Deux publics vont suer corps et eau sur des rythmes électroniques, à savoir les *clubbers*, qui fréquentent comme leur nom l'indique tous les clubs et boîtes de nuit en tout genre et les *ravers* qui chassent inlassablement les *flyers* pour trouver la soirée en rase campagne souvent gratuite et clandestine où ils pourront écouter des sons que l'on n'entendra jamais sur les ondes, telles les cultissimes Teknival, créées par des *travellers* venus d'Angleterre. On ne va plus à un concert mais écouter un *live* ou un *mixe*, on écoute des morceaux, pas des chansons, on va voir un Disc jockey et non un chanteur. Quant à la fameuse French Touch, dont on parle tant l'employant à tort et à travers comme l'expression à la mode, c'est ce « je ne sais quoi » à la française qui a séduit le reste du monde. La créativité et la diversité de nos artistes suscitent un engouement international à l'égard des productions françaises.

Le mixe

Laurent Garnier définit le *mixe* comme le fait de « raconter des histoires avec la musique des autres ». Entre le DJ et son public, s'opère une communion autour de la musique, une sorte d'osmose. Le DJ adapte son *set* à l'ambiance de la salle, attentif à l'approbation de son public. Il donne, le public reçoit et sa récompense est le spectacle des danseurs devant lui, comme un chanteur savoure les applaudissements et les rappels dans un concert. Peu nombreux sont les artistes qui négligent leur public, que leur musique soit dansante ou non. Art éphémère s'il en est, le *mixe* est une façon de vivre la musique et de la consommer sur place, sans modération aucune, le temps d'une soirée. Un *set*, dure en moyenne une heure et demi, et les DJs se succèdent derrière les platines durant toute la soirée.

Mis au rancard avec l'apparition du CD, le vinyle avait pratiquement disparu du commerce. Les musiques électroniques ont donné une nouvelle vocation aux petites galettes de plastiques noires qui se vendent désormais par milliers. Les DJs achètent leurs disques – en moyenne une dizaine par semaine pour ceux qui tournent beaucoup – dans les bacs des disquaires spécialisés. On les fait tourner sur des platines un peu améliorées ; afin de maîtriser le son on alterne 45 et 33 tours pour la vitesse, on torture tous les boutons de la table de mixage, on « scrach », on ralenti, on accélère, on ménage de courtes pauses pendant lesquelles le tempo ralenti pour mieux redémarrer ensuite. Autant de nuances destinées à obtenir l'ambiance parfaite, le son juste. Tout ceci a l'air d'une simplicité enfantine, et pourtant ne l'est pas, tous ceux qui s'y sont essayé vous le diront, car pour réussir à caler deux disques, voire trois pour certains, tels le virtuose Carl Cox, il faut quoi qu'on en dise une oreille musicale aiguisée et une grande dextérité, sinon c'est la cacophonie assurée…

Les mauvaises langues ont prétendu pendant des années que ces bruits ne ressemblaient ni de près ni de loin à de la musique et qu'aucun de ces nouveaux « héros » des temps modernes que sont les DJs n'étaient dignes du plus modeste des musiciens.

The Hack

the next step of ne

an electrowa

Pochette du CD *The next step of new wave* de The Hacker, mix réalisé à l'automne 2000.

307

C'est inexact car la plupart d'entre eux sont musiciens de formation et c'est justement à ce «bruit» qu'ils s'intéressent comme une exploration des sons jusqu'ici laissée de côté. S'ils ne sont pas proprement musiciens, la majeure partie d'entre eux possèdent une grande culture musicale et sont arrivés aux musiques électroniques comme un aboutissement logique de leur créativité, puisant dans le passé diverses influences telles que le groove, la soul, le funk, le disco ou encore des extraits musicaux remixables à l'infini grâce aux boucles informatiques, les samples.

Laurent Hô recherche lui aussi cette instantanéité, même si certains de ses *mixes* sont gravés sur CD. D'une trentaine d'années, designer de formation, passionné de musiques en tous genres, il s'intéresse très tôt aux sons en eux-mêmes et avant tout à la musique dite industrielle, en référence à l'urbanisme dont elle emprunte le foisonnement de sons mécaniques. Depuis plus de dix ans, il se consacre inlassablement à l'exploration d'un monde sonore épuré de mélodies, radical et sombre mais d'une grande intensité. Il appartient à la fraction la plus extrême des musiques électroniques, à savoir le hard core, caractérisé par une absence de mélodie, un rythme dur et rapide et une moyenne de 180 BPM. Autant dire que ça ne ressemble pas à une comptine pour enfant. Très prisé en dehors de nos frontières, le hard core n'est que fureur, violence, rapidité, à la limite du terrorisme auditif. C'est une musique cérébrale plutôt que dansante, bien qu'elle ait aussi ses adeptes gigotants. Hô la décrit lui-même comme «un voyage à travers des mondes distordus, stridents, compacts, véritables outils de décompression... ».

C'est également un courant resté assez underground, qui s'est toujours développé un peu en marge du reste. Laurent Hô, est considéré avec Manu le malin, comme le meilleur DJ hardcore au monde. Il s'exporte très bien, mixe dans divers pays et partout en France. Cet infatigable prodige aime mélanger les genres. Il est à lui seul la preuve que la créativité dans ce domaine artistique se nourrit de tout et s'enrichit de tout. Il dessine ses pochettes de disque lui-même, participe à des expositions qui juxtaposent œuvres d'art contemporain sur fond de musique électronique. Il est également producteur, éditeur, créateur d'événements (il a participé à l'organisation des deux premières Techno Parade de Paris), propriétaire de plusieurs labels ouverts à toutes les formes de musiques électroniques autres que le hardcore, comme Epitet, UW, Opulsion, 1998 ou encore EP.NET. Il s'est également laissé tenter par le multimédia en créant des CD Roms interactifs où l'image et la musique ne font plus qu'un. Il est simplement légitime de se demander où s'arrêtera-t-il et quand trouve-t-il le temps de dormir...

Le live

Le *live* est un exercice de style, plus question ici de spontanéité et d'interactivité avec le public. Il doit tout à la technologie dont il est totalement tributaire. Ordinateurs et claviers remplacent les platines et les bacs de disques, l'artiste installe son matériel sur scène et lance un programme informatique. C'est une musique préconçue, des boucles et des morceaux préenregistrés sur des ordinateurs. Ce qui signifie que si ça déplaît au public, il est impossible de rectifier le tir, comme un DJ peut le faire en changeant son *set* d'orientation. On n'est pas non plus à l'abri d'un «plantage» informatique et dans ce cas et bien c'est terminé. Aucune solution de rechange. On remballe, on rentre chez soi, on répare et ça coûte cher. Sans compter la déception de n'avoir pas pu finir son *live*. Le résultat est souvent très bien, même si cela manque de souplesse et de chaleur.

C'est une performance tout à fait différente du *mixe*, plus construite et plus froide.

À l'heure actuelle, en France, l'une des formations les plus créatives du *live* est sans aucun doute Kojak. Groupe de house composé de trois personnages venant d'horizons différents : DJ Vas qui apporte sa touche hip-hop, DJ Grégoire pour l'influence house plutôt festive et enfin Jayhem pour les ambiances soul. Très vite après leur rencontre et leurs premières productions, ce cocktail aussi riche qu'insaisissable, impose un style et révolutionne le monde un peu figé du *live*. Ils ont une énergie débordante, font feu de tout bois et sont vite considérés comme des bêtes de scène. De clubs étrangers en festivals hexagonaux en passant par la première Techno Parade à Paris, tout le monde s'arrache ce nouveau phénomène. Pro-zak Trax, l'un des plus anciens labels de house s'intéresse à eux et les fait signer, séduit par leur originalité. En 1999, leur premier album, *Crime in the city*, les consacre au niveau mondial, avec dix-neuf morceaux il introduit l'ambiance des boîtes de nuit dans les chaumières.

La composition

Loin des pistes de danse endiablées et des pelouses piétinées, le compositeur s'affaire dans un studio, souvent aménagé chez lui, sur des dizaines de machines : synthétiseurs en tout genres, tables de mixages et ordinateurs. Des logiciels spécialisés lui offrent des combinaisons l'infinies, des milliards de possibilités. Au début, il y a un son simple, épuré, auquel il ajoute une nappe, un effet, l'habillant, le modulant pour peu à peu le faire sien, achevant sa construction abstraite. Ces sons, juxtaposés et mixés les uns aux autres formeront bientôt un tout cohérent. Il bricole et *booste* ses machines, frôlant l'hybridation. Torturé ou enjoué, le compositeur est un passionné, un architecte de l'impossible qui va toujours plus loin pour trouver les sons qui illustreront sa pensée et mettront son âme à nue. Il suit son instinct, cherchant l'alchimie parfaite. Intimement lié à la technologie et à ses progrès, il se sert des machines comme autant d'instruments. Tel un musicien qui se servirait d'un piano, d'une guitare ou d'une flûte pour s'exprimer.

Michel Amato, alias The Hacker, est l'un de nos plus brillants compositeurs de techno. Venu également du milieu indus, il passe d'abord par le hardcore et se tourne ensuite vers la techno. D'origine grenobloise, où la scène techno a été dès le début d'une grande vitalité, il comprend vite qu'il faut fuir les interdictions massives pour continuer à exister. En réponse à la répression, il fonde en 1998 le label Good Life, grâce auquel il devient l'un des producteurs les plus enviés de France. Il produit dans un premier temps les artistes locaux d'une scène grenobloise en pleine effervescence. Il s'exile en Allemagne où il trouve la notoriété et le succès qu'on lui refusait jusque-là dans l'hexagone, où la presse continue obstinément de privilégier la house aux autres courants musicaux. Sa consécration française il l'obtient enfin avec son album *Mélodie en sous-sol*, en référence au film du même nom et au milieu underground. Il sort à la fois sur CD à faible tirage et sur vinyle afin d'être mixé en soirée.

Ses influences, il les puise dans la musique des années 80 (Depeche Mode, Soft Cell), la new wave et l'esprit gothique. Sombre, nostalgique et violente, sa musique est radicale mais d'une telle sincérité qu'elle en devient paradoxalement chaleureuse. Il recherche avant tout la simplicité : «Je préfère épurer le son le plus possible pour l'optimiser», évitant ainsi le piège facile des effets multiples qui masquent selon lui la pauvreté musicale de certains morceaux.

Ses morceaux sans aucune concession sont autant de voyages dans un univers proche de celui de Lovecraft qu'il affectionne particulièrement. Désormais reconnu à juste titre comme l'un de nos meilleurs DJs, mais évoluant toujours dans le milieu underground, The Hacker a su concilier ces deux mondes avec une rare intelligence.

Détournées, diversifiées, commercialisées et spécialisées à outrance, les musiques électroniques ont vécu leur première crise. Ce milieu a connu, comme toute forme de culture une récupération commerciale pas toujours glorieuse et des dérives souvent affligeantes. Néanmoins, une fois passé l'écueil de la mauvaise compilation tapageuse et de la soirée escroquerie garantie, reste un milieu en pleine effervescence et en constante évolution dont la renommée et le succès dépassent largement le cadre de nos frontières. La French Touch, toujours aussi conquérante et créative représentait en l'an 2000 pas moins de 20 % du chiffre d'affaires du marché français du disque. La recherche de nouvelles expériences est toujours au goût du jour, de nouveaux territoires à conquérir, repoussant sans cesse les frontières de la technologie pour accéder à des univers encore inconnus mais déjà prometteurs. Le son n'a pas encore livré tout ses mystères pour ces aventuriers technologiques qui, jusqu'à l'extrême, poussent et perfectionnent les machines pour y faire passer un art, une âme, la leur…

N'en déplaisent à ses détracteurs, la musique électronique est dans l'air du temps, celui du siècle à la technologie débridée et omniprésente. Elle se nourrit de cette escalade au progrès, tout en dénonçant les dérives et les dangers d'une société de plus en plus déshumanisée. Les courants se diversifient jusqu'à l'étourdissement, les artistes sont de plus en plus nombreux, les labels pullulent et restent insaisissables et indépendants et un public de plus en plus jeune adhère à cette génération électronique. Malgré tout, le mouvement s'est un peu essoufflé, un peu perdu à force d'errances. La clandestinité lui donnait force et créativité, le succès et la reconnaissance lui ont enlevé son innocence et sa force revendicatrice. Toutefois il n'y a rien à regretter, il a juste vieilli et appris à ses dépens que la lumière peut aveugler.

Portraits de stylistes

Michael Kors, Hedi Slimane, Marc Le Bihan, Martine Sitbon

Frédéric Bonnet

Critique d'art, collabore aux revues *parpaings* et *L'Architecture d'aujourd'hui* pour les rubriques mode et design

En matière de mode, la seconde moitié des années 90 a été fortement marquée par l'émergence de nombre de nouvelles marques, souvent confiées à de jeunes designers, dont la starification croissante se trouve accentuée par une pénétration toujours plus large de l'audience, répondant à des envies plus uniquement réservées aux élites.

Tout le monde ou presque réclame aujourd'hui sa « part » de design : les gamines de banlieue autant que les bobos des centres villes. Dans ce contexte, où la frénésie touche chaque saison une population de « fashionistas » toujours croissante, New York a renforcé – pour partie conséquence de l'installation remarquée d'Helmut Lang en 1998 – son positionnement avec la mise en place d'une vraie *fashion week* qui ouvre chaque saison le mois des présentations féminines avant Londres et Milan, et la capitale lombarde continue, avec les locomotives phares que sont devenues Gucci et Prada, de tenir la corde d'un chic international qui cache mal ses velléités marketing dans l'élaboration des modèles. Fidèle à elle-même, Paris demeure encore et toujours LA capitale de la mode créative, où Français et Belges en particulier donnent à voir, dans un calendrier pléthorique (pas moins de 120 défilés inscrits au calendrier officiel de chaque saison de prêt-à-porter féminin), un large panel de propositions où les expérimentations hasardeuses (qui somme toute font une grande part du charme et de l'intérêt qu'on porte à la mode) côtoient des créations plus réalistes en termes d'usage. Et c'est bien ce mélange de créativité et de lucidité commerciale qui permet à la capitale française de tenir son rang.

Si l'on exclut de notre propos les designers installés hors de nos frontières, que retenir au sein de ce qui est entièrement élaboré à Paris ? On a choisi quelques noms marquants, étrangers parfois, qui pour des raisons diverses, nous semblent dresser un état des phénomènes et des préoccupations qui marquent l'activité de la mode parisienne d'aujourd'hui. Marc Le Bihan et Martine Sitbon s'imposent par leur constance à élaborer une mode qui leur est entièrement propre et semble comme détachée des contingences dictées par les tendances. On relèvera aussi l'intérêt porté par certains à une vision très

parisienne de la couture, qui situe le travail d'Hedi Slimane et de Jeremy Scott dans une perspective où une idée forte de la tradition parisienne se trouve revivifiée par des propositions résolument contemporaines. Avant quoi l'on verra comment se sont redressées de « vieilles » maisons françaises devenues un peu défraîchies, et que la nomination de nouveaux designers a totalement réactualisée.

Renaissance

Peut-être conséquence de l'effet Gucci, où l'arrivée en 1992 du créateur texan Tom Ford aux rennes artistiques d'une maison emblématique mais que l'on tenait alors pour « cérébralement morte », Paris a enregistré au cours des dernières années des phénomènes similaires, au premier rang desquels les réussites les plus spectaculaires restent celles de Céline et de Chloé. Fondée en 1945 pour fabriquer des chaussures, la maison Céline ne s'adonne à la confection qu'à partir de 1969, sans jamais susciter un grand enthousiasme auprès de la critique. Elle vit avec la réputation d'une marque qui ne parvient pas à imposer son style, mais se place plus volontiers à la traîne des tendances fortes et du travail des autres, tout en ne parvenant pas à se défaire d'une image de bourgeoise quelque peu austère et empesée.

Une renaissance spectaculaire s'opère en 1997, lors de l'arrivée de l'américain Michael Kors à la tête du prêt-à-porter féminin, avant d'être promu l'année suivante directeur artistique de l'ensemble de la marque. Son succès tient dans une sophistication des modèles qui apparaît pourtant naturelle et décontractée. Il propose à la jet set mondiale un *sportswear* chic, où simplicité des lignes, confort et fonctionnalité du vêtement s'allient à des matières ultra luxueuses, esprit français oblige ! Michael Kors détourne ainsi le côté basique du *sportswear* pour aboutir à des vêtements luxueux mais pas prétentieux, où se côtoient manteaux en poil de chameau et pulls de skis en cachemire, fourreaux pailletés et cardigans de bain tricotés main. Le nouveau chic de la marque se veut à la fois contemporain et intemporel : force est de constater que lorsqu'il rend hommage à la Parisienne (Hiver 2000-2001), Kors en dépoussière les clichés pour aboutir à une silhouette où blazer, jupe fendue sur la cuisse et chaîne dorée composent une silhouette à la ligne épurée, parfaitement actuelle mais que l'on aurait pourtant du mal à dater. La nouvelle Céline apparaît sexy et glamour, désinvolte et sûre d'elle.

Conséquence de cette nouvelle image, la clientèle rajeunit, se diversifie et s'internationalise, en touchant notamment le marché américain jusque-là rétif à la marque et en développant beaucoup plus largement son positionnement européen. Voulant donner d'elle une image globale et cohérente, Céline repense l'aménagement de ses points de vente aux fins de traduire visuellement ses nouvelles valeurs, et met en place une stratégie de communication qui développe en images son nouveau credo : bouger, voyager, travailler… Soit être belle et bien, n'importe où et en toutes circonstances. Cette approche, combinée au nouveau style maison, s'avère payante. En effet, Céline enregistre actuellement une hausse de 30 % de son chiffre d'affaires en volume pour l'ensemble du prêt-à-porter.

Chez Chloé (fondée en 1952), c'est l'arrivée, en 1997 également, de la jeune Stella McCartney – 26 ans et fraîchement sortie de la fameuse Central Saint Martin londonienne lors de son accession à la direction artistique – qui bouleverse la donne. Elle apporte très vite un vent de fraîcheur à une marque que l'on pourrait dire alors « dormant sur ses lauriers ». Des lauriers joliment tressés par Karl Lagerfeld, revenu

en 1992 après y avoir assuré la création de 1963 à 1983, mais qui s'enferra ici dans sa gloire passée, sans parvenir à positionner la marque au rang qu'elle a toujours prétendu occuper : celle de référence dans une alternative moderne entre haute couture et prêt-à-porter. Le style McCartney est vif et incisif : elle impose à la femme, dans des tailleurs-pantalons définissant une ligne très acérée, la rigueur de la coupe des tailleurs londoniens de Savile Row contrastée par un goût appuyé pour les bordures en dentelle et les petits hauts aguicheurs. Bustiers en chaînes dorées et shorts frangés, tuniques libérant une épaule ou minijupes portées avec des bottes aux genoux, imposent une nouvelle image sexy, empreinte d'humour et dégagée de la bienséance observée jusque-là. En terme commercial, les résultats ne se font pas attendre : la société enregistre en quelques saisons une augmentation de 75 % de ses bénéfices, conséquence là encore d'un très net rajeunissement de la clientèle et d'une meilleure implantation à l'étranger.

Une nouvelle « couture » française

Hedi Slimane est arrivé chez Dior en juillet 2000, après avoir été propulsé sur le devant de la scène lors de son passage chez Yves Saint Laurent, où il était entré en 1997. Pierre Bergé le charge de la ligne Rive Gauche Homme, pas franchement excitante et qui ne représente pour la maison aucun enjeu particulier. En quelques saisons, le jeune homme (né en 1968) réussit à s'imposer en tant que créateur, tout en redonnant vie et souffle à la ligne endormie. La clef de son succès tient dans un style qui n'appartient qu'à lui, débarrassé des conventions en termes de genre, et qui impose une ligne parfaitement identifiable, une vraie silhouette – sans doute son souhait le plus cher – en opposition aux vêtements de sport et autres décontractés, qu'il abhorre

tant ils neutralisent les formes et sont une négation du corps. Il se pose en contre des principes établis de la masculinité et revendique la recherche d'un mental masculin, nettoyé des clichés et des codes dépassés qui fondent l'idée même de virilité : « Les codes sont complètement mélangés aussi on ne fonctionne plus sur l'expression d'un corps masculin mais plutôt d'un mental masculin. » Tout est dit, l'heure d'une petite révolution aurait-elle sonnée ?

Dans l'univers très codifié du prêt-à-porter masculin, Hedi Slimane s'ingénie à mêler le désir d'immédiateté constitutif de l'idée même de mode à une recherche de pérennité, basée sur l'étude des lignes et de la construction : en clair et comme on voudra, un vêtement créateur peut être parfaitement coupé, assemblé et fini, ou la qualité d'un vêtement tailleur peut être épurée des traces de cette intervention et ne pas paraître dépassé. Ce qui, l'un dans l'autre, revient au même et pose les bases de ce qu'il entend désormais réaliser chez Dior.

Cette attention à la fabrication, qui déjà chez Saint Laurent l'avait fait s'approcher de la couture (on se souvient de sa collection Hiver 2000-2001 et d'un manteau en plumes fort remarqué, entièrement exécuté par Lemarié) trouve un nouvel essor chez Dior, avec la mise en place d'un atelier de sur-mesure où il espère combiner style et perfection de l'exécution. Travailler dans des maisons au passé chargé le confronte à la tradition de la couture et des ateliers qu'il tente d'actualiser à la réalité d'aujourd'hui. En élaborant une sorte de « couture pour homme », Hedi Slimane tente une approche plus intime du vêtement, développée dans un cadre parisien qui lui est cher pour son contexte pluridisciplinaire, la qualité de ce qu'on peut y écouter – en musique électronique notamment –, les interactions qu'il y trouve avec d'autres formes de création, et bien entendu,

le passé qu'elle porte en elle, qui ne demande qu'à être transposé, revisité…

On trouve une autre forme d'approche de la couture parisienne chez Jeremy Scott, créateur américain né en 1973 à Kansas City, qui s'installe à Paris parce qu'« on peut y montrer tout ce qu'on veux ». Octobre 1996, un premier défilé sensationnel, inspiré des accidents de voitures, de l'univers hospitalier et des modifications corporelles : une autre manière d'envisager la gadgetisation du corps ! La critique adore, il faut dire que le jeune homme fait montre de sérieuses capacités de coupe et de détournement du vêtement : ses variations sur le tee-shirt sont remarquables. Les références à la couture parisienne apparaissent plus tard, et en particulier dans la collection Hiver 2000-2001, où un logo « Paris » est décliné sur la maille en long et en large, à l'endroit et à l'envers. Ces motifs s'agrémentent d'un esprit « couture » que Jeremy Scott entend affirmer dans la coupe. On note la création d'une « toile Jeremy Scott », ornant sacs et bagagerie à la manière des grandes maisons. Si l'ironie peut percer à travers ces citations, nul doute qu'on puisse également y relever un hommage à Paris. La collection été 2001 le confirme, laissant s'enchaîner tailleurs parfaitement ajustés portés sur des talons hauts, trenchs serrés à la taille, ou maillots de bain sirènes, le tout avec d'évidentes références à Yves Saint Laurent ou à Chanel. Toute une histoire !

Des personnalités singulières

Parmi la multitude de créateurs qui chaque saison font arpenter les podiums à des armées entières de mannequins, on en retiendra deux qui s'imposent par leur capacité à demeurer hors des moules et des tendances, à faire en quelque sorte une mode hors mode.

Marc Le Bihan, tout d'abord, né en 1966, qui présente sa première collection en 1993. Personnage hors normes, il n'organise qu'un seul défilé, mixte, chaque année. Jugeant que ses collections été sont une continuité de celle d'hiver, il ne fait défiler que celles-là. Considérer le temps est à la base de son approche du vêtement, le temps long qui leur donne corps. Par la pratique du recyclage tout d'abord, des stocks de pantalons, des pulls de l'armée anglaise… chinés aux puces. Par la citation formelle en second lieu. Mais nulle démarche passéiste. Quand l'habit ancien est convoqué, c'est pour en utiliser les qualités constitutives ou l'image, dans une silhouette contemporaine, il est mélangé à d'autres éléments. Les matières servent sa recherche : laines bouillies ou tissus vieillis, aspect de non fini. Le temps toujours… Marc Le Bihan aime l'ambiguïté. Est-ce le début ou la fin ? Le latex est très présent également, jouant souvent comme un lien, lieu d'inclusion d'autres tissus, prétexte à une recomposition, à un agrégat constitutif. Pour lui, le vêtement n'existe que quand on se l'approprie, quand on lui donne vie, quand on rajoute sa propre histoire à celle que le créateur a pu lui apporter. Il s'agit d'une démarche en perpétuel mouvement, qui fait de l'habit non pas seulement un objet de prêt-à-porter mais réellement un « vêtement à vivre ».

La petite robe en velours dévoré c'est elle : Martine Sitbon. Née en 1951, elle vient à la mode en 1985 avec un style rock et fort, qui d'emblée marque les esprits. Un passage chez Chloé, entre 1988 et 1992, puis elle poursuit inexorablement sa recherche d'héroïnes de contes de fées, de créatures androgynes ou de rock stars. Respectée depuis ses débuts, elle acquiert pourtant avec cette collection Hiver 1997-1998 un statut de créatrice culte, et voit son audience croître considérablement. Ses marques de fabrique sont la soie et le satin, le cuir et le velours. Elle achève là un cycle que l'on dirait romantique – un romantisme sombre –, habituée qu'elle est de proposer un point de vue s'étalant sur plusieurs collections (une seule n'y suffirait pas !) avant de passer à autre chose, à une autre histoire. Les déchirures et les lambeaux cèdent alors la place, jusqu'à l'été 2001, à des recherches beaucoup plus graphiques, pour partie inspirées par l'art abstrait – Rothko Malevitch, ou Kandinski… –, en quête de lignes et de carrés, de traits et d'aplats colorés. Le tout est souvent agrémenté de fleurs, en cuir ou en tissus ; la féminité toujours présente, le goût du contraste. Elle lance avec l'Hiver 1999-2000 une ligne homme puisant dans les mêmes inspirations que pour la femme, en étroite complémentarité. La mode de Martine Sitbon surfe sur les courants, en évitant de suivre les vagues. Jamais rattrapée par les tendances, elle continue à imposer sa vision du vêtement, où une transposition des émotions suscitées par la musique rock est toujours perceptible, où l'expression de ses envies propres et l'authenticité de sa démarche n'en affirment que mieux la présence et le caractère racé de son style.

Interviews de créateurs

parcours, interrogations, inspirations

architecture[324] design[340] arts plastiques[348] danse[356]

théâtre[364] cinéma[372] mode[380]

Entretien avec Manuelle Gautrand par Alice Laguarda

Manuelle Gautrand privilégie – à juste titre – la dimension du plaisir dans ses réalisations : plaisir de l'architecte qui subvertit le quantitatif des programmes et surtout plaisir du « maître d'usage ». Plaisir est alors gage de liberté. Elle souligne le rapport physique qui doit toujours être présent dans une architecture. Son travail, d'une grande sensibilité, illustre cette recherche de l'authentique modernité : « *Sapere aude !* Aie le courage de te servir de ton propre entendement ! » (E. Kant, *Qu'est-ce que les Lumières ?*)

Alice Laguarda Comment qualifieriez-vous la place de la technique dans vos projets d'architecture ?
Manuelle Gautrand Il faudrait que la technique passe au second plan, qu'elle sous-tende le projet au lieu de le devancer. Elle doit être au service de l'architecture, elle aide à porter le projet. Elle est au service du travail sur le volume, sur l'ambiance, les matériaux, le fonctionnement du bâtiment.
Dans mes projets, j'essaie de faire disparaître la technique le plus possible. C'est un objectif difficile à atteindre car elle est de plus en plus présente, par exemple pour des raisons de sécurité ou d'absence de pensée dans un projet. La technique, lorsqu'elle n'est pas maîtrisée, peut dénaturer un projet. Les plus beaux projets sont pour moi ceux où les choses sont simples, comme portées juste par le concept. C'est ce que j'ai essayé d'appliquer à mon projet de gares de péage dans le nord de la France. Il s'agissait de créer des auvents au-dessus d'une autoroute. Deux partis pris étaient possibles : développer une belle structure franchissant une grande portée, et dans ce cas, le projet n'aurait pas exprimé grand chose d'autre que le fait de se prouver à lui-même qu'il était grand, fort, qu'il traversait le paysage d'un seul tenant. La deuxième possibilité, que j'ai choisie, était de faire un projet qui exprimerait, au travers de chacun des auvents, le paysage environnant. C'est pourquoi j'ai conçu des auvents verriers qui reprennent la tradition des cristalleries du nord de la France. J'ai tendu, au-dessus de chaque sortie d'autoroute, une sorte de grand vitrail coloré qui représente de manière très imagée, le paysage alentour. La structure est la plus simple possible car je ne voulais pas qu'elle vienne devancer cette idée, ni la surenchérir. Elle vient au droit de chaque voie, tous les 2,50 mètres. Une structure de poteaux-poutres porte le grand lé de verre. Lorsqu'on est automobiliste, on ne voit que le verre qui semble planer au-dessus des voies.
Alice Laguarda La nature a souvent été et est toujours l'objet de mythes dans l'architecture (écologisme, instrumentalisation par la technique). Quelle relation souhaitez-vous instaurer entre nature et architecture, et plus particulièrement entre architecture et paysage ?
Manuelle Gautrand La plupart de mes projets ne se situent pas dans des paysages végétaux, mais dans des paysages urbains, industriels, des espaces qui sont l'œuvre des hommes. Je les nomme quand même

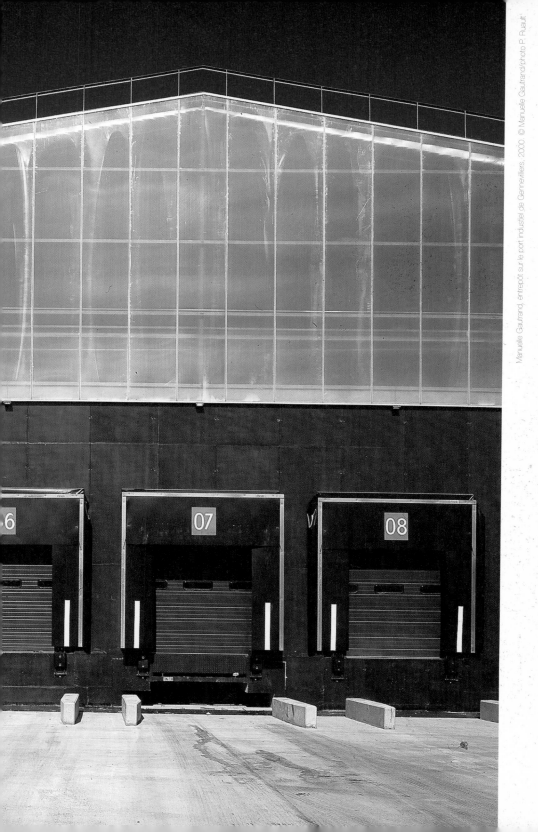

paysages car leur poésie a autant de force que celle des paysages naturels. Dans mon projet de bâtiment sur le port industriel de Gennevilliers, j'ai été très marquée par l'architecture portuaire, le rapport à l'eau, les grands quais en béton. Je me force toujours à prendre de manière très approfondie la mesure du paysage. C'est la première marque de respect que l'on doit avoir en tant qu'architecte vis-à-vis de l'endroit où l'on s'implante. Il faut comprendre le site et lui répondre au travers du projet. Lui répondre, cela ne veut pas forcément dire s'y fondre, ce peut être une relation de l'ordre de l'opposition… Chaque projet doit être une réponse à une question que me pose le paysage, et non pas seulement une réaction au programme.

Pour le théâtre de Béthune, j'ai travaillé sur un double rapport au paysage urbain. En prenant la mesure du site, je me suis aperçue qu'il était en totale opposition avec le projet : un théâtre est un lieu festif, marquant, donc pourquoi le cacher ? Je n'ai pas voulu me fondre dans le paysage mais poser là le projet comme un gros volume complètement hors d'échelle par rapport au reste : il représente quelque chose qui manquait au site, un point culminant et abstrait. Après avoir posé le bâtiment, traité de manière très plastique, je souhaitais que sa monumentalité ne soit pas massive mais insérée avec douceur dans le tissu environnant. Je voulais que le traitement pelliculaire de ce volume (sa couleur, sa matière) s'inspire des couleurs du Nord : de ces maisons en briques peintes aux couleurs très vives qui conjurent la grisaille, décorées, ornementées, avec des rouges sombres, des bruns, des pourpres, des noirs. Tout le volume en béton du théâtre est ainsi recouvert d'un vernis de teinte pourpre. Comme il y avait peu de moyens pour le projet, le seul travail plastique que je pouvais faire était sur la peinture. Au-dessus du vernis, j'ai travaillé un principe de pochoir qui crée un graphisme, forme des losanges comme ceux que l'on trouve dans les bâtiments industriels de la région : d'énormes ornementations en bas-relief, qui donnent un côté précieux à ces architectures industrielles.

C'est un peu le même principe de traitement graphique que j'ai utilisé pour un projet de halte fluviale à Lyon, où le rapport au paysage est traité sur le mode du clin d'œil. Il s'agit d'un ponton rectangulaire en bois qui accueille pêcheurs et vedettes touristiques. Un motif sur le bois décrit un tapis de poissons.

Alice Laguarda Vous évoquez le plaisir que doit susciter un bâtiment. N'est-ce pas notamment le travail sur les matières qui peut le provoquer ?

Manuelle Gautrand Nous avons besoin de vivre les bâtiments de manière plus physique. L'importance de la dimension sensible dans l'architecture, aujourd'hui, implique ce travail attentif sur la matière. La matière c'est l'enveloppe, la dernière peau du bâtiment, la transition entre l'intérieur et l'extérieur. Elle est enveloppe pour ce qui se passe dedans, elle a un impact sur les ambiances intérieures. Elle est aussi enveloppe vis-à-vis de l'extérieur : elle donne l'image du bâtiment, elle qualifie son rapport au site. Dès le départ d'un projet, je travaille sur la matière, je puise dans tous les domaines des idées de matériaux, de textures, de couleurs. Ces recherches sur la matière, sur la couleur, permettent de travailler le projet sur plusieurs échelles à la fois : sa dimension urbaine, sa fonctionnalité, sa dimension tactile, les détails de construction, etc.

Cette dimension me paraît de plus en plus présente dans l'architecture car nous avons plus de distance par rapport à l'époque formaliste, et nous avons agrandi notre vocabulaire en termes, notamment, d'enveloppe et de matières. En même temps, l'une des difficultés est d'éviter que notre paysage urbain ne se transforme en une mosaïque de matières.

Un bâtiment doit avant tout procurer du plaisir à ses occupants, ses visiteurs, ses spectateurs dans la ville : il y a un plaisir à vivre dedans et à passer devant. La technique et le fonctionnalisme ont largement

démontré leur dangerosité par rapport à l'amoindrissement de la dimension sensible en architecture. Or, tout peut contribuer à ce plaisir des sens : la qualité de l'usage, une alchimie réussie de volumes, de matières, de la surprise, de l'étonnement… Mais le plaisir est assez indicible, irracontable dans un programme.

Alice Laguarda Vous avez travaillé sur des programmes très divers : bâtiments industriels, culturels, gares de péage d'autoroutes, et maintenant le concours de la fondation Pinault sur l'île Seguin. Comment abordez-vous un programme ?

Manuelle Gautrand J'essaie de travailler sur des projets très différents les uns des autres. Cela me permet de me renouveler sans arrêt. Mais un programme quantifie beaucoup et qualifie peu. Nous vivons dans une société qui applique ce principe systématiquement, ce qui est effrayant. Quand l'architecte travaille pour l'usager, le plus difficile est justement d'établir un contact sur des valeurs qui se distinguent du programme. Le « maître d'usage » ne se rend pas forcément compte qu'il a des attentes, des a priori, il ne les formule pas assez, et l'énoncé du programme devient un énorme handicap entre lui et l'architecte. À un moment donné, je crois qu'il faut jeter le programme et essayer de faire parler le « maître d'usage ». Parfois, c'est surtout l'architecte qui a beaucoup de convictions : il sait qu'au-delà des mètres carrés de son programme, il anticipe le mode d'habiter. Le travail de l'architecte consiste à établir ce contact et à refaire un programme qui ne soit pas quantifiable, à inventer d'autres espaces et d'autres fonctionnements.

C'est ce qui s'est passé pour le projet Actair, pour lequel j'ai reçu le prix A.M.O. 2000 : le contact s'est établi avec le « maître d'usage ». Le projet consistait en une cuisine centrale, un bâtiment d'une énorme technicité. Mais l'objectif était de fabriquer un projet qui créerait du plaisir. J'ai pu bousculer le programme et apporter des réponses, des volumes auxquels le « maître d'usage » ne s'attendait pas du tout. L'idée était de sortir des projets de cuisines centrales traités sur le mode hygiéniste. J'ai privilégié les espaces qui me semblaient être au cœur de la vie, de la nourriture : les chambres froides qui enferment tous les aliments. Je les ai assemblées bout à bout comme un train de marchandises, en leur donnant des volumes beaucoup plus gros que ce qui était nécessaire, et je les ai habillées avec des robes gourmandes, des autocollants de photos représentant les aliments agrandis. Ces volumes donnent un caractère très fort au bâtiment : en plus de montrer la nourriture colorée, qui structure le fonctionnement car elle est au cœur du projet (tout le monde tourne autour), ces boîtes multicolores de poivrons, de poissons, de citrons, de pâtisseries, irradient l'ensemble du bâtiment. Elles créent des reflets partout, elles évitent la signalétique (les étiquettes pour les produits), et cela transforme le fonctionnement. Si un tel projet avait été traité de manière traditionnelle, on n'aurait pas vu la nourriture. Ici, elle est magnifiée.

Alice Laguarda Quel regard portez-vous sur la ville contemporaine ?

Manuelle Gautrand La ville est envahie par la société marchande, par la quantification et la normalisation des espaces, des comportements. L'individu est de plus en plus isolé. Cette réalité est difficile. Je suis fascinée par les villes, surtout lorsqu'elles sont grandes, bouillonnantes, complexes, à la fois ancrées dans leur passé et ouvertes au monde qui les entoure. Les villes d'Europe du Nord et de l'Est m'intéressent particulièrement, car elles ont des cultures et des histoires multiples, et en même temps, elles arrivent à digérer l'époque contemporaine : preuve de leur modernité et de leur courage. À l'inverse, Paris est l'exemple d'une ville qui me paraît très statique, qui a du mal à digérer et à intégrer notre modernité. Le rapport au patrimoine y est très rigide. Cela correspond sans doute à un certain esprit français très classique, scientifique et normé.

Entretien avec Jacques Ferrier par Alice Laguarda

Si, pour Jacques Ferrier, nous sommes toujours dans l'attente d'un mythe, nous ne devons pas oublier la nécessité d'être aussi vraiment dans la société. Comme certains bâtiments abandonnés à leur utilité qui ont une force d'impact impressionnante et qui donnent à penser. L'impact d'une construction doit rester la préoccupation essentielle de l'architecte. Avant de produire des objets d'architecture, il faut construire des objets-dans-le-monde.

Alice Laguarda Les liens entre technique et architecture sont-ils fondamentaux dans tous les cas ?

Jacques Ferrier Il est aujourd'hui plus que jamais impossible de faire l'impasse d'une pensée sur la technique – et donc sur l'économie –, même pour une architecture de proposition, de rêve. Les œuvres d'Antonio Sant'Elia, d'Archigram, de Superstudio, toutes ces utopies architecturales du XXᵉ siècle, ont eu une influence ; en les regardant, on peut se faire un point de vue sur les relations qu'elles entretiennent avec les techniques de leur temps. Si les projets d'Archigram ont un tel impact, c'est surtout parce que même s'ils étaient irréalisables (*Plug in City*, *Walking City*, etc.), il est toujours possible d'envisager leur matérialité. Dans un autre registre utopique, l'immatérialité des projets de Superstudio est déduite d'une technologie supposée très puissante, quoique invisible. Le destin de l'architecture, quel que soit son mode d'apparition (papier, discussion, construction…), est indissociable d'une vision sur la technique. Si cette vision disparaît, cela voudra dire que l'architecture renonce à l'idée d'exister dans un monde futur. Les architectures non construites, en trouvant une résonance juste avec l'univers technique, acquièrent, à un moment donné, une sorte de « légitimité utopique » qui leur confère un pouvoir d'évocation et d'influence. La question de la technique ne se réduit donc pas à celle de la construction. La question de la technique c'est une question de la pensée.

Alice Laguarda Les matériaux actuels offrent des possibilités qui entraînent quels bouleversements ?

Jacques Ferrier Ils ont évolué mais dans une direction qui n'est pas celle d'une esthétique techniciste : on trouve des plaques d'aluminium qui imitent parfaitement le marbre, du marbre aussi fin que de l'acier, des poutres en béton fines comme des poutrelles de métal… Tout projet qui reposait sur la base d'une équivalence entre choix formels et morale technique est mis à mal par la production de la technique elle-même. La technique devient complètement versatile, et donc, immorale. Si on veut s'appuyer sur une éthique du projet, celle-ci ne sera pas facile à trouver dans l'articulation entre choix architecturaux et possibilités techniques. Ce qui est nouveau, c'est que ce sont des technologies toujours plus sophistiquées qui permettent de varier à l'infini des séries de produits médiocres. Elles créent, comme dans les autres domaines de la consommation, l'illusion d'un choix immense, alors que les différences réelles s'estompent, comme les potentialités de personnaliser l'innovation.

Va-t-on assister à une rupture comme il y a un siècle, quand les avant-gardes du Mouvement Moderne ont donné du sens à l'industrialisation naissante ? Y a-t-il à nouveau le besoin pour la société de créer un lien symbolique entre une industrie, désormais soumise à une économie mondiale, et un mythe collectif dont l'architecture serait le dépositaire ?

Peut-être, mais ce qui a changé, c'est que nous allons devoir assumer la neutralité de la technique dans le débat sur la forme de l'architecture d'avant-garde. C'est une chance, car les décisions qui étaient sup-posées être déduites de la technique elle-même (par exemple bâtiment lisse, transparent, courbe) perdent leur légitimité. Les architectes retrouvent leur responsabilité ; dans un univers où l'économie domine, où la consommation effrénée est la règle, ils doivent faire des choix, faire leur shopping dans les catalogues et mobiliser telle technique modeste, voire médiocre, pour proposer des innovations remarquables.

En ce qui me concerne, je m'efforce de toujours relier usage et technique, et si possible d'inventer de nou-velles associations, de nouveaux liens. C'est-à-dire que le projet d'architecture est une expérimentation qui met en regard des potentialités permises par la technique, et des possibilités supplémentaires d'usage pour les occupants. Chaque projet devient la construction d'un point de vue critique sur l'univers dans lequel on vit, on travaille. Ce qui m'intéresse, c'est de tirer parti au mieux des possibilités techniques, même modestes, pour donner plus de générosité, plus de liberté, plus d'imprévu aussi.

Même s'il est hors de question d'idéaliser la technique, on ne peut pas imaginer non plus l'ignorer. Toutes les questions posées aujourd'hui à l'architecture telles que le rapport à l'environnement, l'utilisation de matériaux recyclables, le développement durable, la mixité et la flexibilité programmatique, la capacité à se transformer… dépendent de la technologie. Les enjeux, les potentialités mais aussi les inquiétudes pro-duites par la technique, ses relations avec le territoire, le climat, sont des sujets d'actualité pour tout un chacun. Les prises de position sur ces thèmes permettent aux architectes d'être impliqués dans la société, de sortir de leur ghetto culturel.

Alice Laguarda Vous-même, où puisez-vous de nouvelles sources d'inspiration pour penser la technique ?

Jacques Ferrier Parmi de nombreuses sources d'inspiration, j'ai une prédilection pour les constructions anonymes qui ne sont pas issues d'un projet d'architecture, mais que je perçois comme des « architec-tures inventées ». Même si le projet ouvre un nombre infini de possibilités, cet infini n'épuise pas le sujet de ce qui peut être construit. Il y a un autre infini, celui des projets produits en dehors de cette méthodologie. Beaucoup de constructions auraient du mal à être produites dans une logique de projet : elles répondent en prise directe à des questions d'économie, de technique et d'usage, parfois de façon violente ; elles ne sont pas représentées avec les codes traditionnels, ne sont pas issues d'un travail sur la lumière, sur l'es-pace, sur la perspective, critères hérités de la Renaissance qui continuent à hanter tous les architectes et dont la légitimité pourrait être remise en cause. Ces constructions sont parfois des catastrophes (et dans ce cas, on n'a pas de scrupules à les transformer ou à les raser) mais parfois, elles deviennent aussi des objets attachants, inédits, poétiques, qui trouvent leur place de façon évidente dans le paysage. Dans la plupart des métropoles européennes ou américaines, on constate que les lieux à la mode, vivants, créatifs, s'implantent de préférence dans des quartiers où dominent ce type de constructions – surfaces commer-ciales, usines, entrepôts. Au départ prévues pour des usages très fonctionnels, très spécialisés, elles offrent des espaces généreux et inédits qui peuvent très facilement être recyclés.

La rudesse de ces constructions, leur franchise vis-à-vis de la technique et de la fonction, font qu'elles acquièrent une présence bien particulière : ces bâtiments sont des objets du monde avant d'être des objets d'architecture. C'est ce que j'essaie de trouver dans mes bâtiments : une densité, une justesse mais aussi une permissivité qui leur permettent d'exister dans d'autres dimensions que celles de la discipline architecturale.

Alice Laguarda Ces « architectures dans le monde » ont-elles un rapport particulier au temps ?

Jacques Ferrier Tout en étant constamment bousculées, transformées, abîmées, ces architectures arrivent à rester elles-mêmes : la fenêtre n'est plus au même endroit, la porte est obturée, l'usage a changé, ici ou là apparaissent des appendices sauvages, etc., mais quelque chose reste. Ce qui reste est très lié à la matérialité et à la façon dont les architectures sont construites. Elles sont souvent très économes dans le nombre de technologies qu'elles emploient : quand elles ont pris le parti d'une technologie, elles en épuisent toutes les possibilités quitte à la détourner de façon inventive et surprenante. La loi de l'économie la plus stricte empêche toute variation formelle ou romantique des matériaux. Citons par exemple les constructions agricoles, poussant à l'extrême l'utilisation du bardage ondulé en acier galvanisé : tous ces hangars ont dans le paysage une espèce de dignité. Avec le temps ils y semblent mieux installés que l'architecture qui a été trop pensée, trop écrite.

Le rapport à l'usage c'est presque la même chose que le rapport au temps. Car l'usage d'un bâtiment aujourd'hui c'est forcément quelque chose en constante évolution. Du coup, ce qui dure c'est ce qui a la capacité de se transformer. C'est le contraire du monument qui résiste obstinément. De l'Arsenal de Venise aux immeubles industriels de Manhattan, des milliers de bâtiments, au départ ultra-fonctionnels, ont démontré leur capacité à accueillir avec bonheur d'autres activités. Des objets extraordinaires ont été faits en dehors de la discipline architecturale, comme l'île Seguin, architecture de la nécessité à l'intérieur de laquelle il y a de très grands espaces disponibles pour quantité d'usages. Dans une ville comme Paris, ennuyeuse à force de se contraindre à être belle partout, les objets sauvages sont aussi rares que précieux. Dans une ville saturée de projets d'architecture bien dessinés, nous avons la chance qu'existe ce vaisseau amiral de l'architecture inventée : à conserver absolument donc…

Alice Laguarda L'architecte est-il alors condamné à l'anonymat ?

Jacques Ferrier Je distingue bien sûr le projet en tant qu'architecture de ces architectures de l'invention. Quand on est architecte, on ne peut pas faire semblant de ne pas l'être. Je ne peux pas reproduire ces objets-là et faire comme si je n'étais pas un auteur. Mais j'essaie de m'approcher au plus près de ce non-engagement formel, de ces ready-mades constructifs qui nous entourent. En cela, je me sens proche d'Anne Lacaton et de Jean-Philippe Vassal quand ils détournent une serre préfabriquée pour y faire une maison. Les serres agricoles sont des références sur une technique simple mais très réactive aux variations climatiques (stores et ouvrants automatisés, capteurs, etc.). Mais au-delà de la transposition directe, comment en tirer parti tout en assumant le rôle d'auteur d'architecture ?

Pour l'écrivain, le langage parlé, populaire, est à l'évidence une source d'inspiration. Mais ce n'est pas pour ça qu'il va le reproduire tel quel. Il y a un travail de transformation. La référence à ces architectures de l'invention permet de sortir de la trilogie lumière/espace/perspective, et de trouver d'autres types de représentation. Toutes ces références m'ont conduit à utiliser ces techniques « disponibles ». Cela ne m'a pas encouragé à développer les voies du High Tech, bien que j'aie été formé chez Norman Foster. Maintenant,

Jacques Ferrier, projet pour le concours du musée des Confluences, Lyon, 2001. © Agence Jacques Ferrier

mon travail de recherche, c'est comment jouer avec des matériaux simples, des volumes génériques, qui font que les bâtiments (par exemple la maison dans l'Aude) ne seront pas prisonniers d'une image d'architecture et vont exister comme des objets utilisables. Il s'agit donc de travailler sur des technologies simples, sur des assemblages et des juxtapositions plutôt que sur des inventions brevetables. De se demander comment faire du singulier, de l'unique, par collage, détournement. Savoir enfin s'arrêter dans le détail pour donner à voir la matière, la laisser à nu sans trop la contraindre dans le carcan de l'écriture techniciste: sinon on ne voit plus que les joints et les assemblages sophistiqués et on oublie le matériau.

Alice Laguarda Cette attitude serait-elle une nouvelle sorte d'utopie?

Jacques Ferrier Une génération a cru pouvoir se passer d'utopie, et nous réalisons maintenant combien c'est un manque. Les utopies qui ont eu une influence sont celles qui prennent leur source dans un engagement dans la société. Ce sont des visions qui dépassent la seule question de l'architecture. Si l'architecture n'est plus capable de produire d'utopies, c'est le signe qu'elle est en passe de distendre ses liens avec le réel, et qu'elle a du mal à trouver une autre légitimité en dehors de celle qu'elle s'accorde à elle-même. Les nouvelles technologies de représentation – images de synthèse et logiciels de dessin – produisent de l'architecture-prototype. C'est une recherche importante et indispensable, mais qui ne remplace pas l'utopie. L'utopie doit nous aider à resituer la production architecturale dans la société.

Même s'il est difficile de se fixer des objectifs pour être plus présents dans la société, parfois, des pistes inattendues se présentent. Dans le cadre de la manifestation Archilab 2001, les étudiants de l'École d'architecture de Rennes, où je suis enseignant, ont travaillé sur l'habitat du futur. Ils ont choisi de réagir surtout sur les questions de variations climatiques, de catastrophes naturelles. Cela peut sembler réducteur, et en même temps on y trouve les éléments d'une nouvelle fondation très concrète pour l'architecture, qui fera peut-être apparaître de nouvelles utopies, liées aux questions de géographie et d'environnement…

Alice Laguarda Le fonctionnement de votre agence reflète-t-il tous ces questionnements?

Jacques Ferrier Depuis le début de l'agence, il y a à peine plus de dix ans, nous travaillons sur des projets très techniques, très fonctionnels (des lieux de travail et de recherche, des infrastructures urbaines…) qui consolident nos méthodes, nos références… Avec ces projets, nous avons toujours été confrontés de façon directe au réel. Depuis peu, nous avons beaucoup de projets en cours, très divers, et plus de moyens pour étudier aujourd'hui qu'auparavant. Nous sommes invités sur d'autres types de programmes qui nous permettent d'élargir notre champ de réflexion: nous avons participé au concours pour le musée des Confluences à Lyon sur un site avec des orientations qui nous intéressent (un musée des sciences, amenant la question du regard de la science sur le monde, de sa responsabilité sur la société…), nous travaillons sur les laboratoires et sur la bibliothèque du Collège de France à Paris, sur un bâtiment universitaire à Lille, sur le terminal passagers dans le port de Nice, sur la scénographie de l'exposition du centenaire Jean Prouvé à Nancy; et nous venons de terminer une petite maison dans le sud de la France.

L'agence développe aussi un travail de recherche interne; nous avons lancé un projet de recherche sur le lieu de travail. À travers nos projets, nous avons acquis quelques convictions et proposé des innovations que nous voulons pousser jusqu'au bout sur un projet virtuel dont nous fixons nous-mêmes les objectifs. Nous essayons de mettre en œuvre le projet d'architecture comme un «champ de bataille de la pensée»; c'est peut-être pourquoi beaucoup de gens à l'agence sont également engagés dans un travail d'écriture…

Entretien avec Éric Jourdan par Anne-Marie Fèvre

Journaliste à *Libération*

Pour comprendre le travail d'Éric Jourdan, il faut lire entre les lignes de ses meubles et écouter entre ses mots. Ses mots, ce designer les cherche pour mieux en marteler la précision et la constance. Comme lui, ses objets n'ont pas toujours l'air de ce qu'ils sont, et leurs traits grêles ne répondent pas d'emblée à la rondeur du personnage. En janvier 2002, avec la chaise longue « Tolozan » éditée par Ligne Roset et présentée au Salon du Meuble de Paris, Éric Jourdan passe de la très petite édition à une promesse de plus grande diffusion. Avec un trait de crayon égal, sensible et rigoureux.

Anne-Marie Fèvre Avez-vous toujours voulu être designer ? Comment s'est imposé ce choix ?

Éric Jourdan L'architecture, le design, l'art, j'ai complètement été nourri à cela, dès mon enfance. Mon père, Gérard Jourdan était architecte, designer et graphiste. Il était aussi professeur à l'École Camondo, à Paris. Ma mère travaillait avec lui. Leur monde était prenant, très vivant chez nous. Pendant les vacances, nous visitions les Unités d'habitation de Le Corbusier, je voyais beaucoup d'expositions. Après des études en province, à Chateauroux, après avoir vaguement voulu devenir avocat, – cela n'a pas duré –, j'ai clairement opté pour l'École des Beaux-Arts de Saint-Étienne, en 1981.

Anne-Marie Fèvre L'École des Beaux-Arts de Saint-Étienne, c'est une point de départ décisif ?

Éric Jourdan À 20 ans, j'ai eu la chance de rencontrer, pendant les deux premières années de formation générale, les bonnes personnes au bon moment. Mes professeurs, étaient Jacques Bonnaval, actuel directeur de l'École, qui enseignait la culture générale, et le designer François Bauchet, qui donnait un cours de volume et créait en même temps sa première petite chaise, *C'est aussi une chaise*. C'est là que j'ai tout appris. Je n'ai pas un souvenir aussi fort du département design. C'était scolaire, mais comme je suis sérieux, j'ai eu mon diplôme avec félicitations. Et puis, après un an d'armée – là aussi j'ai beaucoup appris, en rencontrant des gens très différents de moi, en cassant quelques idées reçues de petits bourgeois –, je poursuis ma formation à l'École nationale supérieure des Arts décoratifs, à Paris, en 1987. C'était à l'époque « la » grande École, où tout le monde passait, Philippe Starck le premier. Jean-Claude Maugirard était un excellent professeur. Il était aussi directeur du Via (Valorisation de l'innovation dans l'ameublement), les passerelles entre l'École et cette tribune étaient facilitées.

Anne-Marie Fèvre Quelle approche du design aviez-vous ?

Éric Jourdan Si j'ai eu une vague attirance pour le design industriel, cela n'a pas duré. J'ai expérimenté les stages dans les grands bureaux d'agence pour y dessiner des perçeuses, par exemple. J'y étais rétif, je n'avais pas envie de travailler comme ça. En fait, c'est dès Saint-Étienne que François Bauchet m'en a détourné. Pendant mes études en design, je travaillais parallèlement avec lui, pour la Fondation Cartier, c'est ainsi que j'ai créé mes premiers meubles, dont la chaise de 1986. Cette chaise est en bois et en acier : piètement, assise, dossiers sont indépendants, le dossier en porte-à-faux s'encastre dans l'assise. Elle préfigure ma démarche, c'est-à-dire des meubles conçus comme des petites architectures, avec des plans inclinés, de la légèreté. Elle est éditée par la galerie Neotu, montrée à Milan, en 1987, et me fait connaître. En fait, c'est avec de petites structures alternatives que j'avais envie de travailler, telle Neotu ou Xo.

Anne-Marie Fèvre Comment vous situez-vous dans ces années 80 ?

Éric Jourdan C'est une décennie de télescopages où cohabitent le mouvement barbare, avec Garouste et Bonetti, le baroque avec Boris Sipek qui était considérable à l'époque, les meubles sculptures de Martin Szekely, et Philippe Starck, évidemment, qui a fait entrer le design dans la communication. Et le groupe Totem. Récemment, un de mes grands bonheurs a été de voir, à Saint-Étienne, l'exposition qui leur était consacrée. À l'époque, je n'aimais pas trop. J'ai relu avec beaucoup de plaisir le travail de ce groupe, très rock'n roll, et qui était très novateur et connu en France.

Mais, moi, je n'étais pas tout à fait « là ». Avec mes bouts de bois, j'étais en retard ou en avance. La chaise *Ker*, en 1988, illustre ma position. De face, elle est minimaliste, et ressemble à ce que je fais aujourd'hui. De profil, c'est une vraie citation des années 80, il reste des courbes, des afféteries de style.

Anne-Marie Fèvre Vous travaillez beaucoup le bois ?

Éric Jourdan Les matériaux ne m'intéressent pas en soi. Ce medium, très à la mode à l'époque, je ne l'ai jamais utilisé. De même, le plastique, à moins de travailler pour Kartell, n'a pas de sens pour moi. Ce que j'aime, c'est dessiner avant tout, organiser les choses. Je connais bien le bois, le métal et le béton, et si j'assemble du bois, c'est toujours lié au dessin, pour aller un peu plus loin que la théorie. Avec la céramique, il faut en revanche que j'ajuste mon dessin au matériau, car certaines formes n'existent pas en céramique. J'en ai fait l'expérience avec le pichet que j'ai conçu à Limoges, au Craft (Centre de recherche sur les Arts du feu et de la terre). La céramique ça réduit, ça cuit, il faut être plus fin.

Anne-Marie Fèvre Parallèlement à cette première chaise un peu manifeste, vous abordez un travail assez différent : la signalétique.

Éric Jourdan En 1989, Marie-Claude Beaud, directrice de la Fondation Cartier, me propose de reconcevoir la signalétique de la Fondation. C'est ma première commande publique et j'y travaille avec Ruedi Baur. Il ne s'agissait pas d'être démonstratif mais, au contraire, de jouer la discrétion, avec une écriture simple. Cette discrétion, je la porte en moi, je la revendique toujours, c'est ma manière de rester lié au mouvement moderne. Ce qui m'a intéressé dans ce travail, c'est qu'il fallait se confronter à un cahier des charges, à un lieu. Quand on dessine une chaise, on peut faire ce qu'on veut. Ici, dans le parc de la Fondation, il fallait respecter les sculptures exposées, s'effacer, avec une économie de matériaux : une couleur, le vert, du blanc, et du teck.

J'ai continué à travailler pour la Fondation Cartier, jusqu'en 1991, notamment pour l'aménagement du siège Cartier INC de New York qui débouchera sur une première exposition personnelle à Paris. La Fondation m'a énormément aidé. Lors du concert de la reconstitution du Velvet Underground, j'étais derrière la scène, j'ai rencontré Lou Reed. C'était un peu une vie rêvée, à 27 ans, je gagnais bien ma vie. J'étais assez à part,

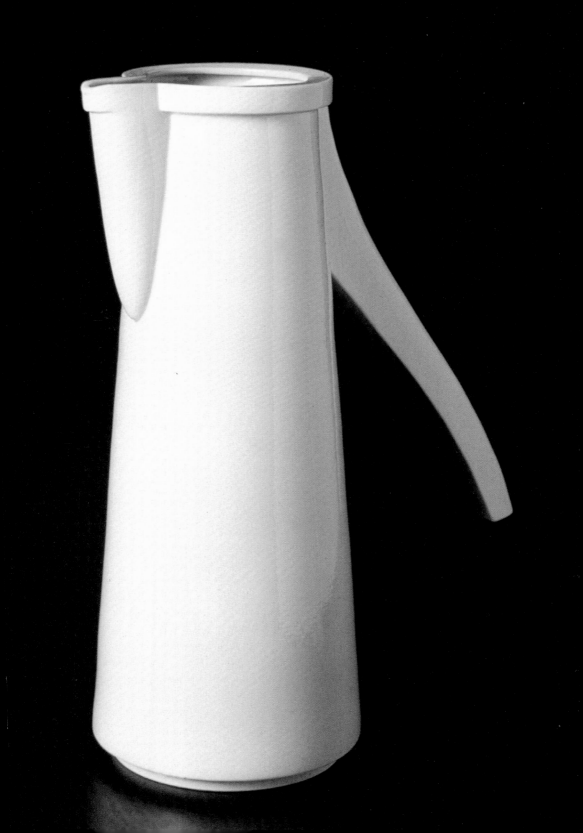

entre deux générations, et je bénéficiais de structures que certains designers n'avaient pas, comme Cartier et Neotu. Pierre Staudenmeyer, galeriste-éditeur de Neotu m'expose, me propose des chantiers privés. Il a joué un rôle encore plus déterminant pour Martin Szekely, ou pour François Bauchet qu'il a vraiment « accouché ». Moi, je n'étais pas complètement un petit « Neotu ». J'étais plus indépendant. Pour le ministère de la Culture, je participe aussi à la première Collection tropicale, c'est-à-dire une collection de mobilier conçue à l'île de la Réunion.

Anne-Marie Fèvre Vous avez également travaillé pour Philippe Starck, dans le cadre du projet Thomson ?

Éric Jourdan De ma sortie de l'École, jusqu'en 1993, j'ai bien travaillé, dans des conditions confortables. En 1993, c'est la crise économique et je traverse, personnellement une période de doute. Je faisais aussi beaucoup la fête, j'en avais assez de ces excès. Je passe donc six mois chez Starck, et je mène une vie monacale. J'y dessine la radio *Oyé oyé* pour Thomson. Starck me disait : « Tu en fais trop, c'est trop dessiné. » J'aprends beaucoup, j'évacue les signes des années 80, le superflu. Je sors « nettoyé » de cette immersion. Yves Michaux directeur des Beaux-Arts, m'invite ensuite à créer un atelier design, je fais par la suite la couverture du magazine *Intramuros*. Les choses bougent, se relancent pour moi, mais autrement.

Anne-Marie Fèvre Le Via vous offre une carte blanche en 1994. En 2001, avec le Via (toujours) et Thomson, vous participez au projet « (HA)meubler », soit un espace de visionnage.

Éric Jourdan J'avais déjà dessiné une méridienne pour le Via, en 1992. Mais la Carte blanche, soit trois pièces de mobilier – un fauteuil, un secrétaire-rangement et un bahut –, est une étape déterminante pour moi. Je trouve mon écriture. Mes meubles, en orme et en bois laqué, sont de plus en plus architecturés, ils sont « traversants ». L'architecture me gagne de plus en plus, et cette démarche se poursuit avec les meubles-cloisons modulables présentés chez Peyroulet, en 2000. Ce qui m'intéresse, ce sont les combinaisons entre différents éléments, leurs déplacements dans l'espace. J'explore de la même manière la vie au sol. En janvier 2001, à la galerie Chez Valentin, j'ai montré le prototype d'une chaise longue très basse, en bois, ultra-minimale. J'ai retravaillé cette esquisse, je l'ai insérée dans un petit salon de visionnage multimedia, un ensemble de meubles sécables conçus très près du sol : ce mini-salon comprend une cloison « traversante » qui accueille télévison, hifi ou ordinateur; d'autres éléments structurent des mini-espaces transformables. Avec ce projet, sur une idée lancée par le Via en partenariat avec Thomson, j'ai gagné un concours qui appelait différents designers à expérimenter de nouvelles typologies de visionnage dans l'espace domestique. Dans cet ensemble, Michel Roset a repéré le prototype de la chaise longue, et a décidé de l'éditer. C'était intéressant de travailler pour la première fois avec lui, de me confronter à son œil d'éditeur. Cet exigeant travail en commun a abouti à la chaise longue « Tolozan » qui a été présentée au Salon du Meuble 2002. L'espace de visionnage complet, « Home cinéma », a été exposé sur le stand du Via.

Anne-Marie Fèvre Ne passeriez-vous pas du dessin « pur » à plus de fonctionnalité ?

Éric Jourdan Cela n'a pas de sens d'évacuer la fonctionnalité. C'est comme éliminer les roues d'une bicyclette. C'est vrai que j'ai dessiné quelques chaises inconfortables, que j'aime bricoler un prototype, et que j'ai plus de mal avec la phase suivante. Mais ce qui me dérange beaucoup, c'est quand la fonction prime. Pour moi, le dessin, la forme priment, le confort doit couler de source, s'inscrire naturellement. Il est vrai que le dessin a pu m'étouffer, le dessin peut mener à des erreurs, comme l'ordinateur. C'est quelque chose qui s'apprend, que j'ai appris.

Anne-Marie Fèvre Parallèlement à cette ligne très personnelle d'objets, vous posez régulièrement un pied dans l'espace public ?

Éric Jourdan Une des commandes qui m'a le plus marqué, c'est l'aménagement des berges de la Seine, à Villeneuve-le-Roi, en 1996. J'aime me confronter au quotidien des gens, qui est aussi le mien. Concevoir un ponton, des rampes, des promenades, pour des pêcheurs, en liaison avec des associations, sur un site difficile de banlieue et face à une municipalité communiste mais de culture néo-Napoléon III, c'est un vrai problème de design, qu'il faut rendre lisible. J'ai procédé au nettoyage de l'espace, et après toute cette lecture, une écriture simple s'est imposée. J'y repasse souvent, c'est patiné aujourd'hui, mais je suis satisfait car les riverains se sont appropriés ce travail.

Je participe aussi, en complicité avec l'architecte Yves Lejeune, au réaménagement de théâtres. Comme celui d'Auxerre, dont j'ai reconçu le mobilier du restaurant. Dans un tel bâtiment des années 30, classé, on ne fait pas ce que l'on veut. Là, pour imaginer les meubles, je me suis inspiré du bâtiment, d'une corniche, d'une rampe d'escalier. J'y glisse aussi ma patte. Cossu de profil, mais avec une ligne légèrement cassée, le fauteuil révèle une certaine finesse de face.

À Thonon-les-Bains, nous réaménageons la maison de la Culture, en béton, conçue dans les années 60 par Novarina. Là, c'est plus difficile : la municipalité a changé, et nos propositions risquent d'être modifiées.

Pour le théâtre de Fontainebleau, XIXᵉ et à l'italienne, nous avons bon espoir que ce projet aboutisse. Ici, il faut composer avec une ville bourgeoise, et là encore, entremêler moderne et cossu. L'architecte Yves Lejeune se situe à cette intersection. Pour rénover les bars, le restaurant, il ne faut pas céder au pastiche, mais rassurer les commanditaires, de la mairie à la Drac. Sans oublier les Monuments historiques, qui, plus arqueboutés sur une couleur de 1840 que sur l'imagination, ne poussent pas toujours à l'innovation. Mais dans une ville, ce sont toutes ces contradictions qu'il faut dépasser et c'est intéressant.

Anne-Marie Fèvre Justement, il y a une ville, Saint-Étienne, qui, depuis vos études, reste un port d'attache constant.

Éric Jourdan Je suis enseignant à l'École des Beaux-Arts. En 1996, avec François Bauchet, nous avons aménagé le bureau du maire, Michel Thiollère. Il fallait signifier la représentation de ce pouvoir local. Nous avons imaginé un bureau de notable de province, en jouant avec une certaine ostentation, discrète et conviviale, comme le maire : du bois, du tissu, de la transparence, un mélange entre le moderne et le style. J'ai même repris un profil Louis XV, personne ne le voit, ça ne fait rire que moi. Mick Jagger s'est assis dans nos fauteuils. C'était le premier travail entièrement réalisé en commun avec François Bauchet. C'est un grand professionnel, il est un peu plus maniéré que moi.

Anne-Marie Fèvre Toujours à Saint-Étienne, vous avez été le commissaire de la seconde Biennale du design, en octobre 2000 ?

Éric Jourdan Cette aventure est entièrement liée à Jacques Bonnaval, qui l'a inventée. Cette biennale du design est une belle idée. Ce grand souk d'objets du monde entier est incroyable, monté par une équipe tout aussi improbable de non spécialistes. 130 000 personnes y sont venues, toute la ville s'est investie. Mais quelle était notre légitimité pour l'organiser, c'est la question que je me suis d'abord posée ? Si j'ai accepté, c'est à cause de la personnalité de Jacques : on ne sait jamais vraiment où il va aller. Et c'est ce qui me séduit. Il ne se situe dans aucune majorité pensante, il est anti-académique. Quand dans les années 70

plus personne ne peignait ni sculptait, à contre-courant, il défendait l'idée de la peinture. Il a une culture considérable. C'est un homme de pouvoir aussi, qui sait s'arranger avec la ville. Mais il procède toujours entre provocation et passion, à l'École et partout, cet atypique déplace les lignes.

Pour cette biennale, nous nous sommes partagé le travail. J'ai suis aller faire mes repérages au Brésil, en Suède, en Allemagne… Je lui ai laissé choisir et exposer le travail des Africains, par exemple, son dada personnel. Je ne suis pas complètement d'accord avec sa démarche. En montrant de l'art populaire africain, qui n'a rien à voir avec le design, je me demande si ce n'est pas une forme de colonialisme à l'envers, de discrimination positive. En Afrique, j'apprécie le travail d'un vrai designer, comme Balthazar Faye. Au Brésil, j'ai sélectionné des créateurs qui ont vraiment une démarche de designers, certes avec leurs codes, leur culture, mais nos deux approches ont pu cohabiter.

Anne-Marie Fèvre Vous faites partie d'une petite famille de designers français. Quels sont ceux dont vous appréciez, par ailleurs, le travail ?

Éric Jourdan Il y a évidement François Bauchet. Pour plaisanter, je lui disais dernièrement que j'étais un peu sa «série B». Celui dont je me sens très proche, c'est Pierre Charpin. C'est un peu une histoire de famille, son père, Marc Charpin a été mon professeur à Saint-Etienne. Nous partageons un fond commun, une approche du social assez semblable, peut-être parce que nos deux pères étaient communistes. Dans cette tribu, il y a aussi les Delo Lindo… Nous avons fait plusieurs expositions collectives. Nous appartenons à la même génération, nous ne sommes pas «branchés», ni «tendances» et j'ai l'impression que nous avons du recul.

Sinon, il y a Christophe Pillet, un très gros bosseur, un bon professionnel, mais je ne trouve pas son univers très habité. À l'inverse, les frères Bouroullec ont vraiment un monde à eux, ce qu'ils proposent est bien dessiné, généreux, c'est subtil sans être conceptuel. Je me sens aussi très proche de l'Allemand Konstantin Grcic. Et de manière paradoxale, même si je suis à deux millions de kilomètres d'elle, j'apprécie Matali Crasset : j'aime bien son discours global, même ses ratés. C'est une terrienne, intelligente, qui m'a impressionnée quand je l'ai vue travailler chez Starck.

Quant à Ettore Sottsass, j'ai mis beaucoup de temps à l'appréhender. Mais sa dernière exposition, à Beaubourg, je l'ai vue quatre fois. Aujourd'hui, il est devenu une énorme référence pour moi. Je suis aussi bien fasciné par Pollock, que j'ai découvert gamin, que par Richard Long, Eliel Saarinen qui a construit la gare d'Helsinki, Rothko, Gio Ponti, Mario Bellini pour son travail chez Olivetti, et les pré-raphaélites anglais. Philippe Starck, je suis perplexe. J'ai aimé travailler avec lui, j'ai vraiment adoré ces premières pièces noires, dans les années 80. Mais j'ai du mal aujourd'hui à parler de son travail, je ne sais plus quoi en penser. Il joue trop selon moi avec la provocation et la vulgarité. Lui aussi déplace avec une grande habileté toutes les lignes.

Anne-Marie Fèvre Comment les autres champs de la culture entrent-ils en résonance avec votre travail ?

Éric Jourdan Je vais très peu au cinéma. Deux films m'ont beaucoup marqué : *L'État des choses* de Wim Wenders, et *Identification d'une femme* d'Antonioni. Sinon, j'écoute de la musique en permanence, essentiellement du rock anglais, qu'il soit métallique ou planant. Mon morceau préféré, c'est un duo de Nico et Jimmy Page. Je suis un fan de Led Zeppelin. Et si je ne me sers pas de l'ordinateur pour dessiner, je sais quand même qu'il existe 188 sites internet consacrés à Led Zeppelin.

Entretien avec Fabrice Hybert par Frédéric Bonnet

On a beaucoup dit sur Fabrice Hybert, il a aussi beaucoup parlé ! Afin d'éviter au lecteur de se perdre dans un nouvel entretien qui aurait pu ressembler à un autre, nous avons choisi de lui donner la parole en le faisant réagir à une énumération de mots, potentiellement représentatifs, illustratifs ou caractéristiques de son travail, tel que nous le percevons. Les réactions sont spontanées : rien n'y a été retranché ni ajouté.

Diversité Non, cela ne me correspond pas. La diversité est une conséquence mais l'œuvre n'est pas faite pour être diverse, même si elle peut apparaître comme telle.

Foisonnement Oui, c'est très différent de diversité. Le foisonnement c'est une multitude d'informations, qui intervient quand je fais une forme, lorsque j'écris un mot ou un début de phrase… Il y a alors un foisonnement d'informations ou de sensations qui me viennent à l'esprit. Et cela me sert pour dévier par la suite, pour dériver vers d'autres préoccupations, d'autres questionnements et peut-être vers d'autres conséquences. Je vais capter des éléments, des idées, et surfer sur un foisonnement !

Vos peintures montrent toujours un foisonnement…

Oui, un foisonnement d'idées, de notions ou de questions.

Le foisonnement amène-t-il un regroupement ?

Il y a parfois un regroupement, au moment des *Peintures homéopathiques* par exemple. C'est très rare et difficile à faire. C'est un regroupement de formes qui paraît divers, avec cette conséquence de la diversité. Mais c'est un moment de mise au point, où l'on récupère des éléments et l'on en fait un montage.

Flux Oui, flux pour le surf, la vague… Il faut éviter les barrières et les tabous. Pour que ce soit le plus fluide possible, il faut avoir l'esprit complètement libre. Ce n'est pas tout le temps évident à gérer.

Que sont les barrières et les tabous ?

Ce sont des chocs, des choses qu'on ne veut pas, des interdits, des règles, des *a priori*, des choses cachées, des conventions. Tout cela fait partie de l'anti-flux. Or pour que le flux existe, il faut que tout cela explose. Ce n'est pas vraiment évident, mais ça peut aller quand le flux est important, car le foisonnement permet l'explosion.

Synthèse Je ne suis pas du tout dans l'analyse, je vais au-delà. L'analyse n'est pas une histoire de l'art, c'est-à-dire que ce n'est pas une histoire qui appartient à l'art, alors que la synthèse oui. La synthèse c'est une phrase, un morceau de phrase, une forme qui fait qu'une préoccupation existe et peut par la suite créer un comportement. Ceci car la forme découle de cette synthèse, elle n'est pas formée auparavant. Or, cette forme-là crée forcément un ou plusieurs contemporains : la synthèse c'est l'époque.

Considérez-vous les *Peintures homéopathiques* comme une synthèse?

Non, c'est une mise au point. C'est montrer qu'il y a des liens dans toute la diversité qu'il peut *a priori* y avoir dans mon travail, qui n'est pas du tout voulue. La diversité me conduit au rassemblement et donc à la mise au point.

La synthèse est quelque chose de beaucoup plus puissant que cela; elle concentre les éléments et fait une forme. Dans n'importe quel tableau il y a souvent une synthèse, et pas seulement dans les *Peintures homéopathiques*. C'est ce qui en découle. C'est de faire des élevages de mouches dans des ruches d'abeilles, de mouler ces élevages de mouche pour en faire un tapis de douche, alors que les éléments n'ont au départ *a priori* rien à voir avec ça. Cette diversité-là devient une synthèse, et permet de basculer dans un autre univers. La synthèse permet le basculement dans d'autres domaines. C'est ce qui est le plus difficile et que l'analyse ne permet pas du tout, car elle reste dans un domaine universitaire. La synthèse peut faire basculer dans l'astronomie, la physique nucléaire ou chez le fleuriste. C'est toujours là que l'artiste peut être un bon médiateur, une courroie de transmission.

Corps Le corps oui. À un moment donné, je me suis dit qu'il fallait que je montre tout ce que j'étais capable de faire avec mon corps. Et cela parce qu'on ne le montre pas assez, on est très enfermés dans un comportement mental rigide, alors que le corps est riche de possibilités. Cela a commencé par les signes qu'on fait avec le bout des doigts, que j'ai voulu écrire quand j'avais dix-huit ans. De ces signes, je suis passé à des erreurs, des glissements, des histoires. C'est de là qu'est parti mon travail. Après, il y a toutes les autres parties du corps: l'érotisme, le regard, les humeurs… tout cela fait partie de tout mon travail. Tout part du corps, tous les comportements, c'est très important. Les comportements qui sont connus, conventionnels ou quelquefois tabous, sont décalés par des synthèses actives vers d'autres comportements possibles, inventés par l'intermédiaire des dessins et des tableaux. Les *POF* [1] en font une synthèse; cela crée d'autres comportements. C'est finalement assez simple mais je commence à le maîtriser maintenant. Ce qui prime c'est de ne pas être gêné, d'être un peu culotté, d'aller toujours voir ailleurs. C'est vraiment délicat car il y a toujours des barrières, des peurs de faire des choses qui ne sont pas à faire, alors que l'artiste peut tout faire. C'est le seul qui peut tout faire.

Organe Dans mes dessins il y a des liens entre des organes qui n'existent pas médicalement ou scientifiquement; on les invente. J'ai souvent fait des tubes entre le cerveau et l'estomac, et on s'est récemment aperçu qu'il y a dans l'estomac les mêmes cellules que dans le cerveau. Et représenter les organes fait toujours partie des questions sur le corps.

Hybride Pour moi l'hybride c'est tout ce qu'on peut faire avec le moins de moyens possibles, et qu'on ne peut pas trouver ailleurs. Les *Monstres* de peinture sont des montres qui n'existent pas du tout. Le premier monstre était un paon fait de mémoire. C'est dans la mémoire que réside la monstruosité, car cela ressemble à un paon mais très différent du vrai. Ces hybrides sont souvent liés à une formule du faire qui conduit à un décalage: il manque quelque chose à la formule, ou il y a quelque chose en trop, ce qui en fait un hybride et lui donne un autre intérêt. Cela conduit aussi à un autre basculement.

Perméabilité Je dirais davantage osmose, échanges, humeur. C'est l'éponge, l'absorption, absorber puis redonner. Je ne suis pas perméable, mais j'absorbe les chocs et les traumatismes. Perméable a un côté mou, alors que l'absorption est active. On peut aussi rendre.

Comme *L'Homme de Bessines* (1991) ?

Absolument. *L'Homme de Bessines* n'est pas du tout perméable. Il donne l'information par tous les orifices, même un peu plus que par les orifices habituels.

Libidinal C'est très moral, ça ne m'intéresse pas du tout ! Le moral ne m'intéresse pas.

Désir Il est très important. Le foisonnement n'existerait pas sans désir. C'est une énergie fondamentale, qui est démultipliante et fait qu'on a envie de faire des choses.

C'est donc le désir qui est à la source du travail ?

Souvent oui.

Avez-vous envie de retranscrire le désir, de le mettre en scène ?

Oui, je pense que je le fais tous les jours, et tout le temps différemment.

Entreprise Entre deux prises ! Entre deux images intimes il y a un noir, c'est l'entreprise. C'est de là que vient mon intérêt pour l'entreprise : c'est ce qui manque au cinéma, et qu'on trouve dans la production. Je l'ai extrapolé à tous les autres domaines. L'entreprise c'est ce qui manque à toutes les images, pour faire de la diffusion, de la production.

Et l'entreprise adaptée à l'art ?

C'est cela aussi, mais elle est plus forte que les autres parce qu'il faut qu'elle soit toujours en train de se faire, qu'elle ne soit jamais finie. Il faut qu'elle soit toujours en évolution, en développement, en décalage permanent, qu'elle n'ait pas de logo. Donc cela implique pour l'artiste de s'adapter tout le temps et rapidement à de nouvelles situations. Il faut surfer, imaginer qu'à tout moment on peut basculer dans autre chose. On n'est pas dans un système, pas dans une agence.

Ce n'est pas une posture commune pour l'artiste ?

Pas du tout. Par exemple, on a découvert ici, à UR [2], que c'est bien de travailler pendant deux ou trois semaines d'affilée, puis de s'arrêter pendant dix jours. Ce n'est donc pas un fonctionnement socialement convenable, mais cela apporte d'autres rythmes, une autre énergie, d'autres possibilités. L'entreprise de l'artiste est donc là aussi pour faire poser des questions sur les entreprises en général. Chez l'artiste c'est une œuvre à part entière. Mais j'ai découvert cela très récemment. Au départ je pensais que c'était une simple entreprise, et progressivement je me suis aperçu que je pouvais apporter à d'autres entreprises cette qualité d'interrogation sur leur propre structure. On peut même créer du travail par rapport à cela. L'artiste est le seul qui crée de la richesse, ce n'est pas l'État ni le ministère de la Culture. En créant de la richesse on crée du travail, donc les artistes créent du travail.

Diffusion C'est une conséquence. Il ne faut surtout pas envisager la diffusion comme un élément principal de l'œuvre. Cela n'existe pas s'il n'y a pas de production, c'est une conséquence de la productivité. Elle est trop largement mise en avant depuis vingt ans et cela a mis les artistes dans la position très délicate de gens qui ne savent pas se gérer, qui ne savent pas se mettre en avant et qu'on maîtrise par la diffusion. Cela n'est plus possible maintenant. Cela se ressent beaucoup en France, où il n'y a pas vraiment de marché privé, et où tout est porté par les galeries qui sont pour une bonne part financées par l'État. C'est terrible parce qu'on étouffe les artistes. Je me suis assez vite détaché de cela. Je fonctionne donc peu avec les galeries : cela représente environ 15 % de mon chiffre. Et je crois que de plus en plus d'artistes se détachent de ce système. De plus, le métier de galeriste est un métier ingrat, car on n'aide pas les artistes quand on est marchand : on gagne sa vie ! Il ne faut jamais dire qu'une galerie aide les artistes, ce n'est pas possible, cela n'existe pas.

Productivité La productivité est une notion qui ne m'intéresse pas. C'est une conséquence, comme la diversité. On produit comme on veut, avec des gens compétents ou non. On peut mettre dix ans pour faire quelque chose de bien et deux minutes pour produire quelque chose de moche, ou inversement. La productivité est une conséquence du commerce, elle n'est en aucun cas liée à la production.

Production C'est du sur-mesure, on y revient.

Produit C'est tout ce qu'on fait. C'est un mot à redéfinir, qui est très marqué par la société de consommation. Tout ce qu'on produit est un produit, il ne devrait pas y avoir de tabou là-dessus.

Avez-vous l'impression d'avoir particulièrement travaillé sur cette idée de produit ?

Pas encore assez, parce qu'il faut que je le mette plus en scène. Il faut du temps.

L'Hybertmarché (1995) était-il pour vous une importante mise en évidence du produit ?

Très importante ! C'était un moment exceptionnel, où j'ai mis en scène l'erreur des produits et non pas des produits adaptés. Les produits posés sur les tables étaient issus de mes dessins, d'après une liste établie par un groupe d'étudiants en Allemagne, en fonction de ce qu'ils y voyaient. Ils ont ensuite trouvé des producteurs fabricant des choses similaires à ce que j'avais dessiné. Mais ces produits n'étaient pas corrects, je faisais donc des dessins sous les tables, où je les rectifiais. À *L'Hybertmarché* on ne présentait que des produits inexacts.

C'est pour cela qu'ensuite j'ai mis en évidence les *POF*. Eux sont exacts, ils ne correspondent pas à une fonction mais à une attitude mentale qui fait une synthèse, un produit, qui peut être du sur-mesure ou du produit de masse, mais qui à un moment donné permet de définir des produits exacts.

Expérience Pour un de mes catalogues, en 1986, j'avais fait une photo où j'étais pendu par les pieds et où une tête de renard mordait la queue d'un chat : c'était le même animal. C'était l'idée de se préparer à de nouvelles expériences, d'expérimenter. Les meilleurs collaborateurs des expériences sont les expositions, car on peut y pratiquer le décalage dans plein de domaines. De plus, l'expérience n'est pas loin du sur-mesure. Si on est un bon expérimentateur on fait de très beaux produits sur-mesure.

L'expérience a aussi à voir dans le rapport du public à l'œuvre, comme dans l'exposition *Testoo* [3] où l'on pouvait expérimenter les *POF* ?

Oui, ce sont des moments importants pour le développement des produits eux-mêmes, parce qu'il y a vraiment une interactivité. Le moment de l'exposition n'est pas seulement celui où l'on contemple mais où l'on expérimente tous nos corps, et toutes les parties du corps.

Prolifération C'est l'inverse de profusion. Profusion vient de l'extérieur, c'est une conséquence. La prolifération c'est aller dans tous les sens, faire proliférer une forme. J'aime faire proliférer des formes parce qu'ensuite c'est facilement pris en charge par d'autres personnes. J'aime beaucoup cela parce que c'est là que la prolifération fonctionne, elle devient virale.

[1] Prototype d'Objet en Fonctionnement, série d'œuvres élaborée depuis 1989 [2] UR pour Unlimited Responsibility. C'est le nom qu'a donné Fabrice Hybert à l'entreprise qui gère et organise l'ensemble de son activité [3] Exposition permettant d'expérimenter les POF, présentée à Londres, Luneburg, New York, Rochechouart et Leipzig, en 1995-1997

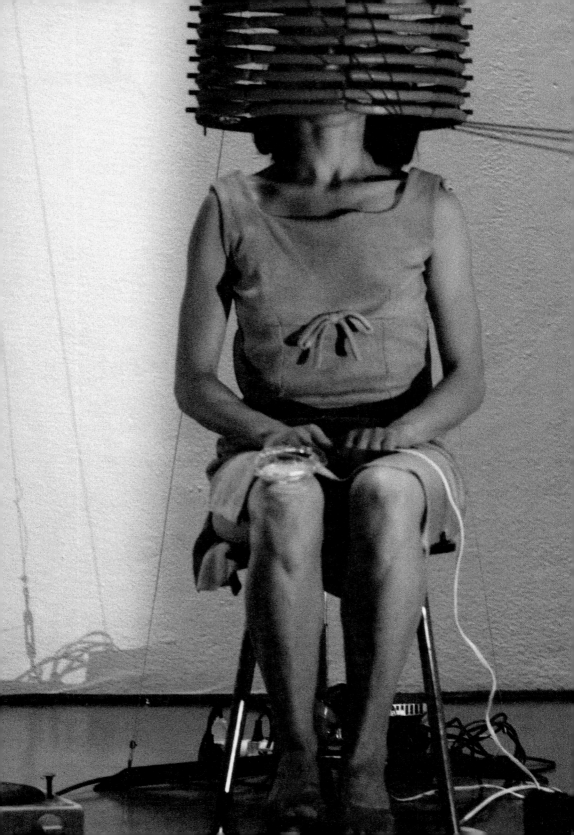

Entretien avec Claudia Triozzi par Yvane Chapuis

Yvane Chapuis Récemment, vous vous êtes mise en situation d'apprentissage de divers métiers. Cela a donné lieu à une vidéo que vous utilisez dans votre dernière pièce, intitulée *Dolled up* (endimenchée). Qu'est-ce qui a motivé cette incursion dans la vie professionnelle des autres ?

Claudia Triozzi Ce désir est né d'observations. J'étais en résidence à Londres, je passais mon temps à marcher ou assise dans le bus, à regarder les grands magasins, les boutiques, leurs vitrines, et les cafés. Mais cela correspond aussi à certaines préoccupations du moment. Je ne pouvais plus faire ce que je faisais, c'est à dire chercher. Il fallait que je fasse autre chose. En observant, je me suis dit que je pourrais essayer ce que les autres pratiquent. C'est une façon de rencontrer l'humain, (c'est un peu ridicule). Je ne pratique pas un travail chorégraphique au sens d'une collaboration avec des interprètes. Le choix du centre commercial n'est pas anodin. Quand j'achète un rouge à lèvres, ou n'importe quoi d'autre, j'écoute la personne, les « mots à conviction » qu'elle utilise. J'ai envie de jouer avec ça. J'engage une discussion davantage pour faire un exercice que pour acheter un objet, pour voir jusqu'où l'autre va, pour voir le mécanisme engagé, quel mots sucite un autre. La parole, ce qui se passe dans ce type d'échange de paroles, est devenu important. Qu'est-ce que ce langage relativement pauvre, très descriptif, et en même temps subjectif, recouvre ?

Yvane Chapuis La question du travail était secondaire semble-t-il ?

Claudia Triozzi Non. Elle correspond à un moment de remise en cause de mes choix, disons professionnels. J'étais attirée par un travail réglé, c'est à dire qui commence le matin et se termine le soir, toute la semaine, sauf le week-end. Un travail contraignant mais qui correspond à une certaine forme de prise en charge que ne connaissent pas les artistes.

Yvane Chapuis À l'inverse, si l'on vous demandais d'apprendre votre métier, quels gestes proposeriez-vous ?

Claudia Triozzi Je crois que je prendrais place sur une chaise et fermerais les yeux, une bonne demi-heure.

Yvane Chapuis Un travail intérieur alors ?

Claudia Triozzi C'est un travail sur soi avant d'être un travail d'expression. Je ne pourrais pas montrer un mouvement chorégraphié sur une musique, parce que mon travail ne part pas de là. Mon travail ne part pas d'une envie de montrer ni d'exprimer. Il s'agit en premier lieu d'un mouvement intérieur. Dans le cas de *Dolled up*, il s'agit d'un désir de regarder les gens qui n'appartiennent pas au monde du spectacle. L'extériorité du mouvement ne m'intéresse pas, parce que cela ressemble étrangement à une sculpture fixe.

Yvane Chapuis À propos de sculpture, dans l'ensemble de vos pièces, vous utilisez des objets de la vie quotidienne que vous détournez dans d'étranges combinaisons d'une extrême précision. C'est le cas par exemple de cet objet que vous utilisez dans *Dolled up* pour découper l'ostie, composé d'un manche de louche de cuisine, du signe en acier BMW et de lames de rasoir. Il y a également ces machines mécaniques que vous animez, telle celle de *Park*, hybride entre le siège sèche-cheveux du coiffeur et la chaise électrique. Considérez-vous ces assemblages comme un travail de sculpture?

Claudia Triozzi Je ne pense pas. C'est un travail d'accumulation qui a un lien fondamental avec le corps. Tout ces objets sont pensés en relation avec mes actions à l'intérieur de la performance. S'il s'agissait de sculpture, il faudrait que je sois là pendant toute la durée de l'exposition. Il faudrait alors que ceux qui m'expose me nourrissent.

Yvane Chapuis Vos assemblages convoquent un univers délirant. Par ailleurs, la manière dont vous performez met en œuvre une impossibilité de communiquer. Vous semblez fleurter avec la folie, quelle place lui accordez-vous dans votre travail?

Claudia Triozzi Je ne cherche pas l'extravagance. Les objets se construisent par étape. Ils correspondent à des séries de questionnements qui me traversent, le plus souvent après des lectures. Ce sont des assemblages entre des mots, des observations, et des gestes quotidiens. La folie dans tout cela? C'est tout ce que l'on ne donnerait pas à voir. En même temps, pour moi, c'est tout ce qui permet une lecture ultérieure de la personne. C'est une façon de ne pas être narcissique, même si cela peut paraître contradictoire avec la forme du solo que je privilégie. L'assemblage est une mise à distance, il se dégage de moi. Que se passe-t-il entre l'objet et le corps? Où ces assemblages nous conduisent-ils? Le territoire de l'imaginaire m'intéresse.

Yvane Chapuis La répétition, qu'il s'agisse des gestes dans *Park* ou des mots dans *Dolled up*, est une figure récurrente de votre travail.

Claudia Triozzi Elle y occupe même une place fondamentale. Elle dépasse pour moi l'ordre artistique. On répète, on échoue, sans arrêter de répéter. Au fur et à mesure de la répétition, un apprentissage se crée. Car il faut bien qu'à l'intérieur d'un mode obsessionnel quelque chose se révèle. Ces mécanismes surgissent également de mon expérience de la danse. La répétition accompagne le danseur. J'ai longtemps pratiquer la répétition, le groupe, où tout le monde fait la même chose ou tente de faire la même chose, où l'on répète pour arriver au mieux, à quelque chose de plus précis. C'est ce qui me reste de la danse. Mais la répétition concerne aussi le spectateur, elle a alors à voir avec l'oubli, parce qu'elle épuise son regard.

Yvane Chapuis Vous dîtes «ce qu'il me reste de la danse». Vous sentez-vous loin d'elle?

Claudia Triozzi Lorsque j'ai commencé mon propre travail je me trouvais dans une impossibilité de bouger. Mes premiers «tableaux» sont nés de cette impossibilité. Que fait une danseuse quand elle n'a plus envie de bouger? Aujourd'hui, même si je ne danse pas, il m'arrive de voir mon corps danser, je le pense danser, je me sens à nouveau dans une dynamique. Mais il ne s'agit pas d'un désir d'écriture chorégraphique. C'est une perception du corps proche de celle de la voix, qui évolue sur une puissance d'énergie. Un mouvement source d'énergie que l'on pourrait comparer à celui de la transe.

Yvane Chapuis Vos spectacles ont jusque-là pris la forme du solo. Envisagez-vous de développer un travail à plusieurs?

Claudia Triozzi Je ne travaille pas réellement seule. Cécile Colle a réalisé les images de *Dolled up*, je travaille actuellement avec Xavier Boussiron. Les commerçants associés à *Dolled up* sont des personnes avec lesquelles j'ai discuté de mon projet. Ils ont compris que ce que j'allais faire n'était pas évident pour moi.

J'ai du m'expliquer, trouvez les mots, chercher un mode de communication avant même de commencer à travailler. Ce sont des questions de transmission auxquelles se confronte un chorégraphe face aux interprètes. Il est vrai que la direction d'un groupe me pose problème. Comment dire?…. Mon travail surgit de l'intérieur. Il est intimement lié à ce que j'éprouve au quotidien. Le travail d'un interprète serait dans ce cas « se mettre à la place de ». Je ne pense pas que cela présente un intérêt. En premier lieu parce que c'est impossible. Je tente de comprendre ma relation au monde. C'est un grand mot, pourtant c'est une définition possible de mon travail. Dans ces conditions, il devient difficile de dire à quelqu'un, de lui demander de… Pourtant j'y pense, parce qu'il m'arrive de ne plus avoir envie de performer, de me sentir fatiguée, de prendre davantage de distance, de désirer rencontrer. J'envisage mettre en œuvre des essais dans ce sens à travers des ateliers. C'est l'un de mes projets pour l'année à venir.

Yvane Chapuis Assister à l'un de vos spectacles est relativement inconfortable. Les spectateurs se retrouvent debout sans trop savoir où se mettre. Qu'est-ce qui se joue ici pour vous?

Claudia Triozzi Cette difficulté me plaît. Je ne veux pas que les spectateurs prennent une position fixe par rapport à ma proposition, c'est à dire qu'ils s'assoient tout simplement en attendant le début puis la fin. J'aime que la personne trouve le temps de comprendre ce qui se passe, que sa position ne soit pas passive. Les spectateurs de mon travail ne savent pas d'emblée de quoi il retourne. C'est un peu comme quelque chose qui ne serait pas fini. Je prends des risques avec une déclaration telle que celle-ci, parce que cela s'oppose à l'idée d'une écriture chorégraphique maîtrisée. Mais la dimension performative du spectacle se joue aussi ici. Cet inconfort du spectateur correspond à l'instabilité de la chose que je suis en train de faire, à la manière dont je la vis. Le spectateur n'est pas réellement en danger. Il est laissé dans une liberté gênante. Il peut s'en aller, ça n'est pas rien. C'est toujours plus facile de savoir que l'on a un poste désigné.
La possibilité de se déplacer pour le spectateur est également liée à la multiplicité des choses qui lui est donnée à voir, et à la nécessité de les appréhender en changeant de point de vue.

Yvane Chapuis Avez-vous le sentiment de vous mettre en danger quand vous performez?

Claudia Triozzi La dimension autobiographique du solo est une certaine forme de mise en danger qui relève de la proposition d'une lecture de soi-même. *Dolled up* met en scène une détresse qui n'est pas exclusivement spectaculaire. C'est en ce sens aussi que le spectacle est performatif. Le trouble est là, suis-je en train de le jouer? Dans la pièce, je retrouve des états qui me sont familiers et qui ne se jouent pas nécessairement sur scène. Ce qui m'intéresse c'est la mise en lecture d'un mode de pensée.

Yvane Chapuis Vous êtes récemment retournée à l'interprétation, notamment avec Alain Buffard, pour sa dernière création intitulée *Dispositif 3.1*. Vous avez également collaborez avec Xavier Le Roy pour son projet E.X.T.E.N.S.I.O.N.S. Comment envisagez-vous ces collaborations? Comment s'inscrivent-elles dans votre travail personnel?

Claudia Triozzi Sous la forme d'un désir. Car des choses peuvent surgir. Ce sont des étapes qui peuvent avoir des incidences sur les travaux qui vont suivre. Les collaborations permettent d'affirmer parfois des choses que l'on a en soi, de tenter des choses qu'on ne ferait jamais pour soi, d'actualiser des potentialités. Je ne peux plus danser à l'intérieur de mon travail par exemple, mais j'en éprouve encore le désir. Le travail de la voix que j'ai entrepris dans la derrnière pièce d'Alain Buffard m'a permis de me sentir à nouveau unie à la musique, de manière presque académique. Seule, je ne l'aurais pas fait.

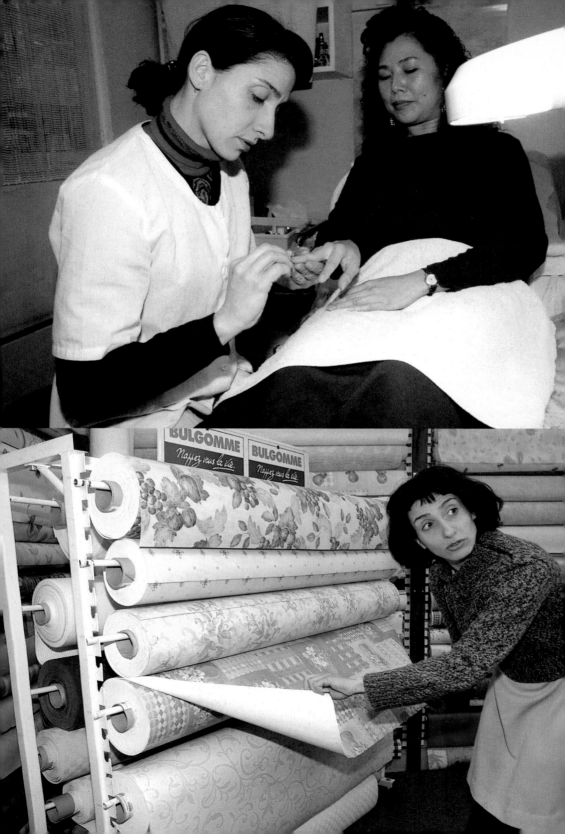

Les collaborations sont également une possibilité d'observer de près la façon dont les autres travaillent, les modes de recherche qu'ils convoquent, les questions qu'ils déploient. Ce sont des occasions de rencontres intellectuelles.

Mais elles ont également à voir avec le don qui existe au sein de la notion de compagnie de danse. J'aime me mettre au service du travail de l'autre. C'est un champ d'action solitaire au sein d'une proposition qui ne vous appartient pas.

Yvane Chapuis Vous avez récemment présenté des travaux vidéo dans le cadre d'une exposition, celle de la Biennale d'art contemporain de Lyon. Vous avez ainsi opéré une sortie du spectacle vivant. Comment envisagez-vous ce déplacement au sein de votre pratique ?

Claudia Triozzi Je n'avais jamais éprouvé l'expérience de laisser quelque chose, de présenter un travail qui puisse être vu sans ma présence physique. Cela m'a conduit à remettre en question l'idée que je me faisais du travail des artistes (plasticiens). J'affirmais que nous, nous nous mettons en danger physiquement. J'ai découvert qu'il n'est pas si simple de laisser quelque chose, parce qu'il n'y a pas cette marge de rattrapage que permet le spectacle vivant.

Yvane Chapuis Avez-vous des référents au sens de piliers artistiques ou intellectuels qui peut-être vous (ré)conforte à l'intérieur de votre recherche ?

Claudia Triozzi Chaque fois que je vois un solo je suis réconfortée. L'expression sans compromis en général me réconforte. Quels sont mes référents ? Difficile de répondre, parce que c'est beaucoup de choses à la fois.

Yvane Chapuis Quelles sont vos sources d'inspiration ?

Claudia Triozzi Des lectures essentiellement. Je lis de nombreux ouvrages philosophiques, parce que je ne les comprends pas toujours. La philosophie permet réellement cette non compréhension qui produit des aller-retours de la pensée.

Yvane Chapuis Le dynamisme actuel de la scène chorégraphique constitue-t-il pour vous un moteur ? Avez-vous le sentiment d'y participer, de partager certaines questions avec d'autres artistes qui œuvrent dans le même champ que vous ?

Claudia Triozzi Des choses intéressantes s'y déploient en effet. Chacun développe néanmoins un travail particulier. En ce qui me concerne, nous ne nous voyons pas quotidiennement. Je dois avouer que je ne suis pas toujours très ouverte au dialogue. Certaines pièces me donnent de l'énergie, mais je ne peux pas dire que je ressente une énergie créative de par ce qu'il se passe autour de moi. Je me sens un peu isolée finalement, mais c'est intrinsèque à mon travail. Je partage en revanche une démarche de recherche avec des personnes telles que Jérôme Bel, Alain Buffard, Xavier Le Roy ou La Ribot, c'est certain, même si les modes de recherche que nous convoquons divergent. J'apprécie également le regard sans concession ni détour qu'ils portent sur mon travail. Cela peut être difficile à entendre, mais cela implique d'assumer. C'est une forme de « responsabilisation ».

Yvane Chapuis Quand on vous demande quelle est votre profession, que répondez-vous ?

Claudia Triozzi Magicienne. Non, assistante sociale. Non ! Voyante. Ma profession ? Je suis une femme de la scène. De manière engagée et dégagée, avec de moins en moins de naïveté. Je me sens à l'aise, c'est vraiment mon métier.

Entretien avec François Tanguy par Fabienne Arvers
Critique de spectacles vivants, responsable de la rubrique Scènes aux *Inrockuptibles*

D'un mot à l'autre, la pensée en spirale de François Tanguy, fondateur du théâtre du Radeau, opère un salutaire travail de soustraction pour nous mener à la focale centrale de son théâtre : le lieu où l'on regarde, autrement dit où l'on se mêle de ce que l'on voit. Ou l'on devient témoin. Ce théâtre de la pensée, distinct du théâtre de l'imaginaire en ce qu'il ne perd pas le rapport au réel, est salutaire en ces temps où la confusion entretenue entre art et culture évacue sans ménagement tout ce qui ne fait pas spectacle. François Tanguy restitue parfaitement la teneur de son projet artistique en général lorsqu'il écrit à propos de sa dernière création, *Cantates* (2001) : « Aller à vue, dans l'air ou les ondes portent les matières, se muent en formes dans le regard, en voix dans l'espace, ou quelqu'autre perception, selon les vitesses, les résonances, les traits, les facultés de l'instant. »

Fabienne Arvers Qu'est-ce qui t'a donné envie de faire du théâtre, et plus particulièrement, ton théâtre ? Est-ce que c'est encore visible aujourd'hui ou complètement transformé par le temps passé ?

François Tanguy Ça s'est transformé, absorbé dans le temps qui est passé, ce qui fait que ça ressort plutôt comme question que comme réponse à ce qu'on appellerait l'intention. En fait, on répond plutôt en mouvements qu'en propositions avec résultats, et tout ce qui s'ensuit. Ça me fait penser à une discussion que j'ai eue récemment sur des mots, dits banals, mais qui ne le sont pas en réalité, comme « solidarité ». Solidarité de quoi à quoi ? Entre quoi et quoi ? Ce mot, on peut le décliner pour toutes sortes de raisons, par toutes sortes de moyens. Moi, je ne l'entends pas dans le sens d'une piété naturelle ou même consensuelle. Pitié, non pas dans le sens du rapport à l'autre…, c'est drôle d'ailleurs comme ces mots-là font résonner des étrangetés. Mais le fait est qu'il y a ça, cette pitié, vivante, et toutes les difficultés à construire un rapport qui ne se limite pas à celui de la piété, ni à rejoindre un modèle qui serait préconçu et qui ne serait pas non plus détaché des circonstances qui font que les corps que nous sommes et les matières qui circulent entre ces corps sont des émanations, artilleries pulsionnelles ou fonctionnelles… Avec ces mots-là, on est emmerdés parce qu'il faut tout détacher et on n'y arrive jamais. Enfin, certains y arrivent, certains poètes… Je ne parle pas forcément de ceux qui écrivent de la poésie, qui la disent, la fabriquent. Alors, qu'est-ce que ce chant poétique qui ne serait pas une académie, où on recueillerait ces gestes-là, qu'on décrirait comme de la poésie ? Il faudrait « visiter » les gestes d'accueil, par exemple : sur le pas de sa porte, quelqu'un te fait rentrer dans sa maison, t'offre un verre d'eau ou un verre de vin, cela délivre un espace. Et puis, en même temps, il y a ce même geste, de restituer. Et quand j'emploie ce verbe, restituer, je retrouve peut-être la relation avec cette question : pourquoi faire du théâtre ? Je ne sais pas si c'est « faire » du théâtre, mais ce lieu qu'on appelle théâtre est littéralement entre l'espace, les corps et le temps. C'est à la fois restituer l'espace, restituer le temps et restituer le mouvement des corps. Évidemment, on pourrait dire que restituer fait toujours référence à une chose qui est passée, alors qu'il s'agit de restituer… en avant.

Fabienne Arvers Voire de réinventer, si ça n'a plus de prise dans le monde où l'on vit.

François Tanguy C'est peut-être parce qu'on ne sait pas quoi en faire. On pourrait dire que c'est un service à rendre ou bien ce serait justement ce temps hors service, quelque chose qui serait libéré, débarrassé, détaché d'une fonction utilitaire. Mais il y a toutes sortes de façons de pervertir des mouvements, par la façon qu'on a de se définir, de se présenter. Et pervertir un mouvement, ça ne veut pas dire qu'il était d'abord neuf, parfait. Car les mouvements sont sans cesse à refaire. Le pervertissement, c'est quand on ne refait plus. On usine une pièce et puis on attend que ça lâche. C'est difficile, quand on emploie des mots de définir ce qu'on fait ; on a la sensation de combler une absence de sens et tous ces mots qui s'enchaînent – inventer, produire, créer, etc. – ont l'air de rassembler des appareils.

Fabienne Arvers Justement, aller dans un lieu comme La Fonderie, qui est vierge de toute histoire théâtrale, mais qui est porteur d'une autre histoire, est-ce que ça ne permet pas de retrouver, de redonner un autre sens aux mots, ou en tout cas, de leur donner un champ d'action qui ne peut pas se trouver ailleurs ?

François Tanguy Il faut qu'on soit patient avec les mots qu'on emploie, et particulièrement celui du sens ; sens qui, à un moment, est stabilisé comme forme, à partir de laquelle on peut organiser un ensemble d'activités. Une nécessité du même ordre que celle qui consiste à faire en sorte que l'organisme se reproduise. Ça veut dire qu'on aurait résolu ce pouvoir, cette détermination qu'ont des corps à chercher par tous les moyens à s'organiser, à l'intérieur d'eux-mêmes comme entre eux, ce qui est la même chose. Quand on tente des aventures, on n'est pas faits de cette matière qui permet de se séparer de ces corps qui sont là, du lieu et de l'espace où nous sommes. Enfin s'il y a des expériences pratiques, c'est de la destruction ou de l'autodestruction. Peut-être qu'on peut en faire un programme. Mais la stupéfaction est au moins aussi égale quand on va dans le sens de tenter l'expérience de la destruction que d'y résister, de la questionner. Par exemple, on va dire que les camps de concentration sont vraiment une grosse saloperie : la tentative de soustraire une partie de l'espèce à elle-même. La stupéfaction, c'est ça, quand on ne vient pas à bout de la difficulté et de ce paradoxe selon lequel l'art est un champ de liberté. Dans ce sens-là, si on ne stabilise pas ce champ ou si on ne le rend pas instable à lui-même, on va dire : après tout, considérons que le nazisme était une esthétique d'un vouloir faire paraître l'espèce là où elle n'était pas encore apparue, c'est-à-dire déjà disparue. Ça croise quoi ? Peut-être le lieu théâtral, mais pas forcément ce qu'on désigne comme théâtral. Admettons qu'on puisse accepter cette définition : le lieu théâtral ne se constitue pas en retrouvant la stabilité ou en fabriquant de l'instabilité, mais en faisant tenir ensemble deux mouvements et en les liant.

Fabienne Arvers La surface et la superficie.

François Tanguy C'est là, bizarrement, qu'on trouve une profondeur, une profondeur de champ, c'est-à-dire quelque chose qui restitue la possibilité de la surface. Quand on n'est pas bien, on voit bien que ça manque de surface et de profondeur de champ ; c'est tout l'appareil qui plie, casse, tombe dans rien, se tombe dessus… Et comme on ne le supporte pas, il faut essayer de désigner cette surface qui manque et se soustrait. De même quand on fait un mouvement, l'énergie pour le produire, pour l'accompagner, se retire au fur et à mesure qu'elle se déploie et il faut essayer de diviser ces champs de force. Ou les retirer et il n'y

a plus rien. Pour ça, il faut inventer une machine et, d'ailleurs, ça se produit souvent comme ça : ça s'appelle une machine autoritaire… et ils font des fagots avec tous ces corps non restitués, et puis ils les envoient ailleurs. Or, on ne peut pas manœuvrer sur des champs qui ne sont plus des surfaces mais, au contraire, des superficies. Alors on va dire : nettoyez ça. L'activité suppléera, vous serez au-dessus du dessous, mais pour ça, il faut fabriquer le dessous et le dessus, eh bien, ce sont les charniers. C'est une activité.

Fabienne Arvers L'histoire commence avec un récit.

François Tanguy Ce qui est curieux, c'est qu'on entend parfois la même chose, non pas sur des pensées ou des réflexions, ni même des sensations, mais sur des formations mentales, hors des circonstances : se faire, se refaire, se défaire, être défait. Ces histoires de réfection et de défection sont partout, et même, l'histoire commence quand il y a un récit qui dit « il y a une histoire ». Pour nous, par exemple dans *Les Cantates*, c'est Homère, *L'Illiade*, *L'Odyssée*. Le récit a une force par rapport à l'action : il la soustrait, l'oblige à passer de la superficie à la surface. La surface, c'est vraiment la profondeur de champ et je ne parle pas de profondeur au sens d'une perspective infinie, mais bel et bien de restituer à la face, de remettre à la face à la fois le dispositif qui fait tous ces mouvements et qui, en même temps, fait que ces mouvements retraversent toutes ces superficies que sont, pour commencer, les gestes : aller, venir, entrer, sortir, toucher, retenir, rendre, défaire… Faire mouvement, c'est toujours ce double attelage : on essaye de faire correspondre sans qu'il s'agisse d'un déjà fait, d'un déjà correspondu. C'est aussi une dilatation, une manière de croiser ces vocables par lesquels on tente de restituer cette distance, cet espace, cette respiration et les autonomies qu'elle libère. Voilà aussi une correspondance avec le mot solidarité.

Fabienne Arvers Ce que tu me dis me fait penser à Hannah Arendt dans un texte où elle parle du théâtre et de son amour pour le théâtre, parce que c'est la seule forme d'art qui a pour matériau les relations humaines et elle fait justement ce lien entre *story* et *history*. On part d'une histoire et l'on en fait un récit, d'où le fait que la question du témoin soit fondamentale. Parce que c'est porté sur la place publique, où une parole collective, parlée à la première personne du singulier, est restituée au collectif.

François Tanguy Oui, je crois que c'est ça justement la formation de l'autonomie. Pour les formes occidentales, l'organisation du récit crée, ou plutôt réfléchit au sens de la lumière ; elle met à jour, non seulement le catalogue des conduites à faire et à ne pas faire, mais justement ce qui se passe entre, et le trouble des mots entre les interdits et les libérations – qui sont parfois symétriques, parfois en contradiction ou en contrariété, et reviennent sur cette scansion de l'autonomie, comprise au sein d'une communauté. Le pouvoir de dilater en profondeur la surface, c'est autre chose que le pouvoir de contrôle et d'administration qui administre et articule tous les mouvements pour faire en sorte que la superficie tienne. Et ça, ce n'est pas de l'autonomie, je ne sais pas ce que c'est, il doit y avoir un terme…

Fabienne Arvers Le règlement ? L'organisation ?

François Tanguy Oui, enfin le règlement sous le pouvoir du contrôle qui gère la superficie où il ne faut surtout pas de surface. Dès qu'il y a de la surface, ça commence à devenir incontrôlable.

Fabienne Arvers N'est-ce pas cela que représente le passage de la Fonderie au Campement ? Le fait de garder les deux lieux et d'avoir une double possibilité ?

François Tanguy Ce n'est pas avoir des lieux, c'est en ressortir. Il y a eu au départ une possibilité. S'il avait fallu faire ce qu'on appelle un projet, le déposer à ceux qui justement ont pour tâche – parce qu'il ne faut pas non plus tirer à vue… – de gérer, d'administrer des superficies, donc des terrains, dans tous les sens du terme (terrain à bâtir, terrain à enlever ou à donner), avec cette organisation du pouvoir qui contrôle tout, y compris dans un sens qui peut être économiquement juste… J'y pense parce que je viens de lire un article qui parlait des *raves*, où l'on disait que le gouvernement allait se mettre à dos la jeunesse, que c'était une privation de liberté. Mais, d'un autre côté, ceux qui gèrent les terrains sur lesquels se passent les *raves* et qui ramassent aussi toutes les contrariétés que peuvent provoquer pour certains une action de libération pour d'autres… Comment ajuster ça ? C'est un degré simple, mais déjà très compliqué, du pouvoir de gestion, qui est, en même temps, une commande de l'ensemble de la communauté pour faire en sorte qu'il y ait un certain nombre de conduites, d'activités et de mouvements qui puissent co-exister, et puis, qui ne fassent pas que ça… Cela dit, ils peuvent s'en arrêter là, au moins cela voisine, co-existe, c'est déjà mieux que de se foutre sur la gueule. Seulement, l'un ne vaut pas pour l'autre, comme on dit dans les campagnes ou dans l'entendement. Et, qu'est-ce qui est entre l'un et l'autre ? Et non pas l'un contre l'autre. Est-ce qu'il y a un passage vers l'autre ? Et en même temps, qu'est-ce qui produit ces mouvements ? Et c'est à nouveau un problème d'autonomie. L'autonomie, ce serait alors de partager cette responsabilité de ne pas empiéter ; si on peut empiéter sur la superficie, on ne le peut pas sur la surface. Tout ça, ce ne sont pas des jeux de mots, mais avec l'empiètement on retrouve ce mot de piété, c'est-à-dire quelque chose qui est lié à une sorte de commandement, soit venant d'ailleurs, soit venant de l'intérieur de la superficie qui dit : « Moi, je veux pas être emmerdé là ». Là où je suis.

Fabienne Arvers Et le passage de la Fonderie au Campement, est-ce pour trouver de nouvelles surfaces ?

François Tanguy Ce n'est pas pour quelque chose, ça vient parce qu'il y a eu une possibilité. La Fonderie, c'étaient des circonstances qui ont fait que ce lieu-là permettait de désigner concrètement, non pas ce que ça pouvait être, mais comment le faire. C'est un garage : ce qui n'était pas là avant, il a fallu en faire le projet. Un projet, c'est déjà compliqué, puisqu'il s'agit de se faire croire que, et de faire croire à… Au départ, on a squatté un petit peu, si on peut dire, parce que les élus du moment n'ont pas du tout été réticents, au contraire. C'était une sorte de coïncidence, qui était active des deux côtés sans être empêchée par ce mécanisme qui consiste à prévoir les conséquences, d'un côté comme de l'autre. Par exemple, de notre côté : on va faire ça, vous allez voir ce que ça va donner. Du leur : on va vous laisser faire et vous allez voir ce que ça va donner. En plus, il ne s'agit pas de grand-chose, on a simplement occupé un espace qui était là, présent, libre ou désaffecté, et, au lieu de le réaffecter à des fonctions dont on aurait préalablement décrit la définition, le programme, de le laisser, au mouvement, à l'acte. Il s'agissait de construire, d'occuper les lieux, progressivement, au fur et à mesure qu'ils se libéraient, et de les libérer dans le sens de les restituer.

Fabienne Arvers Peut-on faire un parallèle avec la construction des *Cantates* ?

François Tanguy *Les Cantates* interrogent : comment transmettre le passage ? Quelqu'un ne peut pas témoigner et, par son silence, quelque chose se libère peut-être, alors on appelle ça un chant, qui est aussi une forme du déchantement, et non pas du désenchantement. Le déchant est un terme de musique médiévale (c'est « une mélodie ou un contrepoint écrit au-dessus du plain-chant », ndlr), mais c'est aussi un champ de force, de gravitation.

Étant là, ce terme a certainement dessiné des sortes de parcours. Il y avait *La Divine Comédie* de Dante, qui me semble être proche de ce qu'on appelle un déchant, c'est-à-dire une force qui soulève le chant officiel, le

reprend et forme une langue qui n'est pas officielle. Après, on ne sait pas ce qu'elle deviendra…, c'est comme un rappel. Faire revenir la face. En tout cas, ce n'était pas : voilà le programme, et après, on fait rentrer des conduites, des mœurs, des formes, des qualités de mouvements. Au contraire, c'est quelque chose qui se soustrait et s'abstrait au fur et à mesure pour rendre concret… Ensuite, donner un titre à une chose, ça ne veut pas dire faire rentrer la chose telle qu'elle est figurée ou signifiée par son titre, ça veut simplement dire qu'il y a rappel, rappel des circonstances. Mais on ne chante pas. C'est aussi un lieu-dit : sortir du chantage. Comment s'en sortir ? Alors, il y a tout un processus de décantation – et sans doute que ce terme de cantates a à voir avec la décantation – et ça ne se fait pas comme ça.

Désigner l'inatteignable et atteindre cette espèce de limite qui la rend indiscernable – c'est ce que fait Pierre Guyotat –, afin qu'il ne reste plus que cet indiscernable, quelque chose qui persévère, qui rend responsable, au sens de « répondre de »…

Fabienne Arvers Le choix des textes, pas forcément audibles, mais qui sont là au même titre que la musique, le décor qui se déploie, les comédiens, comment les as-tu choisis ?

François Tanguy Je ne les ai pas choisis, ce n'est pas un montage et d'ailleurs, ce ne sont pas des textes, mais des pans de parole qui viennent comme par-devant. Il ne s'agit pas de construire un édifice avec des motifs et des thèmes préparés, c'est une entrée en collision. Et puis, il y a les circonstances, comme l'impossibilité de traduire la langue, la parole de Dante. On est tombé par hasard sur la publication d'une traduction du XVIᵉ siècle de Jacques Amyot des écrits de Plutarque. Dans la préface de cette réédition, on trouve ce texte : « Sur les délais de la justice divine, discussion à la grecque entre différents comparsés sur les différents problèmes de la justice divine, ses particularités, du justiciable au justifiable ». Il se termine par le récit d'un type qui raconte l'histoire d'un méchant homme qui, à force de vilenies, a perdu tout son capital, et va voir l'oracle de Delphes, dont Plutarque est le prêtre. Il lui demande comment refaire sa fortune et continuer d'être méchant. L'oracle lui dit : quand tu seras mort. Il tombe foudroyé sur le chemin du retour. Et on lui fait visiter les Enfers : le cycle à l'envers de celui de Dante, le renversement des corps, des signifiants. Ensuite, le récit raconte comment, redevenu un homme sain et vivant, il est devenu un saint homme. C'est ce texte que dit Laurence Chable à la fin des *Cantates*. Ce n'est pas du tout une histoire de moralité, mais de passation des corps, de renversement des signes, des signifiants, des particules, des corps et des matières. De quoi ces corps composés sont-ils composés ? Qu'est-ce qui leur fait prendre corps, prendre image, prendre les images des corps, les corps des images, prendre et être dépris ? Et puis la relation, au sens de relater, d'une mutation de l'espace dans lequel sont l'ensemble de tous ces corps, ces témoins. Alors, pourquoi y aurait-il des mots qu'on entendrait et d'autres qu'on n'entendrait pas ? Ce sont toutes ces opérations qui se construisent entre l'œil et l'ouïe, l'entendement et l'écoute ou la vision.

C'est ce que signifie le mot de théâtre : l'endroit d'où l'on regarde, pas d'où l'on voit. C'est le sens étymologique, disent les linguistes, du terme théâtre. Ça ne veut pas dire que je veuille revenir à une origine, mais je trouve la coïncidence intéressante, l'emploi de ce terme pour désigner ce qui est en train de se faire, qui n'est pas encore fait. En tout cas, pour moi, ce n'est pas un répertoire d'images avec un peu de textes et de musique qu'on va répartir en superficies… Et, ces gestes-là, il faut les faire, même par contradiction, même par contrariété, à l'égard de ce que l'on voudrait supposer toujours, à savoir qu'une surface ressortirait à un moment, spontanément, nécessairement ; c'est-à-dire le contraire du spectacle, cet « à voir » qui est déjà vu.

Entretien avec Érick Zonca par Christophe Chauville

Érick Zonca est né à Orléans le 10 septembre 1956. Il a vécu quelques années à New York, où il a pris des cours de théâtre, avant de travailler comme assistant-réalisateur et de réaliser quelques magazines pour la télévision. Ses trois courts métrages, *Rives* (1992), *Éternelles* (1994) et *Seule* (1996) ont été primés à de nombreuses reprises dans les festivals et ont enraciné sa réputation dans le milieu, avant le « grand saut » vers le long métrage, effectué avec le même producteur, François Marquis des productions Bagheera. *La Vie rêvée des anges* triomphe à Cannes en 1998, ses interprètes principales Élodie Bouchez et Natacha Régnier récoltant ex aequo le Prix d'interprétation féminine, puis dans les salles et, enfin, aux Césars l'année suivante, avec la récompense du meilleur film de l'année. Entre temps, Érick Zonca réalise dans la collection *Gauche/Droite* commanditée par Arte *Le Petit voleur*, qui sort aussi en salles au printemps 2000.

Christophe Chauville Trois années se sont écoulées depuis le succès cannois et la sortie de *La Vie rêvée des anges*. Qu'avez-vous fait depuis ?

Érick Zonca J'ai écrit, en compagnie de Virginie Wagon, un film qu'elle a réalisé elle-même : *Le Secret*, sorti en 2000. Et je travaille depuis un an, avec ma co-scénariste Aude Py, sur le scénario d'un film produit par Noé production, qui sera tourné aux États-Unis en langue anglaise. Nous l'écrivons en français et le script sera traduit par la suite. Après quoi je devrais adapter un ouvrage de Donald Westlake, *Le Contrat*, que je prévois de tourner à Londres.

Christophe Chauville Une telle période sans tourner pour le cinéma crée-t-elle un manque ?

Érick Zonca *Le Petit voleur* était déjà achevé lorsque *La Vie rêvée des anges* est sortie et je suis effectivement resté trop longtemps sans tourner, à l'exception de quelques films publicitaires. Il est certain que je prends trop de temps pour écrire. J'ai mis trois ans pour *La Vie rêvée*... J'ai envie de passer la vitesse supérieure pour mes prochains films. Mais j'ai connu quasiment une année de promotion avec *La Vie rêvée*..., qui m'a emmené tous les quatre matins au Colorado, Stockholm, Moscou ou Yokohama, et cette période n'a guère été propice au développement d'un nouveau projet.

Christophe Chauville Comment jugez-vous *La Vie rêvée des anges* avec le recul ?

Érick Zonca Je l'ai revu récemment à deux reprises, pour la première fois depuis le festival de Cannes 1998. Alors que je m'attendais à une catastrophe, j'ai d'abord redécouvert le film comme un spectateur et j'ai trouvé qu'il tenait plutôt bien le coup. Après quoi mon regard critique et mes doutes se sont réinstallés... J'étais proche de la sensation que j'avais eue à Cannes, celle de longueurs, de blocs de séquences se suivant sans que cela fonctionne, sans que le film soit « déboulonné » comme ce que peuvent faire Pialat ou Cassavetes.

Érick Zonca, *Le Petit Voleur*, 1999. © Agat Films

Mais j'ai pu me concentrer sur le jeu des deux comédiennes, que j'ai trouvé remarquables : Élodie Bouchez a réussi à composer un véritable personnage et Natacha Régnier a apporté à son rôle ce côté rugueux, qui m'a sauté aux yeux… Revoir le film m'a quand même également permis de m'en dégager complètement.

Christophe Chauville Avec le recul, comment expliquez-vous que le film ait à la fois séduit le public, les professionnels et la majeure partie de la critique ?

Érick Zonca Je pense que les spectateurs ont accueilli le film de façon affective, en s'attachant à ces deux filles et à leur amitié s'enracinant dans un contexte difficile. Le scénario avait été très travaillé et c'est avant tout une histoire simple, une vraie fiction, et non un documentaire ou un cinéma de témoignage. Des récits dans lesquels il est vraiment possible d'entrer, c'est peut-être ce qui manque au cinéma français. Mais je me souviens avoir pensé que je serais satisfait si le film atteignait les 100 000 spectateurs en France.

Christophe Chauville Et il a réalisé près d'un million et demi d'entrées ! Il a bien marché également à l'étranger, ce qui est rare pour un « premier film » français. En avez-vous été étonné ?

Érick Zonca Oui, ce succès m'a permis de faire beaucoup de rencontres professionnelles intéressantes, avec des conséquences parfois inattendues. Le film a été bien reçu aux États-Unis, du moins pour une production en langue étrangère et j'ai reçu alors beaucoup de sollicitations de la part des Américains. Miramax m'a proposé un projet avec Juliette Binoche, adapté du scénario de Kieslowski et Piesewicz, premier volet de la fameuse trilogie *Le Paradis, l'Enfer et le Purgatoire*. J'ai commencé à travailler dessus avec Roger Bohbot, mon co-scénariste de *La Vie rêvée*… mais nous nous sommes aperçus que le scénario ne pouvait pas sortir de l'esprit de Kieslowski. J'ai donc préféré passer la main…

Christophe Chauville Vous n'envisagez pas de vous engager dans une carrière américaine ?

Érick Zonca Je ne veux pas me lancer dans un film de studio, où le réalisateur n'est plus qu'un faiseur. Je me sens davantage attiré par le cinéma indépendant. J'ai rencontré récemment Bingham Ray, qui a été nommé à la tête de United Artists tout en gardant sa propre société de production indépendante. Il veut adapter *Le Petit voleur* aux États-Unis. Je ne veux pas refaire le film mais je suis d'accord pour participer à son adaptation. Les producteurs américains sont incroyables : ils sont très offensifs, appellent, viennent à Paris te rencontrer…

Christophe Chauville Le fait d'avoir commencé la réalisation relativement tard – trente-six ans pour *Rives*, votre premier court, a-t-il constitué un atout pour digérer le succès ?

Érick Zonca Non, j'aurais aimé arriver plus rapidement à la réalisation. Quelqu'un qui commence tôt parvient à quarante ans avec plusieurs films et une expérience consistante derrière-lui… C'est aussi pourquoi je souhaite tourner davantage : je ressens une sorte d'urgence par rapport à l'âge. Laurent Bouhnik ou François Ozon en sont à leur quatrième ou cinquième long métrage, alors qu'ils sont plus jeunes que moi…

Christophe Chauville Comme eux, vous venez du court métrage. En quoi ce passage a-t-il été bénéfique ?

Érick Zonca J'y ai tout appris ! Heureusement qu'il y a cette école pour apprendre le cinéma ! Le court métrage oblige un réalisateur à se débrouiller de A à Z, à découvrir ce que sont les optiques, les distances, les emplacements de la caméra, l'étalonnage, le mixage, etc.

Christophe Chauville Quel est le moment du processus créatif que vous préférez ?

Érick Zonca Quand je suis en train d'écrire, je dis que c'est le tournage et lorsque je suis sur le plateau, j'affirme que c'est l'écriture ! Quant au montage, c'est pour moi une étape assez frustrante, qui peut aussi

s'avérer violente, car il faut un temps long avant que l'alchimie s'effectue réellement, qu'on entre vraiment dans le récit. Je parviens désormais à être plus calme, à avoir un rapport moins angoissé et plus ludique au cinéma. Mais le doute persiste et ce, dès l'écriture.

Christophe Chauville Durant cette étape, visionnez-vous d'autres films ?

Érick Zonca Lorsque j'écrivais *La Vie rêvée*…, j'ai beaucoup regardé *À nos amours* et *Van Gogh* de Pialat. En ce moment, ce serait plutôt *Opening Night* de Cassavetes, qui tourne en boucle sur mon magnétoscope. Je suis assez sélectif, je peux m'ennuyer très rapidement au cinéma. Mon dernier choc cinématographique, c'est *In the Mood for Love* et auparavant, *Crash*. Il y a quand même plusieurs années entre les deux…

Christophe Chauville Allez-vous chercher d'autres sources d'influences, conscientes ou non, dans d'autres secteurs artistiques ?

Érick Zonca Je suis allé voir récemment le dernier ballet de Forsythe : j'ai été « scotché » pendant deux heures et en sortant du spectacle, j'avais deux séquences en tête… Lorsque je vivais à New York, j'étais marié à une danseuse de Merce Cunningham, je suis donc sensible à la création de danse contemporaine. La musique aussi m'inspire beaucoup : en ce moment, j'écris en écoutant en boucle le premier album de Barry Adamson, ainsi que Portishead, Massive Attack ou Craig Armstrong. Je regarde beaucoup de photos également : Nan Goldin surtout, et Helmut Newton ou les dernières photos de Marilyn avant sa mort… La peinture, en revanche, m'inspire peu, mis à part peut-être Bacon. Et puis j'aime bien la littérature anglo-saxonne, spécialement – en ce moment – Russell Banks.

Christophe Chauville Vos références sont plutôt anglo-saxonnes. Peut-on dire que vous vous sentez éloigné du cinéma français ?

Érick Zonca Comme je suis d'origine italienne, je me suis très tôt intéressé au cinéma italien, puis très vite au cinéma américain. Aujourd'hui, ce sont plutôt les cinémas asiatiques qui m'attirent. Concernant les Français, j'admire beaucoup la Nouvelle Vague et le cinéma de Pialat, mais je ne me sens pas forcément une identité de « cinéaste français ». Dans *La Vie rêvée des anges*, mon style est apparenté à un certain réalisme social, je voulais que mon « premier film » s'y inscrive, mais en le fictionnant car je préfère l'idée d'un traitement décollant du réel. Ce qui manque peut-être aujourd'hui au cinéma français, c'est ce que la Nouvelle Vague avait magnifiquement réussi : regarder le monde tout en cassant les règles du cinéma, en essayant de raconter autrement une histoire. Aujourd'hui, cette place est plus difficile à trouver… À quelques exceptions près, comme *Sombre* de Philippe Grandrieux, *Trouble Every Day* de Claire Denis ou *Sinon oui* de Claire Simon.

Christophe Chauville Le système de financement du cinéma en France est-il propice, comme on le prétend souvent, au renouvellement et à l'accès au cinéma pour de jeunes créateurs ?

Érick Zonca Oui le CNC, surtout, permet cette émergence. Au contraire des États-Unis, où les jeunes cinéastes rament, on a la chance d'avoir en France un système complet. Il y a plusieurs réseaux possibles pour trouver de l'argent. Pour ma part, j'ai toujours eu le soutien des chaînes, ainsi que les aides du CNC (sauf pour mon tout premier court métrage, *Rives*) et des collectivités régionales. Le problème du jeune cinéma est que le public ne va pas voir les films français, en dehors des grosses comédies comme *Le Placard* ou *La Vérité si je mens*. Du coup, c'est un peu un cercle vicieux car les producteurs misent là-dessus. Heureusement qu'une génération de jeunes producteurs, qui ont généralement fait leurs armes dans le court métrage, prend de vrais risques. Mais j'ai un peu peur que l'on soit en train de perdre le cinéma français. Des metteurs en scène hors-pair comme Desplechin, Chéreau, Assayas ou Claire Denis ne sont pas assez reconnus : leurs derniers films n'ont pas marché très fort et j'ai été peiné de l'échec public d'*Intimité*, par exemple, ou d'*Esther Kahn*, qui est un film magnifique.

Christophe Chauville Pensez-vous que *La Vie rêvée*... ait tout de même joué un rôle moteur et que tout le monde, au sein des productions parisiennes et des festivals, attend désormais le « nouvel Érick Zonca » ?

Érick Zonca Il y a certainement, de la part des producteurs, un attrait nouveau pour les « premiers films ». L'aventure a servi de modèle pour ceux qui sont arrivés après, son économie réduite a ouvert des perspectives : tourner avec dix millions de francs, ça donne des idées à un producteur...

Christophe Chauville La télévision constitue-t-elle une alternative pour un jeune réalisateur ?

Érick Zonca Je préférerais pour ma part arrêter le cinéma plutôt que d'être obligé à faire des téléfilms. Ça ne m'intéresse pas, en dehors d'Arte et du travail exceptionnel initié par Pierre Chevallier, qui laisse carte blanche au réalisateur. L'expérience du *Petit voleur* a été formidable. C'était un récit très abrupt, où il n'y avait aucune psychologie, un filmage froid avec des changements de focale, une volonté de rester en dehors du personnage, tout en essayant de se placer de son point de vue dans son initiation à la violence... *Le Petit voleur*, que j'ai tourné en super 16, aurait été certainement différent pour le cinéma.

Christophe Chauville À propos de formats de tournage, quelles perspectives le numérique ouvre-t-il ? Est-ce un outil de démocratisation à l'accès au cinéma comme certains le prétendent ?

Érick Zonca La caméra DV donne une liberté unique, tant en ce qui concerne les angles de prise de vue que les focales ou la relation aux acteurs. Ensuite, c'est le rendu qui se révèle plus problématique : la vidéo ne donne pas la lumière des films de Wong Kar-wai ! Ou alors il faut réétalonner en numérique comme le fait Lars von Trier, ce qui coûte très cher. Mais la liberté est là, le plateau est réduit et le réalisateur peut essayer beaucoup de choses. Il faut seulement veiller à ce que ça ne devienne pas brouillon, mais l'outil est précieux : aujourd'hui, tout le monde peut faire son film, c'est à mon avis une avancée. Mais pour l'instant, on ne peut pas faire *Crash* ou *Lost Highway* en vidéo...

Christophe Chauville Vos goûts vont-ils vers le cinéma d'auteur américain ?

Érick Zonca Je suis intéressé par le cinéma « violent » – pas au sens de tronçonneuses et des membres arrachés ! –, celui de David Lynch ou de David Cronenberg, même si j'adore *Crash* mais pas du tout *eXistenZ*. Et j'aime toujours Scorsese. Et Abel Ferrara, ça doit être mon côté italien ! Mais ce qui inspire le plus les réalisateurs européens en ce moment est sans doute davantage le cinéma asiatique, sa façon de filmer et d'éclairer. Je vais m'efforcer de travailler dans cette direction, avec des choses plus épurées, plus crues, avec un travail des couleurs, des lumières. Comme dans le cinéma de Wong Kar-wai, son travail des fonds, des décors, des vêtements, etc. À partir d'un certain moment, les choix de lumière et les mouvements de caméra prolongent la mise en scène... Tout se joue là !

Christophe Chauville Vous travaillez régulièrement pour la publicité. La pub ou le clip offrent de réelles possibilités professionnelles aux jeunes, ne comportent-elles pas le risque d'aliéner les personnalités ?

Érick Zonca J'ai reçu de nombreuses propositions de clips (Johnny Hallyday, Doc Gynéco...) que j'ai toutes refusées car « raconter de la musique » ne m'intéresse pas. Le clip est trop basé sur l'image, et moi j'ai besoin de chair, de comédiens. La publicité, c'est différent... C'est plus qu'une simple expérience

HAMMEDI
NTRAINEUR : LEMELLE

TRE
AFOUNTA
TRAINEUR DUFRENEY

2 AUTRES COMBATS
PROFESSIONNELS

6 AUTRES COMBATS
AMATEURS

NCE
095 - 21 H.
. JAS DE BOUFFAN

BO
VENDREDI 30
ORGANISÉS PAR LE R.C.
PATRONAGE : CONSEIL
TOURNO
N

alimentaire : elle me permet d'expérimenter certaines choses, comme des focales impossibles à tenter au cinéma. Il y a en outre dans la pub des moyens conséquents, une diversité des équipes professionnelles qu'on apprend à gérer – surtout pour moi qui tourne finalement peu. Alors lorsqu'on m'a proposé de réaliser des pubs, au moment du festival de Cannes en 1998, je n'ai pas hésité ! Même dans le rapport aux comédiens, l'exercice est formateur : on leur demande une efficacité puisque les « personnages » n'ont pas d'histoire, pas de psychologie…

Christophe Chauville Votre rapport aux acteurs s'est donc modifié ?

Érick Zonca Je cherche désormais à ce que les comédiens se lâchent et non qu'ils « jouent bien ». Je le faisais peut-être déjà, de façon inconsciente, en leur laissant une dernière prise pour qu'ils fassent ce qu'ils voulaient, en toute liberté. Mais aujourd'hui, je n'ai plus envie de devoir voler des choses aux acteurs et je veux plutôt travailler avec des comédiens confirmés, plutôt qu'avec des débutants comme sur *Le Petit voleur*. Je refuse toujours de rencontrer au casting les comédiens que je ne connais pas, je trouve beaucoup plus intéressant de les découvrir à l'image. Le risque est de rater des gens, évidemment, mais pour l'instant, je ne me suis pas trompé : Élodie Bouchez, Natacha Régnier, Florence Loiret, Nicolas Duvauchelle…

Christophe Chauville Êtes-vous partisan d'un suivi des collaborations avec les techniciens, une production, voire des comédiens ?

Érick Zonca Dans la pratique, ce n'est pas le cas. Pour le poste de chef-opérateur, j'ai collaboré avec Agnès Godard puis avec Pierre Millon, en attendant encore quelqu'un de nouveau sur mon prochain film. Idem pour les comédiens, même si j'aimerais travailler à nouveau avec Nicolas Duvauchelle, Florence Loiret, Natacha Régnier ou Élodie Bouchez. Je reste admiratif face à Scorsese qui garde toujours la même monteuse et retrouve régulièrement les mêmes acteurs.

Christophe Chauville Vous écrivez tout de même toujours en tandem, avec Roger Bohbot, Virginie Wagon ou, aujourd'hui, Aude Py. Pourquoi ce recours systématique à un co-scénariste ?

Érick Zonca J'ai horreur d'écrire seul. J'ai besoin qu'on me renvoie les choses, dans une sorte de ping-pong. Je m'approprie sans souci ce qu'un co-scénariste peut m'apporter, je ne considère jamais que son apport dénature mon film… Et c'est ce qui me plaît dans le cinéma : le côté collectif, même si mon rapport à autrui n'est pas simple à la base.

Christophe Chauville Au moment d'aborder votre second long métrage de cinéma, ressentez-vous une pression plus forte ?

Érick Zonca Il est certain que je vais être attendu au tournant. Si le film est décevant, certains vont tirer à boulets rouges… Le milieu est ainsi fait !

Christophe Chauville La solution est-elle de changer complètement de registre à chaque fois ?

Érick Zonca Je pourrais me lancer dans un second film qui ressemblerait au premier, mais ça m'ennuierait mortellement. Je reçois souvent des romans contemporains en vue d'une adaptation, mais ils se situent le plus souvent dans la lignée de *La Vie rêvée*… Ça ne m'intéresse pas. J'ai plutôt envie de quelque chose de différent, de moins « classique », d'oser des choses nouvelles au niveau du récit, ce qui est difficile à faire dès le premier film. Je n'ai pas envie de mettre ma caméra « au service du réel », mais de m'amuser avec le cinéma. J'ai envie de surprendre, pour ne pas m'ennuyer moi-même. Tout en continuant, bien sûr, de toujours penser au spectateur.

Entretien avec Marc Le Bihan par Frédéric Bonnet

Frédéric Bonnet La base de votre démarche tient dans un questionnement du temps et de la temporalité dans le vêtement. En réutilisant des formes et des éléments anciens pour les rendre contemporains, vous leur donnez une vie nouvelle ?

Marc Le Bihan Le temps est important, mais il ne s'agit pas seulement de l'utilisation de choses anciennes. La mode est depuis très longtemps faite de citations permanentes d'un passé, elle a toujours créé du neuf avec du vieux. Cela s'est vraiment accentué à la fin du XXe siècle, dans la mesure où les citations sont de plus en plus proches.

Dans mon travail, certains vêtements sont des rééditions de vêtements anciens, comme des vestes des années 1800 développées dans la collection de manière plus contemporaine. Dans la dernière collection hiver il y a des jupes taillées comme les dos de ces habits. C'est une façon de détourner le vêtement qui a un usage de veste pour faire une jupe. Je trouve que dans le vêtement ancien il y a des qualités adaptées aux connaissances que les gens de l'époque avaient de la coupe, qui sont intéressantes, très astucieuses, et finalement vraiment modernes.

Frédéric Bonnet Les critères essentiels sont-ils pour vous essentiellement la structure et la fabrication du vêtement ancien ?

Marc Le Bihan Il y a cette idée-là, mais, en même temps, je ne travaille jamais mes collections à partir d'un thème, car cela m'ennuie. Pour moi, une collection n'est pas différente de la précédente dans l'idée et dans la façon dont elle est construite. Dans une collection, on va aussi bien trouver des vêtements sans références anciennes que des petites robes des années 30 et une veste qui cite la fin du XIXe. Mais en fait, c'est plus pour évoquer l'idée d'intemporalité que de temporalité. J'aime avoir un mélange d'éléments très identifiables, comme une robe des années 30, qui dans un contexte où elle est mélangée à d'autres vêtements, devient complètement différente.

Frédéric Bonnet La vie du vêtement vous préoccupe-t-elle ?

Marc Le Bihan Oui, parce qu'on a beau faire tout le blabla qu'on veut autour d'un vêtement, le moment où il prend toute sa signification et son sens c'est quand des gens l'achètent, le portent et se l'approprient. C'est le plus important, et je rigole toujours un peu quand je vois des marques qui font des pubs, qui créent des images pour vendre des vêtements, mais qui en définitive ne sont pas une projection d'image. Finalement, quand on met la veste de Untel à côté de la veste de Untel, on se demande quelle est la différence quand on regarde le discours autour de ces vêtements-là. Le vrai vêtement n'existe que par l'indépendance et l'autonomie qu'il va prendre avec la personne qui le porte.

Ce qui me plaît aussi dans le fait d'utiliser des pièces anciennes c'est que le vêtement va être attaché à des souvenirs ou des émotions, mais aussi à des références propres à chacun de nous. En regardant le vêtement on peut assez facilement imaginer la stature et la morphologie de la personne qui l'a porté, et on peut très vite construire une histoire. J'aime bien prendre cette histoire-là, ajouter la mienne, et la personne qui se l'appropriera y apportera la sienne.

Frédéric Bonnet C'est donc une superposition de strates qui devient l'élément fondamental ?

Marc Le Bihan C'est cela qui rend le vêtement contemporain, plus qu'une histoire de formes.

Frédéric Bonnet Vous avez une formation de licier. Qu'est-ce qui vous a conduit à la mode ?

Marc Le Bihan Je suis entré très tôt aux Gobelins, à l'âge de 15 ans, et j'y suis resté pas mal d'années. Ce qui était enrichissant dans cette formation, c'est qu'on avait des cours de dessin et d'histoire de l'art. Parallèlement à cela, j'ai commencé à peindre et à sculpter, et à un moment donné j'ai cherché un support qui soit très proche du corps ; cela a été le vêtement. Et mon choix délibéré, dès le début, a été de faire des vêtements qui soient portés, parce qu'il y a beaucoup de gens qui utilisent le vêtement comme support mais qui ne sont pas forcément des vêtements à vivre.

Frédéric Bonnet De l'histoire de l'art, gardez-vous des réminiscences en termes d'inspiration ?

Marc Le Bihan Oui, il y a parfois de réelles sources d'inspiration parmi les artistes. Cela peut aussi être un texte ou de la musique, plus que de la mode en fait.

Frédéric Bonnet Dans l'art contemporain y a-t-il des personnages qui vous ont particulièrement marqués, et dont on peut retrouver les traces dans le vêtement ?

Marc Le Bihan Beuys, que je cite toujours, à cause du feutre, de l'idée d'enveloppe, de protection, tout cela est associé à sa création. Dans mes premières collections il y avait de grosses couvertures, et les vêtements étaient faits sur ce principe, très couvrants, enroulés, avec un traitement très brut, des poches lacérées. Il peut donc y avoir comme cela des sources d'inspiration, qui ne sont pas toujours évidentes au premier coup d'œil si l'on n'en parle pas. J'aime beaucoup Rothko aussi, et travailler sur le même type de tonalités.

Frédéric Bonnet Le costume de Man Ray, vous l'avez trouvé par hasard ?

Marc Le Bihan Oui, en chinant, je cherchais un smoking pour moi, mais je n'avais rien trouvé à ma taille. Et dans l'un des étalages où j'achète habituellement des livres, j'ai vu ce costume dont la taille semblait bonne, visiblement de bonne qualité. Une étiquette dans la poche mentionnait un grand tailleur viennois, avec la date de 1928 et le nom de Man Ray. Je n'ai aucune certitude qu'il ait bien appartenu à Man Ray, mais il y a des éléments concordants.

Frédéric Bonnet Avez-vous acheté ce costume pour le porter ou bien avez-vous tout de suite pensé à faire cette réédition ?

Marc Le Bihan C'était un peu curieux car quand on trouve quelque chose aux puces, on n'a aucun moyen de savoir à qui cela a appartenu. Et là, on le rattache à une personne célèbre, dont je connais un peu le travail. C'était assez troublant comme découverte. C'était presque une dépouille. J'ai tout de suite pensé à le rééditer dans une seule taille, celle de Man Ray, en oubliant la recherche d'un smoking pour moi.

Frédéric Bonnet Que rattachez-vous à Man Ray ?

Marc Le Bihan Pas grand chose ! J'aime bien son travail photographique, mais je suis toutefois assez distant avec le reste. C'est peut-être plus l'idée d'une personne importante intellectuellement qui m'a conduit à cette démarche. On peut également ajouter le fait qu'il s'agisse d'une personne très célèbre qui appartient à une époque effervescente.

Frédéric Bonnet La danseuse de Degas est un motif récurrent et évolutif que vous retravaillez sans cesse en changeant les proportions et les matières. Pourquoi ce motif ?

Marc Le Bihan C'est une œuvre que j'aime beaucoup. Elle a un côté très vivant. Elle aurait pu être ratée, mais je la trouve juste sur le fil. En même temps, je trouve qu'elle reflète bien le temps qui passe, tout en étant toujours très moderne.

Frédéric Bonnet Vous travaillez beaucoup sur la matière, avec le latex et le métal en particulier. Pendant vos recherches pour obtenir certains résultats, à quoi pensez-vous en premier lieu ? À des effets sur le porter, au toucher, à des effets plastiques au sens visuel du terme, ou bien encore sonores ?

Marc Le Bihan À beaucoup de choses à la fois… En fait je n'aime pas ce qui est fini, l'idée de l'esquisse me convient beaucoup mieux, et cela dans la mesure où l'on ne sait pas si le vêtement est en cours de fabrication ou s'il est déjà en processus de destruction. Grâce à cette ambiguïté, apparaît le doute qui évoque le passage du temps. Travailler les matières dans le sens de l'usure est ma première préoccupation quand je commence à les chercher.

Frédéric Bonnet Vous cherchez à patiner ces vêtements, à les user encore plus, à les vieillir par conséquent ? Vous aimez les torturer ?

Marc Le Bihan Oui, j'aime faire des vêtements neufs mais qui ont déjà la marque du temps.

Frédéric Bonnet Pourquoi utilisez-vous autant le latex ?

Marc Le Bihan Au début je l'utilisais plus comme un support sur lequel j'allais inclure des éléments, une sorte de liant, pour constituer une matière avec d'autres éléments au tissu qui signifiaient plus que l'objet latex même. Et je continue aujourd'hui à l'utiliser en y incluant des fragments de vêtements, de textiles, comme des strates.

Frédéric Bonnet Les effets sonores ou plastiques vous intéressent-ils ?

Marc Le Bihan Le bruit du latex est absolument incroyable. Je viens aussi de faire une petite robe avec un taffetas qu'on ne voit pas parce qu'il est sous la robe mais qui fait énormément de bruit. J'aime bien l'idée du vêtement sonore. Il a une présence, une attitude et provoque des attitudes chez les gens qui le portent. Le vêtement va ainsi conduire la personne qui le porte à bouger de façon différente, car on ne bouge pas de la même façon quand on est dans un tee-shirt ou une chemise fermée jusqu'au col. Cela induit une façon de se comporter, de se déplacer, qui est chaque fois différente.

Frédéric Bonnet Vous revenez à ce que vous disiez sur l'appropriation du vêtement par la personne qui le porte, mais en même temps donnez-vous une direction à cette appropriation ?

Marc Le Bihan Oui, mais l'acheteur fait son propre choix. Alors, seulement après, si le vêtement est un vêtement de contention…

Frédéric Bonnet Vos vêtements sont très forts, ce ne sont pas des images qui se perdent et se fondent dans le décor. Cela ne vous a-t-il jamais poussé à aller dans une direction ou une autre, en pensant que cela pouvait toucher certaines catégories de gens ?

Marc Le Bihan Non, parce qu'il y a toujours des pièces très sophistiquées, ou très fortes ou très violentes, mais aussi d'autres très simples, comme des tee-shirts.

Frédéric Bonnet Vous ne faites que des défilés mixtes, vous avez fait porter des robes à des hommes. Est-ce que la sexualisation, ou alors, *a contrario*, la désexualisation du vêtement est quelque chose qui vous intéresse ?

Marc Le Bihan Je suis incapable de construire la collection femme et la collection homme séparément ; pour moi c'est global. On retrouve la plupart des pièces à la fois chez l'homme et la femme, avec bien entendu une coupe différente adaptée à la morphologie de chacun. Que ce soient jupes, pantalons, vestes, ou manteaux, on retrouve presque tout des deux côtés. L'idée c'est un peu « on est tous pareils mais on est tous différents ».

Frédéric Bonnet Par cette attitude, cette volonté de mixité et de faire en sorte que tout le monde puisse tout porter, cherchez-vous à gommer les caractéristiques sexuelles, ou au contraire à les affirmer ?

Marc Le Bihan Plutôt à les affirmer qu'à les gommer. Il ne s'agit pas du tout d'une volonté de désexualisation du vêtement. Au contraire, on affirme les choses.

Frédéric Bonnet Il y a dans votre travail beaucoup d'oppositions de textures, de matières, de formes, un côté long et l'autre court… Votre travail se fonde-t-il sur la recherche des oppositions ?

Marc Le Bihan Je trouve la symétrie assez ennuyeuse ; cela me fait penser à l'architecture fasciste des années 30. Si la symétrie est une notion complètement intégrée dans l'architecture, dans le vêtement c'est beaucoup plus aléatoire. Peut-être est-ce parce qu'on touche au corps ? Il y a une image du corps qui, de plus en plus, va avec l'idée et la projection d'un corps idéal, d'un corps construit, et pas d'un corps déconstruit, déformé, lequel va à l'encontre de tous les canons.

Frédéric Bonnet L'idée du corps déconstruit ou imparfait vous inspire-t-elle ?

Marc Le Bihan C'est peut-être surtout l'idée de lutter contre l'image d'un corps construit et parfait, qui devrait l'être mais ne l'est jamais.

Frédéric Bonnet Pourquoi voulez-vous lutter contre cela ?

Marc Le Bihan Cette image va de pair avec celle d'une société où tout doit être parfait, où l'homme parfait incarne la société parfaite.

Frédéric Bonnet Vous utilisez souvent des uniformes, que vous retravaillez. Est-ce un vêtement qui vous inspire beaucoup ?

Marc Le Bihan J'aime bien l'idée du détournement de l'uniforme, des vêtements qui étaient *a priori* destinés à des activités pas très sympathiques et deviennent des objets amicaux, de tous les jours.

Frédéric Bonnet Quand vous retravaillez un uniforme ou un fragment d'uniforme, est-ce que vous pensez à nier ce qu'il représente ou bien au contraire, à recréer une autre forme d'uniforme ?

Marc Le Bihan Je crois qu'aujourd'hui on n'a pas besoin d'uniformes au premier sens du mot pour que les gens s'en fabriquent eux-mêmes. Je pense aux gamins de banlieue en Nike ou Adidas, qui se créent une identité vestimentaire devenue un uniforme en soi. Ils ont recréé, avec le vêtement, tout ce qu'ils rejètent. C'est aussi un phénomène de mode induit par l'appartenance à un groupe.

Frédéric Bonnet Combien avez-vous fait de collections ?

Marc Le Bihan Seize. Et je n'ai défilé qu'une fois en été, même si je produis une collection chaque saison. Pour moi, il est ridicule de faire deux présentations par an, car une collection n'est pas différente de l'autre, elle est seulement constituée de choses plus légères. On ne renouvelle pas sa garde-robe chaque saison,

c'est plutôt un assemblage, qu'on garde et qu'on agrémente. La plupart des gens n'ont pas cette notion de saison, qui est plutôt une question de marché, d'argent.

Frédéric Bonnet Écrivez-vous une histoire ?

Marc Le Bihan Les pièces vont en engendrer d'autres, et des vêtements sont là de saison en saison, puis disparaissent et reviennent quatre saisons après. C'est plus comme un fonds de collection avec des éléments nouveaux et anciens qui se mélangent et forment un tout. Comme une garde-robe qui évolue. On procède par chapitres successifs.

Frédéric Bonnet Quel serait le fond de l'histoire ?

Marc Le Bihan J'ai toujours à l'esprit un fait qui n'a pas besoin d'être pris au premier degré : la notion de modernité a disparu. L'idée de progrès elle aussi est morte, entre 1939 et 1945. J'ai toujours cela en tête. C'est peut-être ce qui explique ce mélange, ce retour à un passé qui la plupart du temps représente quelque chose d'idyllique. La projection d'un futur « meilleur » est révolue.

Frédéric Bonnet Faut-il recréer une autre modernité ?

Marc Le Bihan Plutôt être contemporain, mais je n'en sais rien.

Frédéric Bonnet Y a-t-il pour vous un autre idéal qui remplace celui de la société de progrès ?

Marc Le Bihan On vit dans une société utopiste, c'est probablement une constante. Mais avons-nous une faculté d'introspection au moment même où l'on est capable de regarder ce qui se passe partout ailleurs ?

Frédéric Bonnet Vous avez une démarche introspective par rapport au vêtement ?

Marc Le Bihan J'ai une démarche critique.

Entretien avec Hedi Slimane par Frédéric Bonnet

Frédéric Bonnet Pour vous, qu'est-ce qui est primordial dans l'idée du vêtement ?

Hedi Slimane Je commence toujours par l'idée du porté, du mouvement, même si dire cela fait un peu *old school*. Ce qui m'intéresse, c'est la manière dont le vêtement tombe sur le corps, la manière dont il drape, le mouvement des jambes dans un pantalon, et le mouvement général. Je travaille vraiment là-dessus, ce qui veut dire que je fais aussi mes essayages en mouvement, et jamais sur *stockman*. Il y a donc forcément un rapport au corps quand je commence à travailler. Du coup, je fonctionne absolument sans thématique, je ne verse jamais dans l'anecdote ou dans le côté « inspiration un peu monolithique », où on décide tout d'un coup qu'on va faire je ne sais quoi. Pour moi c'est vraiment tout bêtement comme des choses en mouvement que j'imagine dans ma tête.

Frédéric Bonnet En regardant vos vêtements, les mots qui viennent à l'esprit sont fluidité et ampleur. La souplesse aussi…

Hedi Slimane J'aime beaucoup les tissus, et pendant les séances d'essayage, ou quand je fais le stylisme, les vêtements sont aussi attribués en fonction du rapport qu'ils entretiennent avec le corps. Mais rapport au corps dans le sens où l'idée est de voir éventuellement se dégager le corps, comment tout d'un coup le vêtement va découvrir celui-ci.

Frédéric Bonnet Et de voir comment le vêtement va glisser et s'arrêter sur un point d'ancrage, parce qu'il ne peut pas glisser complètement, et qu'il faut qu'il s'arrête ?

Hedi Slimane À la limite, ce qui est bien c'est qu'on ne peut pas complètement limiter la chute. Le garçon s'habille et le vêtement vit avec lui. Il m'est arrivé ce type d'aventure lors d'un défilé où la chemise est complètement tombée, au retour, presque à la fin. C'était très étrange de voir le garçon complètement déshabillé.

Frédéric Bonnet Peut-on dire que c'est cette idée de mouvement qui amène tous ces grands V, ces ouvertures dans les vêtements ?

Hedi Slimane Ce n'est pas du tout celle des mots, des tracés, du lexique ou je ne sais quoi ; ça c'est quelque chose qui ne me parle pas du tout. C'est vraiment l'idée du mouvement, et du lien entre la peau et l'étoffe. Pour la prochaine campagne, nous venons de faire une photo qui illustre assez bien cela, où un passage se fait en trompe-l'œil entre la peau et la matière.

Frédéric Bonnet Vous avez parlé de démarche graphique…

Hedi Slimane Oui parce que tout est dessiné ainsi. C'est le pliage d'un vêtement. J'adore n'en retenir simplement que les lignes. Cela fonctionne souvent comme le trait. C'est pourquoi il y a beaucoup de noir, parce qu'évidemment c'est pour moi l'expression la plus directe du trait, des signes très graphiques.

Frédéric Bonnet Souhaitez-vous que se confondent la ligne du corps et la ligne du vêtement, ou bien au contraire, cherchez-vous à mettre en parallèle deux lignes qui à un moment donné se rejoindraient ?

Hedi Slimane Le type de physique et l'expression que je recherche est toujours celle d'un corps très angu-leux, très sec. Il y a donc un graphisme qui fonctionne entre le personnage et le vêtement. À vrai dire, c'est un petit peu stackanoviste, toujours pareil, le même type de silhouette. J'aime aussi beaucoup quand un vêtement arrive de loin, que la silhouette soit la plus déterminée possible. C'est une démarche qui a été sau-vagement abîmée par cette période où tout le masculin reposait finalement sur une perte du corps, où tout était gommé. J'aime aussi l'idée de retrouver le sens d'un dessin dans le corps masculin, ce qui finalement est une façon de concevoir un peu traditionnelle puisque c'est la tradition du tailleur militaire, c'est donc l'es-sence même du masculin, mais c'est une manière de travailler qui s'est perdue depuis la fin des années 70.

Frédéric Bonnet Recherchez-vous une ligne spécifique sur les vêtements ?

Hedi Slimane Oui, c'est souvent une ligne d'épaule et une pratique d'élongation de manière générale. Dans le but d'allonger et d'élever la silhouette le plus possible.

Frédéric Bonnet Peut-on dire qu'on revient à la ligne graphique, avec le trait qui se perd dans le paysage ?

Hedi Slimane Absolument. C'est une vision quasi romantique d'un personnage perdu dans un univers. C'est peut-être pour cela que mes défilés se déroulent toujours dans un espace tout en volumes, car j'aime beaucoup qu'il y ait cette idée de perspective.

Frédéric Bonnet On a parlé du noir, mais la couleur joue-t-elle aussi ?

Hedi Slimane Oui, car j'envisage toujours la couleur comme une notion de rythme.

Frédéric Bonnet Dans vos collections, prédominent souvent le noir, le gris, le blanc, et de temps en temps, apparaît la couleur. Est-ce une sorte de ponctuation ?

Hedi Slimane C'est cela, un point ou une rupture, pour changer de rythme. Je pense aussi que l'on n'a pas une perception assez précise d'une couleur quand elle défile trop vite. L'isoler c'est aussi pour moi une manière de la voir, et de percevoir sa puissance face à une valeur comme le noir.

Frédéric Bonnet Définissez-vous votre travail et vos créations en termes de style ?

Hedi Slimane Oui, davantage qu'en termes de mode, c'est une évidence. Car, comme on l'a vu, je travaille avec des récurrences de matières et de lignes ; il y a des choses pour lesquelles j'éprouve un sentiment très fort et d'autres qui ne me touchent pas du tout.
Et puis je n'aime pas l'idée du *look of the season*, cela m'agace vraiment. Je comprends qu'il faille sacrifier au rituel de faire deux collections par an, mais en même temps, j'aime beaucoup la pérennité dans un vête-ment, et ce même s'il y a des envies très immédiates qui peuvent être intéressantes aussi. Mais concernant les lignes, j'ai envie qu'elles puissent durer dans le temps.

Frédéric Bonnet Quelque chose qui ne soit pas démodé en six mois ?

Hedi Slimane Cela peut sembler présomptueux, mais en tout cas j'aime cette perspective. Et l'étude des modèles se fait en fonction de cela. Chez Dior, cela a vraiment commencé par des lignes très sèches, en définissant l'épaule, le col, etc.

Frédéric Bonnet Pour créer des bases pérennes à un nouveau style Dior ?

Hedi Slimane Oui, car puisque pour moi beaucoup repose sur la ligne, la silhouette, l'allure ; il est néces-saire de définir tout cela d'emblée.

Frédéric Bonnet Pour vous, qu'est-ce que l'allure ?

Hedi Slimane C'est très lié à l'idée de mouvement. C'est une manière tout à fait particulière et personnelle qu'a l'individu de se voir. C'est donc ce qui bien évidemment me séduit le plus. La plupart du temps, le casting des défilés n'est pas forcément basé sur des critères esthétiques « classiques » mais plutôt sur la personnalité, une certaine allure, même si on est loin d'une certaine notion d'élégance un peu surannée.

Frédéric Bonnet C'est donc finalement la manière dont chacun va adapter le vêtement et se l'approprier ?

Hedi Slimane C'est cela, et on retient des personnages. Quand on fait des essayages, on tache de connaître un peu les garçons, et il faut qu'on sente qu'ils s'approprient les vêtements. Si on perçoit quelque chose de surfait on tente de rectifier pour que ce soit assez représentatif de leur personnalité.

Frédéric Bonnet Quand vous êtes arrivé chez Saint Laurent qu'elle a été votre base de travail ? Aviez-vous déjà en tête l'élaboration d'une image ?

Hedi Slimane Pas du tout. Cela c'est fait tout naturellement, et avec beaucoup de chance. Dans les maisons de couture, le masculin n'était pas franchement une obsession. Tout le monde s'en fichait, c'était totalement indigent. Il y avait un atelier où j'ai commencé à travailler et j'ai sorti une toute petite collection. Au début, je n'avais vraiment pas d'audience, à la deuxième présentation on a invité vingt personnes par téléphone : ce n'était pas un défilé, pas de musique, comme un salon de couture. Puis quarante personnes, puis cent et quatre cents. À l'époque j'avais une certaine image de Saint Laurent. J'avais dans la tête des données qui étaient un peu planquées sous le tapis, et en l'occurrence le tapis y est plutôt très épais ! C'était un peu difficile de revenir là-dessus et d'aborder la mode masculine avec un peu de légèreté, et aussi avec un profil masculin qui n'était pas exactement l'expression de la masculinité telle qu'on la rêvait dans la maison à l'époque, mais qui pour moi correspondait physiquement, d'une part, à une recherche contemporaine et, d'autre part, à un regard sur l'héritage de la maison. Sur la fin, cela a été parfaitement perçu par Pierre Bergé, mais il était tard puisque la maison a été rachetée.

Frédéric Bonnet Toujours à propos de votre travail chez Saint Laurent, on a l'impression d'un mélange d'éléments « traditionnels » combinés avec la recherche d'une ligne nouvelle, et donc que vous avez cherché à mettre en place une « nouvelle tradition ». C'est-à-dire tradition plus innovation. Voyez-vous cela ainsi ?

Hedi Slimane Sans doute oui. Le choix de travailler dans une maison comme celle-ci tient en l'occurrence pour partie dans un héritage : celui des ateliers, d'une certaine tradition de la couture, d'une certaine manière de concevoir la création, l'élaboration, le style d'un vêtement. C'est finalement tout un rituel de la construction qui m'intéresse. En plus de cela le masculin repose vraiment sur des valeurs très traditionnelles. Le vêtement tailleur est une chose plus que centenaire, il n'a quasiment pas bougé, et je trouve ça tout à fait séduisant, d'autant que le cadre était très étriqué. Finalement c'est très amusant de jouer dans un cadre fermé, dans les coins, et de tenter de percer des ouvertures, de trouver une voie de traverse.

Le point de départ est donc toujours la tradition, mais avec la volonté de la transposer. C'est ce que j'ai tenté de faire depuis le départ. Et puis, dans une maison de couture, une ligne de prêt-à-porter n'est pas une ligne de designer. Qu'est-ce que cela peut donc vouloir dire aujourd'hui ? On l'aborde en termes d'élaboration, de qualité, de fabrication du vêtement. Les vestes sont complètement entoilées, finies à la main, etc. Pour moi peu importe ensuite la forme qu'une veste aura, et ici on peut précisément être dans l'instant, aujourd'hui. Mais en tout cas, dans l'élaboration de ce vêtement, j'aime partir d'une certaine tradition.

Frédéric Bonnet D'autant que le masculin est un univers extrêmement codifié.

Hedi Slimane C'est ce que j'aime dans le masculin. C'est très psychologique, c'est un domaine où il y a beaucoup de crispations, c'est invraisemblable. Chez Saint Laurent j'ai mis un an et demi avant de pouvoir changer la silhouette. Il y a un vrai travail de fond là-dessus, car c'est un univers très conservateur s'agissant des lignes. L'idée était donc de mettre un peu de subversion dans ce vocabulaire très précis.

Frédéric Bonnet L'idée de subversion est intéressante. Comment l'exprimez-vous ?

Hedi Slimane Ce qui m'étonne toujours c'est qu'il y ait tellement de préjugés là-dessus. Pour moi les choses sont toujours un peu en trompe-l'œil, c'est-à-dire que ce qui peut sembler très masculin pour certains ne l'est pas du tout pour moi. On fonctionne sur des critères de calcul du masculin ou de la virilité que je trouve être au-delà de l'obsolescence ; je ne sais pas de quoi on parle ! En même temps je suis peut-être un peu naïf à ce propos, mais tout a été tellement pastiché… Je trouve qu'aujourd'hui la définition des sexualités ne repose pas sur une expression particulière du masculin, les codes sont complètement mélangés, et par conséquent on ne fonctionne plus du tout sur l'expression d'un corps masculin mais plutôt d'un mental masculin. C'est là-dessus que je réfléchis, et pour cela que mes vêtements sont peut-être un peu subversifs.

Frédéric Bonnet La sexualisation du vêtement est-elle importante pour vous ?

Hedi Slimane Je m'en fiche complètement, mais il se trouve que c'est toujours interprété de cette manière.

Frédéric Bonnet Certainement, et on qualifie vos vêtements d'ambigus parce qu'on a une idée très arrêtée de ce qu'est la virilité dans un univers masculin très codifié.

Hedi Slimane Oui, mais cette virilité-là, on la trouve aussi sur les chars de la Gay Pride ! On parle toujours à mon propos d'image homoérotique, or je ne sais pas ce que cela veut dire. L'idée du masculin chez les homosexuels aujourd'hui me semble précisément reposer sur ces codes dépassés. Je ne raisonne pas du tout ainsi. C'est plutôt l'idée du masculin comme idée mentale. Cela s'applique aux garçons comme aux filles, sans aucune restriction. Cela repose vraiment sur un fonctionnement mental et non pas sur une représentation du corps, que je trouve être dépassée. Je présume aussi que c'est générationnel, mais ça ne correspond à rien. On le retrouve beaucoup sur les podiums, avec en ce moment tout ce mouvement qui consiste à revisiter les années 80 et à essayer de nous refourguer des physiques qui ne correspondent à rien aujourd'hui.

Frédéric Bonnet Pensez-vous que les citations constantes des décennies passées ont pour corollaire de gommer une partie du présent ?

Hedi Slimane On travaille beaucoup selon des cahiers de tendances ou je ne sais quoi d'autre. Cela m'agace vraiment car c'est aussi une manière d'éviter de regarder ce qui se passe autour de soi. Quand je sors je regarde beaucoup les gens, et je trouve qu'il y a une manière de bouger aujourd'hui, un physique particulier, un comportement social différent, et c'est là-dessus que je travaille, et pas sur l'idée qu'on pouvait avoir de l'homme ou de la femme d'il y a vingt ans. Dans la presse, on fonctionne encore souvent selon ce type de schémas. On me parle tous les jours d'androgynie : je veux bien mais je n'en connais pas la définition !

Frédéric Bonnet Vous ne cherchez pas à jouer particulièrement sur l'ambiguïté ?

Hedi Slimane Non, en ce qui me concerne c'est tout à fait naturel, car j'aime bien que tout ne soit pas tout à fait clair, qu'il y ait un peu de flou, pas de catégorisation des choses et des gens.

Frédéric Bonnet L'expression « couture pour homme » revient beaucoup dans les commentaires qui vous sont attachés, mais sans être réellement explicitée.

Hedi Slimane Concrètement, la haute couture repose à la fois sur un métier et sur l'idée même de la mode, du côté saisonnier et de l'envie passagère. Dans le masculin, ce qui se rapproche le plus de la couture c'est le tailleur traditionnel, mais il est totalement déconnecté de la mode. Vous avez donc plusieurs choix : un vêtement très créatif ou une envie de mode qui se traduit par un vêtement sans qualité d'exécution, ou bien un vêtement très bien fait mais avec un esprit un peu dépassé. Si on parle de couture dans cette collection c'est parce qu'elle repose sur une tradition mais qu'en même temps elle est en prise avec l'idée même de la mode. Chez Dior, j'ai aussi un atelier de sur-mesure, où l'on fait de la mesure à la main mais où l'on a déjà défini la ligne, et c'est complètement autre chose, une vraie approche de couture.

Frédéric Bonnet L'approche de couture était déjà marquante chez Saint Laurent, dans la collection de l'hiver 2000-2001, avec le manteau en plumes de Lemarié.

Hedi Slimane Il y avait plusieurs pièces dans cette collection. Dans le défilé Dior il y avait plusieurs pièces sur mesure, faites à la main, sauf que ce que je déteste dans le sur-mesure, c'est précisément qu'on sente de loin cette main très figée et un peu lourde du tailleur. L'idée était donc de définir une forme d'expression légère et spontanée d'un vêtement très construit.

Je suis venu chez Dior pour tendre vers cette direction et avoir une approche beaucoup plus intime afin d'essayer de sortir un peu du contexte purement industriel où finalement le vêtement devient anecdotique.

Frédéric Bonnet Travaillez-vous sur une sorte de renouveau d'une identité parisienne du vêtement ?

Hedi Slimane Précisément, c'est sentimental. C'est aussi une des raisons de mon arrivée chez Dior, une grande maison parisienne, une institution française. Quand je suis entré chez Saint Laurent j'ai eu l'impression que beaucoup de choses se passaient et qu'on avait du mal à exprimer ce renouveau d'une scène créative, que ce soit dans l'art contemporain ou la musique électronique, surtout. L'intérêt dans des maisons comme Dior ou Saint Laurent c'est que je puisse m'associer à des gens que j'admire et qui font pour moi partie du renouveau de Paris, en les invitant à participer à un projet. Dans ma tête, il y a toujours la volonté de transposer une certaine idée de la couture, et de transposer une certaine image de Paris.

Frédéric Bonnet Qu'est-ce que la couture parisienne pour vous aujourd'hui ?

Hedi Slimane Il y a ici une forme de liberté d'expression qu'il n'y a pas en Italie par exemple, où tout est très désubstanté, alors qu'à Paris on fait un peu ce qu'on veut. L'évolution, c'est qu'on voit arriver ici des équipes qui font en sorte que le message passe, et ensuite qui peuvent transformer le travail en marketing, alors qu'à New York ou Milan c'est d'abord le marketing qui prévaut, et l'idée est conçue dans le marketing.

Frédéric Bonnet Vous pensez inscrire votre travail dans un contexte culturel global ?

Hedi Slimane Absolument. Chez Saint Laurent j'avais proposé à Pierre Bergé une action de mécénat dans notre nouvelle boutique de New York où nous avons produit des projets avec Xavier Veilhan, Ugo Rondinone, Sam Samor. À Paris on voulait faire une programmation de vidéos. La production coûtait beaucoup d'argent, le projet a d'ailleurs été arrêté quand la maison a été rachetée. L'intérêt d'être dans des maisons comme celles-là c'est aussi de s'en servir pour essayer d'aller ailleurs et de soutenir des projets, tenter d'élargir un peu le champ d'approche. Mais il faut vraiment qu'il s'agisse de projets d'intégration, et non pas que cela soit simplement une œuvre d'art dans une boutique.

Achevé d'imprimer en février 2002
par l'imprimerie Clerc
à Saint-Amand-Montrond, France.
Dépôt légal : 1er trimestre 2002